GRAFFITI EXPRESSIONISM

KAI HENDRIK SCHLUSCHE

GRAFFITI EXPRESSIONISM

DARE | Sigi von Koeding in Basel

Deutscher Kunstverlag

ISBN 978-3-422-80231-5

Library of Congress Control Number: 2024939236

Die Deutsche Nationalbibliothek verzeichnet diese Publikation in der Deutschen Nationalbibliografie;
detaillierte bibliografische Daten sind im Internet über http://dnb.dnb.de abrufbar.
The Deutsche Nationalbibliothek lists this publication in the Deutsche Nationalbibliografie;
detailed bibliographic data are available on the internet at http://dnb.dnb.de.

© 2024 Deutscher Kunstverlag
Ein Verlag der | An Imprint of Walter de Gruyter GmbH, Berlin | Boston

Einbandabbildung | Cover image: DARE | Sigi von Koeding, *Summer marks* (Ausschnitt | detail),
80 × 60 cm, 2008 © Yvette Amann, Bottmingen (CH)
Einbandgestaltung | Cover design: Katja Peters, Berlin
Lektorat | Copyediting: Ilka Backmeister-Collacott, kultur&kontext
Übersetzung | Translation: Steven Lindberg
Layout und Satz | Layout and typesetting: Andreas Eberlein, Berlin
Druck und Bindung | Printing and binding: Beltz Grafische Betriebe GmbH, Bad Langensalza

www.deutscherkunstverlag.de
www.degruyter.com

INHALT

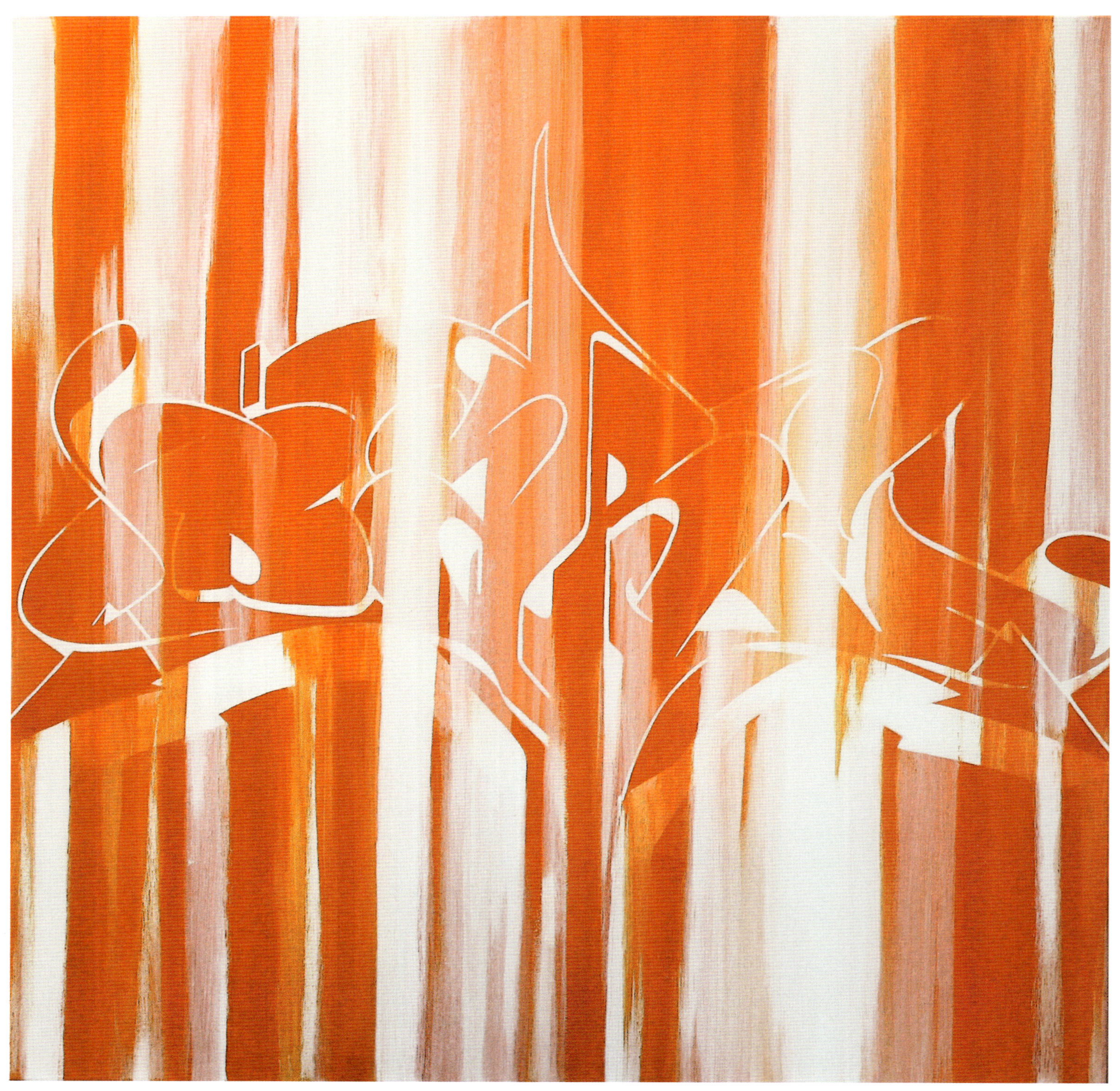

1

Orange vibes, 80 × 80 cm, 2008

1 EINLEITUNG
INTRODUCTION

Schubladen sorgen für Ordnung. Zusammen mit der richtigen Beschriftung nach einem bestimmten System bringen sie gefühlte Sicherheit und zudem Struktur in Dinge, die vorher noch als unüberschaubar galten. Ähnlich verhält es sich mit der sogenannten Geschichte der Kunst, in der die wichtigsten kulturellen Strömungen, der Zeitachse entlang bis in die Gegenwart hinein, zunächst grob in Kunstepochen und darunter in deutlich kleinerem Raster nach Stilrichtungen unterschieden werden. Folglich orientieren sich sowohl der traditionelle Museumsbetrieb als auch der professionelle Kunsthandel grundsätzlich an einer solchen *Schubladisierung*, wenn auch unter Experten die Zuordnung einzelner Künstler durchaus strittig sein mag und deshalb unterschiedlich ausfällt.

Vor diesem Hintergrund stellt sich die Frage, warum Graffiti und Streetart oder gar das *Name-Writing* als inzwischen weltweit verbreitetes Phänomen in kunsthistorischen Zeittafeln mit wenigen Ausnahmen bislang noch meist lieblos hintenangestellt sind oder gar gänzlich fehlen. Ist es womöglich dem ungebrochenen Unabhängigkeitsdrang einer ursprünglich als Anti-Establishment angetretenen Szene geschuldet, die sich dauerhaft gegen jegliche bürgerliche Vereinnahmung wehrt? Liegt es an der – warum auch immer – fortwährenden Zurückhaltung vor allem jener Kuratorinnen und Kuratoren, die für Ausstellungen in den großen öffentlichen Kunstmuseen verantwortlich sind und eher risikoscheu planen wollen oder müssen? Oder ist die Ursache von kanonischen Zuordnungsproblemen vor allem darin zu vermuten, dass es im Genre von Graffiti und Streetart mittlerweile eine fast unüberschaubare Vielfalt an Arbeitstechniken (Malen, Sprayen, Schneiden, Kleben etc.), ein breites Spektrum an Formatgrößen (von der XXL-Hochhausfassade über Holzkästchen bis hin zu Uhren-Ziffernblättern als kleinstmögliche Fläche) und dazu noch vollkommen gegensätzliche Rahmenbedingungen (illegal, geduldet, geliebt, beauftragt) gibt, die offenbar jegliche Bemühungen zur durchgängigen Systematisierung scheitern lassen. Wortschöpfungen wie *Urban Contemporary* oder *Post-Graffiti-Art* konnten sich jedenfalls im Kunstbetrieb bislang noch nicht als einheitlich verwendete Begrifflichkeiten durchsetzen.

Dabei zeigt das Schaffenswerk vieler Sprayer, die Graffiti nicht als nur kurze Phase des jugendlichen Aufbegehrens längst verdrängt, sondern sich stattdessen ernsthaft weiterentwickelt haben, durchaus formale Ähnlichkeiten mit bereits eingeführten,

Compartments provide order. Combined with the right labeling following a specified system, they lend a sense of security as well as structure to things that were previously considered unmanageable. It is similar with the so-called history of art, in which the most important cultural currents run along a timeline into the present, distinguished first roughly into periods and then within a markedly smaller grid according to stylistic directions. Consequently, both the traditional museum world and the professional art trade fundamentally follow such *compartmentalization*, even if the experts may certainly disagree about categorizing individual artists and therefore do so differently.

Against this backdrop, the question arises why the now-worldwide phenomena of graffiti, street art, and even *name writing* are still, with few exceptions, indifferent afterthoughts or ignored entirely in art historical chronologies. Is this perhaps due to the unbroken urge for independence of a scene that originally presented itself as antiestablishment and continues to resist any bourgeois appropriation? Is it perhaps due to an enduring—for whatever reason—hesitancy, especially on the part of those curators responsible for exhibitions at large public art museums who are inclined to or forced to be risk-averse in their planning? Or is the root cause of the problems of canonical categorization primarily that the genre of graffiti and street art features in the meantime a vast diversity of techniques (painting, spray painting, cutting, pasting, etc.), a broad spectrum of formats (from the XXL of a high-rise façade by way of the wooden box to the watch dial as the smallest surface), and also completely contradictory working conditions (illegal, tolerated, beloved, commissioned) that apparently stymie all efforts to systemize them. New coinages such as *Urban Contemporary* and *Post-Graffiti Art* have yet to gain acceptance and be used consistently in the art world.

Yet the creative work of many graffiti writers who have not simply dismissed it as a brief phase of youthful rebellion but earnestly continue to develop it certainly shares formal similarities with accepted classical movements such as Cubism, Surrealism, and Pop Art. And the

klassischen Stilrichtungen wie beispielsweise Kubismus, Surrealismus oder auch Pop-Art. Und jene Künstler, die ihr ursprünglich nur zu schnellen Markierungszwecken illegal *getaggtes* Pseudonym inzwischen als weiterentwickeltes Name-Writing in den Mittelpunkt ihres nunmehr legalen Schaffens gestellt haben, erinnern in vielerlei Hinsicht an die selbstreferenziellen Positionen der Expressionisten zu Beginn des 20. Jahrhunderts.

Kann es also sein, dass sich Kunstgeschichte – wenn auch unter anderen Vorzeichen – rund hundert Jahre später wiederholt? Lässt sich in den starkfarbigen, ausdruckskräftigen Graffiti der szeneintern anerkannten Name-Writing-Stars vielleicht sogar sehr viel deutlicher als irgendwo anders all das entdecken, wofür der Expressionismus ursprünglich stand und heute noch steht?

Die Anzahl an Sprayern ist überschaubar, die einen solchen *Graffiti Expressionism* beispielhaft begründen könnten. Dass in diesem Buch die Spurensuche gerade in Basel beginnt, hat allerdings mehrere gute Gründe: Erstens gehört die Stadt im nordwestschweizerischen Dreiländereck als Standort des Messeplatzes Art Basel in Kombination mit herausragenden Kunst- und Designmuseen zu den weltweit bedeutendsten Kulturmetropolen. Die Kompetenz zur Identifikation neuer Kunstströmungen sollte hier also am ehesten zu vermuten sein.

Zweitens bieten die verkehrstechnisch zentrale Lage Basels im Herzen Europas und die Häufung der damit verbundenen Infrastrukturbauwerke aus Beton wie Autobahnbrücken, Lärmschutzwände, Hafenspeicher etc. vergleichsweise beste Voraussetzungen für Sprayer. So zählen die Böschungsbauten an den Bahngleisen entlang der sogenannten *Basel-Line* ostwärts des Hauptbahnhofes SBB bis heute zu den attraktivsten Hotspots ambitionierter Name-Writer.

Und drittens war die Stadt am Rheinknie Geburts- und Sterbeort der Schweizer Sprayer-Legende Sigi von Koeding und somit über viele Jahre hinweg Dreh- und Angelpunkt für einen freundschaftlichen Austausch unter international gut vernetzten Graffiti-Crews. Dieser unter seinem Pseudonym DARE mittlerweile nicht nur innerhalb der Szene bekannte Künstler war im deutschsprachigen Raum, wenn nicht sogar europaweit der erste Sprayer, der seine Anonymität vollständig aufgab, indem er sich 1991 mit unverhülltem Farbporträt ganzseitig auf dem Titel einer Schweizer Familienzeitung als *Sprayer von Beruf* präsentierte. Für die damalige Zeit, als Graffiti pauschal und nicht immer zu

artists who have who have made the *tagged* pseudonym that they originally used to quickly mark their illegal work the center of their improved, now-legal *name writing* recall in many ways the self-referential positions of the Expressionists at the beginning of the twentieth century.

Can it be that art history is repeating itself around a century later—albeit under different circumstances? Can one discover everything for which Expressionism originally stood and still stands today in the colorful, expressive graffiti of the name-writing stars who are recognized as such by people from the scene, perhaps much more clearly than anywhere else?

The number of writers who could serve as examples of such *Graffiti Expressionism* is modest. There are, however, several reasons that this book begins its search for clues in Basel of all places. First, this city in the tri-border area of northwest Switzerland is one of the most important cultural metropolises worldwide, as the location of the Art Basel fair in combination with outstanding art and design museums. The ability to identify new art movements can surely be found here.

Second, Basel's central location as a European transportation hub and the associated accumulation of concrete infrastructure such as highway bridges, walls, port warehouses, and so on, offers comparatively ideal conditions for graffiti writers. The embankment structures next to railroad tracks along the *Basel Line* eastward from the main station of the Swiss Federal Railways are still one of the most attractive hot spots for ambitious name writers.

And, third, the city on the Rhine's knee is where the legendary Swiss writer Sigi von Koeding was born and died and hence for many years was the pivotal point for a friendly interchange among internationally well networked graffiti crews. Known by the pseudonym DARE, this artist, who is now famous even beyond the scene, was the first writer in the German-speaking world and perhaps even in Europe who completely abandoned his anonymity and was presented undisguised as a *Sprayer von Beruf* (Writer by Profession) in a full-page color photograph on the cover of a Swiss family magazine in

Unrecht noch als Synonym für Vandalismus standen, war das in aller Öffentlichkeit ein auch heute noch unglaubliches, mutiges Statement.

Wer wie von Koeding unwidersprochen behaupten durfte, beispielsweise ein elegantes, fröhliches oder auch aggressives *E* malen zu können, und seine ausdrucksstarken Name-Writings als gesprayte Selbstporträts einordnete, dem ist durchaus zuzutrauen, als wegbereitender Referenzkünstler für einen neuen *Graffiti Expressionism* ganz vorne zu stehen – falls die kunsthistorische Zeitachse tatsächlich einmal um eine solche Stilrichtung ergänzt werden sollte. Argumente dafür gäbe es reichlich. Einer der Weltmarktführer unter den Spraydosenherstellern setzte ihm jedenfalls bereits ein kleines Denkmal, indem er einen speziellen Farbton nach dem Basler benannte, den dieser besonders liebte: 085 DARE Orange.

1991. At the time, when graffiti were universally regarded, not always unjustly, as synonymous with vandalism, that was a courageous public statement that remains incredible today.

Anyone who can, like von Koeding, claim without contradiction the ability to paint an elegant, cheerful, or even aggressive *E* and categorized his expressive name writings as sprayed self-portraits can certainly be trusted to have been in the forefront of the pioneering reference artists for a new *Graffiti Expressionism*—if such a stylistic movement is indeed to be added to the timeline of art history. There are sufficient arguments for doing so. One of the international market leaders for spray paint has already erected a small monument to the artist from Basel by naming a color that he had particularly loved after him: 085 DARE Orange.

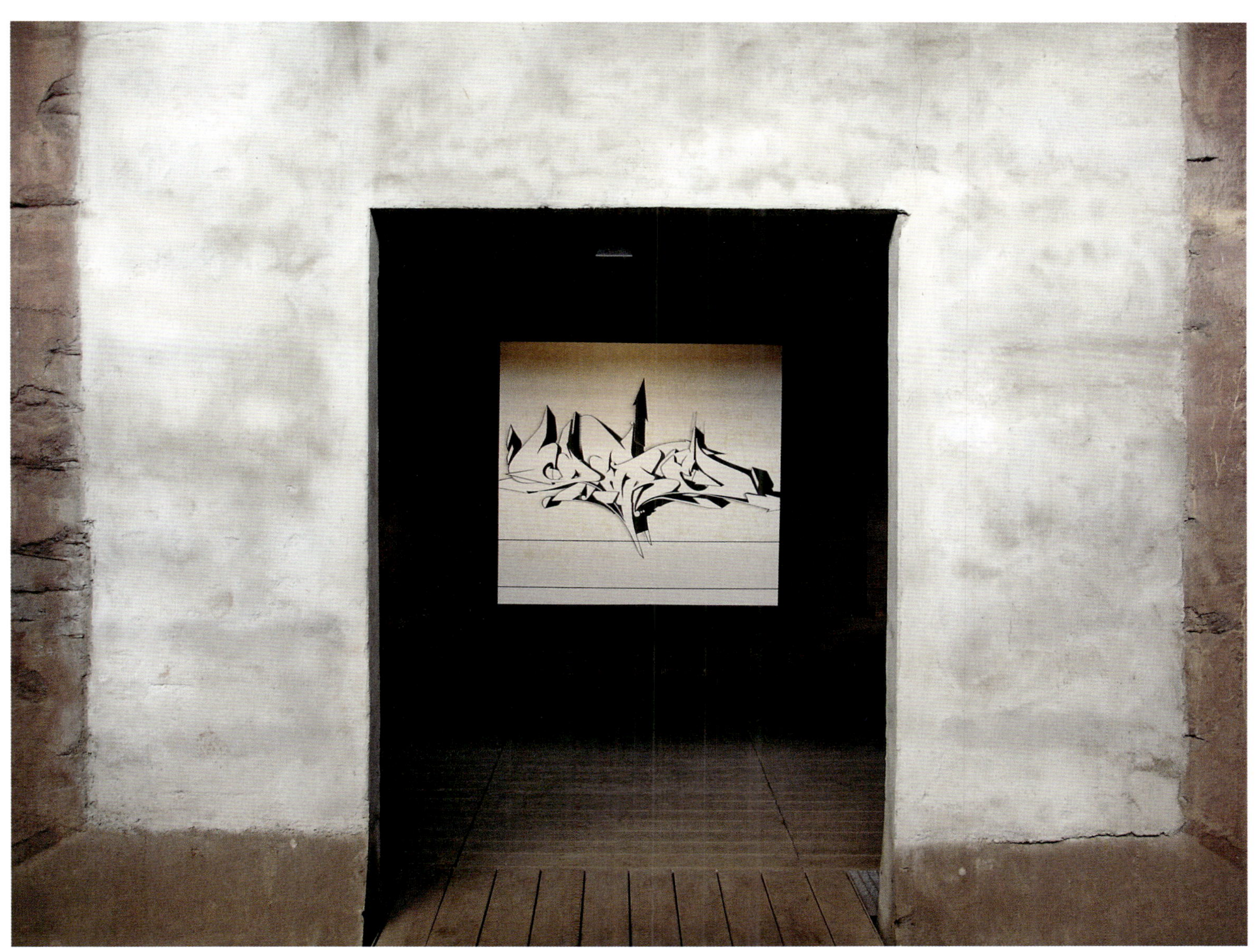

2
Make your mark, 230 × 240 cm, 2007, während der *Urban Art–Graffiti 21 im Weltkulturerbe Völklinger Hütte* | during Urban Art–Graffiti 21 at the Völklinger Hütte World Heritage Site, 2011

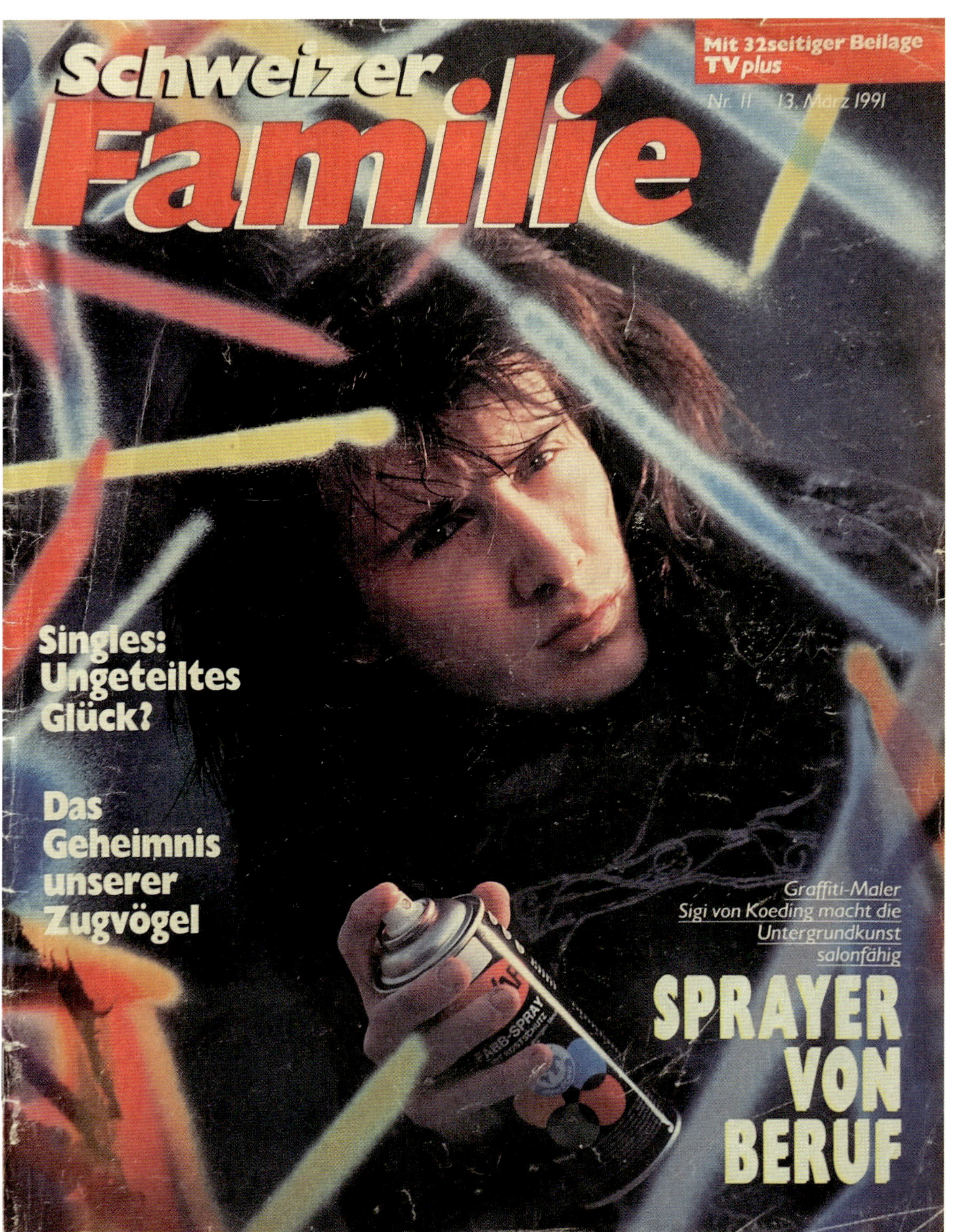

3
Einzigartig, mutig und ganz vorne drauf
– der erste Graffiti-Sprayer zeigt sein
Gesicht: Sigi DARE von Koeding auf der
Titelseite | Unique, courageous, and in
the vanguard—the first graffiti writer
shows his face: Sigi DARE von Koeding
on the cover, März | March 1991

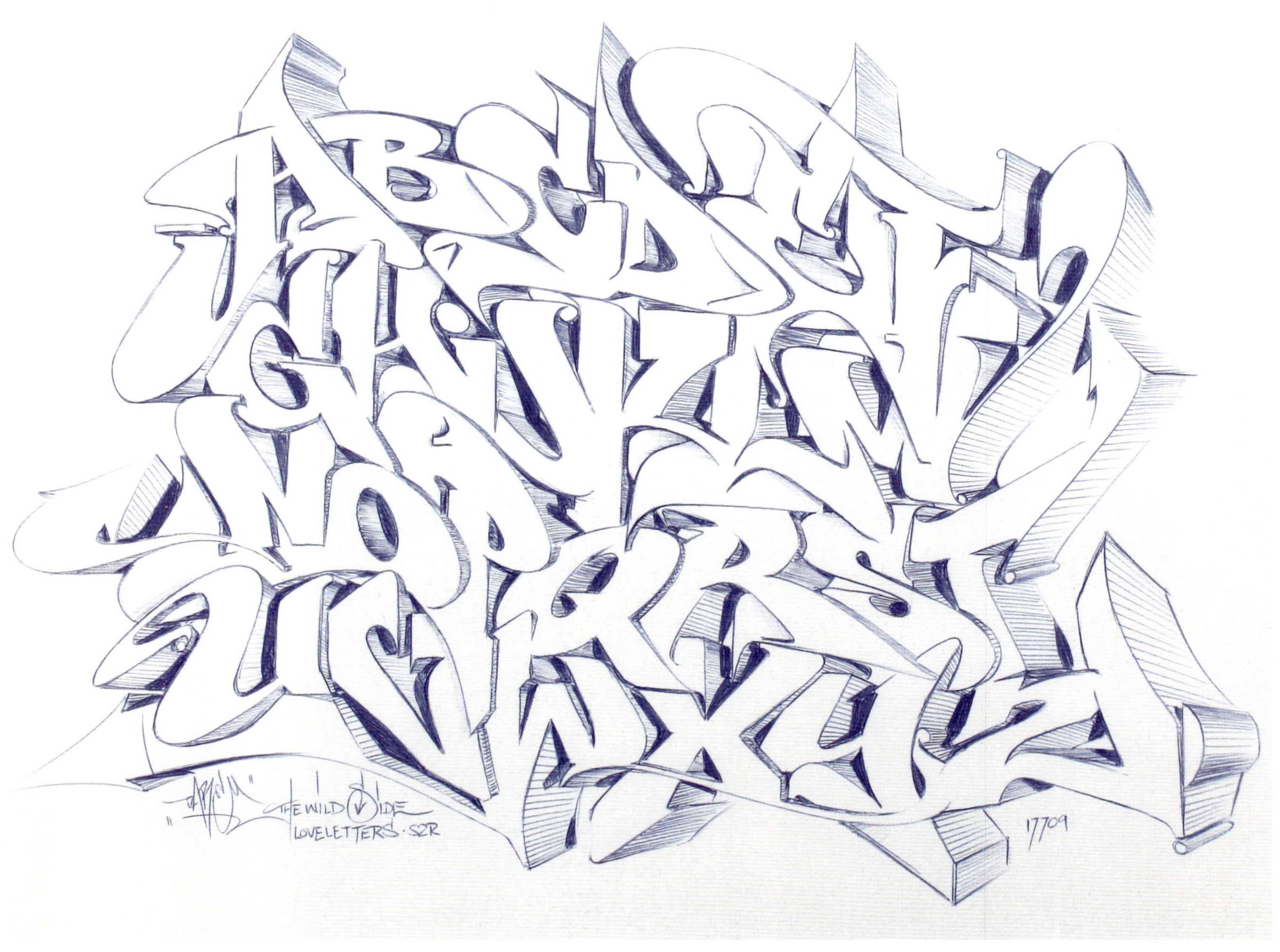

4
Alphabedare, 33 × 47 cm, 2009

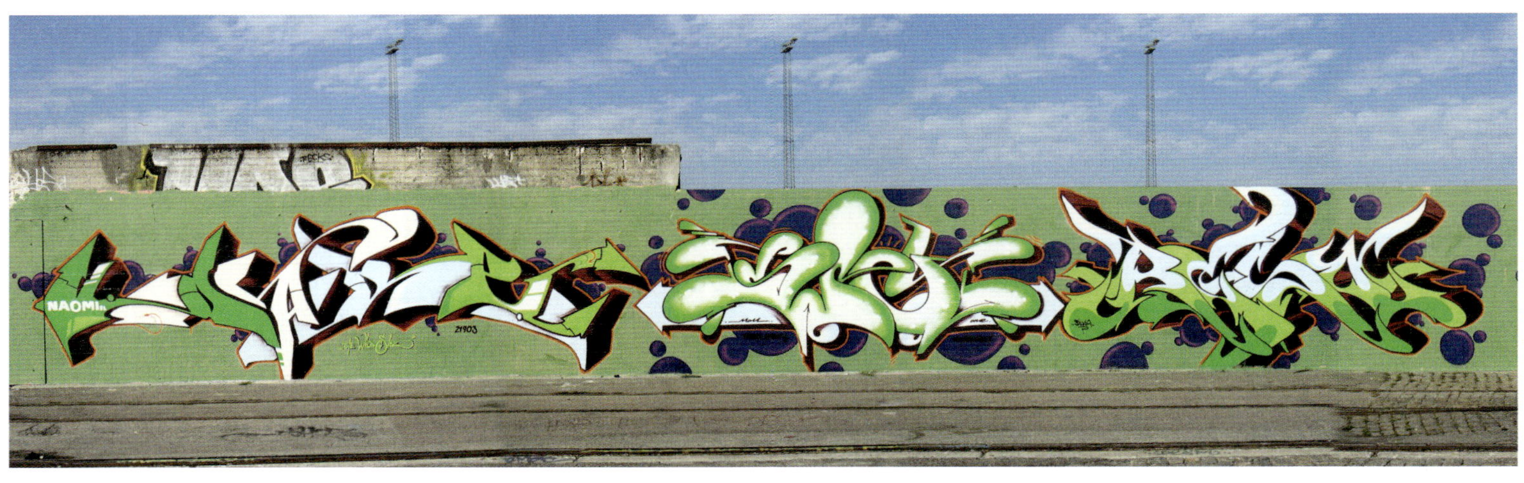

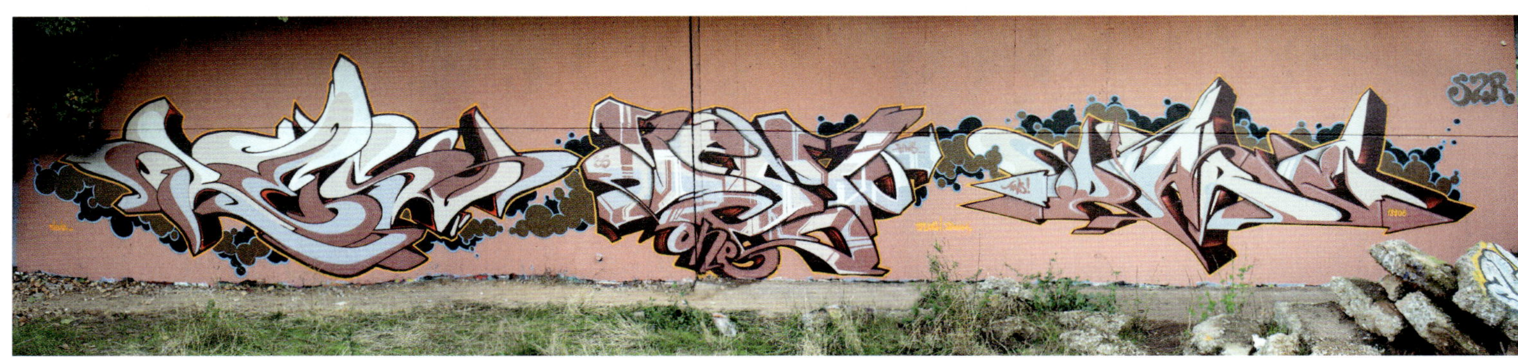

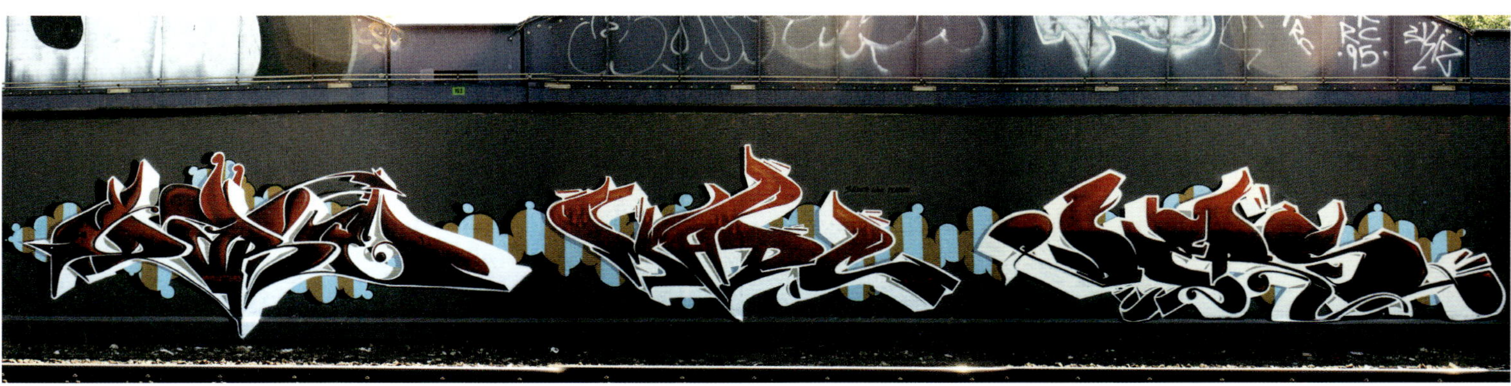

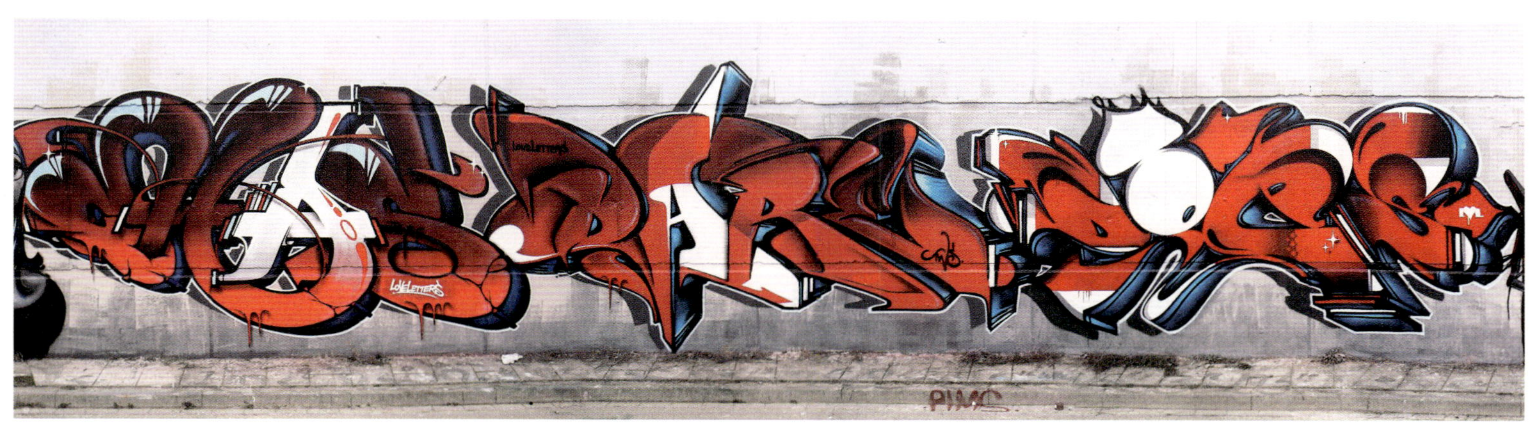

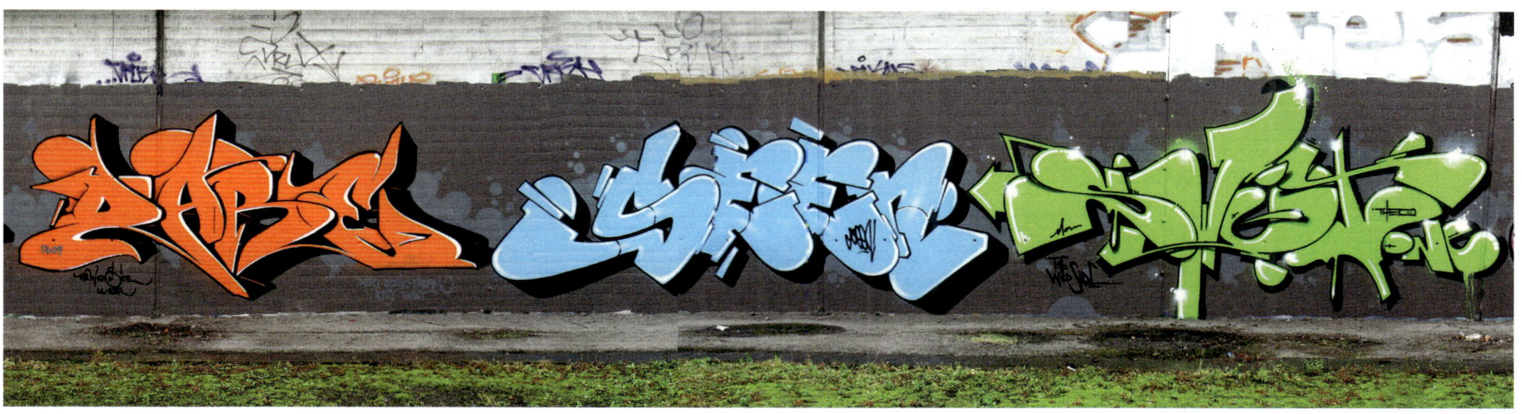

5–9
Nicht nur in Basel zu Hause: DARE im Wettbewerb unter Freunden | At home not only in Basel: DARE competing with friends (Kopenhagen 2003, Saarbrücken 2006, Basel 2008, Maastricht 2009, Basel 2009)

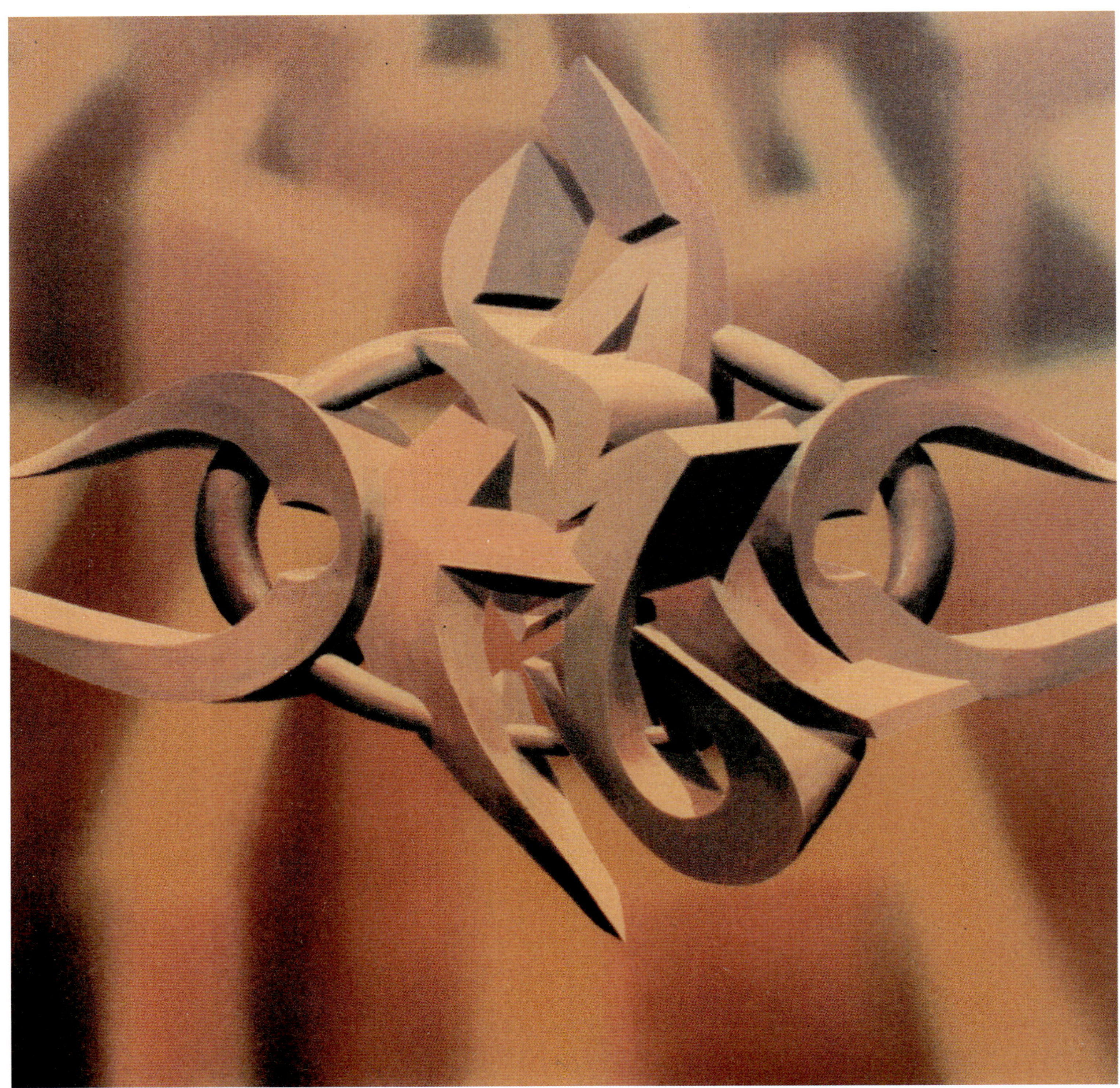

10
D-AR-E, 80 × 120 cm (Ausschnitt | detail), 1998

2 FOLLOW YOUR DREAMS

DIE 1990er-JAHRE

THE 1990s

Beidseitig der deutsch-schweizerischen Grenze aufgewachsen, begann Sigi von Koeding im Anschluss an seine Schulzeit in Basel eine Lehre als Schriften- und Reklamemaler. Diese Berufswahl war wohl nicht ganz zufällig, wie ein Blick in die alten Schulbücher rückblickend verrät, die er mit Skizzen und Buchstabenkonglomeraten zu seinen Lieblingsbands, Fernsehhelden und Comicfiguren verziert hat.

Nach gut zwei Jahren wechselte er den Job, absolvierte als Hobbymusiker eine Lehre zum Einzelhandelskaufmann in einem Schallplattengeschäft und entdeckte zeitgleich die illegale Graffiti-Bewegung, die vor allem entlang der Basel-Line aktiv war. Dort hatten erstmals 1985 zwei Sprayer aus Zürich einen Schriftzug mit 29 schwarz-blauen Buchstaben über eine Länge von etwa 25 Metern hinterlassen, die sich verklausuliert auf das damalige US-amerikanische Graffiti-Idol Rammellzee bezogen und nur von wirklichen Insidern zu dechiffrieren waren.[1]

Die allerersten Schriftproben von Koedings mit Spraydose ein Jahr später an den Pfeilern einer Stadtautobahnbrücke fielen im Vergleich dazu zunächst noch weitaus bescheidener aus. Die beiden auf Polaroid festgehaltenen Bilder waren seinerzeit nach Angaben des Künstlers weniger als politisches Statement zum Thema Frieden zu verstehen, sondern vielmehr als Übungsreihe für größere Formate im Graffiti-Style, weil er zuvor im Bekanntenkreis um eine entsprechende Wohnungsdekoration mit Motiven aus der New Yorker Subway gebeten worden war.

Aus den nächtlich illegalen Sprayproben mit Adrenalinstau und Lackgeruch wurde Begeisterung. Die Malerei wirkte auf ihn „wie eine Droge – einmal eine Sprühdose in der Hand gehalten und du wirst nie mehr damit aufhören […].“[2]

Bei der Suche nach einem szeneüblichen Pseudonym fiel die Wahl auf *DARE*, weil sich dieses Wort nicht nur aus vier schwungvoll realisierbaren Buchstaben zusammensetzt, sondern zudem in englischer Übersetzung als Sammelbegriff für so etwas wie Mut und Risikobereitschaft steht, seinen eigenen Weg zu gehen. Für den jungen Sprayer aus Basel war dieses Wagnis inzwischen klar definiert: Er wollte künftig seinen Lebensunterhalt mit dem bestreiten, was er am liebsten tat. Getreu dem von ihm oft zitierten Motto *Follow your dreams* war er sich sicher, Hobby und berufliche Zukunft miteinander in Einklang bringen zu können. Inzwischen stand er als Leadsänger einer über die Stadtgrenzen hinaus bekannten Rockband an Wochenenden oft

After growing up on both sides of the German-Swiss border and completing secondary school, Sigi von Koeding began an apprenticeship as a sign and advertisement painter in Basel. This choice of profession was presumably not entirely by chance, because a look back at his old schoolbooks reveals that he decorated them with sketches and conglomerates of letters of his favorite bands, television heroes, and comic-book characters.

After a good two years, he changed jobs and—like the avid amateur musician that he was—completed an apprenticeship in retail sales in a record store and meanwhile discovered the illegal graffiti movement, which was active primarily along the Basel Line. There, in 1985, two writers from Zurich left behind for the first time twenty-nine black-and-blue letters extending a length of around twenty-five meters that alluded in a roundabout way to Rammellzee, an American graffiti idol of that day, and could only be decoded by true insiders.[1]

Koeding's very first attempts a year later to write with a spray can on the pillars of a highway bridge were considerably more modest by comparison. By the artist's own account, these images, captured in Polaroids, should be understood not so much as political statements on the theme of peace but rather as exercises for larger formats in the graffiti style because he had been asked by someone in his circle of friends to decorate an apartment with motifs from the New York subway.

This illegal spraying at night with its adrenaline rush and smell of paint became a passion. Painting affected him "like a drug—once you have held a spray can in your hand, you will never stop again."[2]

His search for a pseudonym, common on the scene at the time, led to the choice of *DARE*, not only because this word is composed for four letters that can be rendered sweepingly but also because it is a catchall term in English for courage and a willingness to take risks, for going your own way. For the young writer from Basel, this venture had been clearly defined: In the future he wanted to make a living doing what he loved most. Faithful to his oft-cited motto, *Follow your dreams*, he was confident that he could combine his hobby and his future career.

abends auf der Bühne, um direkt im Anschluss daran bis in die frühen Morgenstunden an einer passenden Betonwand immer größer und komplexer gesprayte Name-Writings zu hinterlassen. Beides konnte nicht dauerhaft nebenher funktionieren. Letztlich fiel die Wahl auf die Spraydose und gegen das Mikrofon in der Hand.

Ausschlaggebend für diese Grundsatzentscheidung waren weder Revierverhalten mit Lust auf Machtspielchen unter konkurrierenden Gangs noch Ambitionen auf irgendwelche gesellschaftlichen Veränderungen mit dazu passenden politischen Statements. Vielmehr war es von Koedings Streben, die noch unbekannte Buchstabenkombination D-A-R-E in verschiedensten Variationen vor allem ästhetisch ansprechend so umzusetzen, dass er damit den Szene-Insidern imponieren konnte – für jeden ambitionierten Sprayer das strengste Schiedsgericht überhaupt. „So habe ich mir die Plätze immer so ausgesucht, dass es für die Szene sichtbar war. Die Öffentlichkeit war mir dabei egal."[3]

Neben diesem nächtlichen Style-Wettbewerb unter Gleichgesinnten war außerhalb der Graffiti-Community zudem noch tagsüber Überzeugungsarbeit bei potenziellen Geschäftspartnern zu leisten, um die wirtschaftliche Existenzgrundlage sicherzustellen. Unklar blieb zunächst, ob der künftige Arbeitsschwerpunkt sich eher auf die legale Fassadenmalerei fokussieren musste oder langfristig doch die eigentlich angestrebte Existenz als freischaffender Künstler mit eigenem Atelier möglich sein könnte.

Den ersten nennenswerten Auftrag erhielt von Koeding Anfang 1990 vom damaligen Mode- und Society-Fotografen und zugleich Patron des bekannten Musikszenetreffs *Metropolis*, Onorio Mansutti. Geprägt von Fotoshootings in den angesagten Locations der internationalen Luxuslabels wollte dieser nunmehr auch sein Büro im Basler Medienhaus moderner gestalten und einige Flure durch Graffiti künstlerisch aufwerten lassen.

Mit einem solchen Referenzprojekt ließen sich weitere potenzielle Auftraggeber von Koedings überzeugen, darunter das *Hotel International* und das *Hilton Basel*, die *Migros Nordwest-Schweiz*, *Ciba-Geigy*, das *Béjart Ballet Lausanne* oder die Firma *City Disc* mit ihrem gesamten eidgenössischen Filialnetz. Sogar die *Gemeindeverwaltung Münchenstein* im Kanton Basel-Land und die *Deutsche Bahn AG* ließen Außenanlagen im Umfeld ihrer Haltestellen und Unterführungen mit Graffiti gestalten, was seinerzeit nicht unbedingt dem Zeitgeist entsprach: Denn jegli-

He was already spending many weekend nights on stage as the lead singer of a rock band that was known even beyond the city limits, followed immediately by spraying his ever-larger and more complex name writings on suitable concrete walls into the early morning hours. He could not do both side by side forever. Ultimately, he chose holding a spray can over holding a microphone.

Neither the territorial behavior with a penchant for power games of competing gangs nor ambitions for any kind of social change and appropriate political statements played a crucial role in this choice of principles. It was rather Koeding's efforts to render the still-unknown combination of letters D-A-R-E in many variations in an aesthetically pleasing way that impressed the insiders on the scene—the toughest jury for any ambitious writer. "So I was always looking for places where the scene could see them. I didn't care about the public."[3]

In addition to the nighttime style competition among the like-minded, it was necessary to spend the day persuading potential business partners in order to secure a livelihood. It remained unclear at first whether the future focus of his work had to be on legal façade painting or whether the existence he was really striving for as a freelance artist with his own studio would be possible over the long term.

Von Koeding received his first significant commission in early 1990 from Onorio Mansutti, who was then a fashion and society photographer as well as the owner of Metropolis, a famous meeting place for the music scene. Influenced by photo shoots in the fashionable locations of international luxury labels, Mansutti wanted to modernize his office in the Medienhaus in Basel and to have several floors embellished with graffiti art.

This sort of reference project convinced von Koeding's other clients, such as the Hotel International and the Hilton Basel, Migros Nordwest-Schweiz, Ciba-Geigy, the Béjart Ballet Lausanne, and City Disc and its entire network of stores in Switzerland. The communal administration of Münchenstein in the Canton of Basel-Land and Deutsche Bahn AG even had him design graffiti for outdoor facilities near bus and streetcar stops and underpasses,

cher Einsatz von Sprühdosen im Außenbereich wurde bis dato noch mit Vandalismus in Verbindung gebracht, was auch nicht dadurch entschärft werden konnte, wenn hin und wieder allgemein beliebte Comicfiguren hinzugefügt waren und die Arbeit zum Schluss mit bürgerlichem Namen *ordnungsgemäß* signiert wurde.

Die Umstellung von großformatig gesprayten Graffiti auf Betonböschungen oder gewerblich genutzten Wänden auf deutlich kleinere Leinwandformate gegen Ende der 1990er-Jahre war für von Koeding komplizierter als ursprünglich erwartet. Der Wechsel von Dose auf Pinsel brachte einige Herausforderungen mit sich. Einerseits war nunmehr im Atelier eine sehr viel größere Detailgenauigkeit möglich. Andererseits sollte auch mit dieser neuen Form des Name-Writings die Emotionalität der Bilder erhalten bleiben, wie sie eigentlich nur aus der Illegalität des bisherigen Schaffens heraus entstehen konnte.

Wie an den großen Betonflächen üblich, wurden nach anfänglichen Übungen sehr bald auch auf den Leinwandarbeiten die vier Buchstaben des Künstlerpseudonyms ins Zentrum des Bildes gerückt. Die Komposition vieler Arbeiten aus dieser Frühphase von Koedings ist offenbar Ausdruck einer gewissen Suche nach Orientierung, wenn dessen Aliasname DARE wie ein ins Universum weggleitendes Raumschiff erscheint oder immer mal wieder verschwommen angedeutete Labyrinthe den Bildhintergrund prägen.

Mit dem Aufbau von befreundeten Crews wuchsen das Selbstbewusstsein und das Gefühl dafür, sich für den richtigen Beruf entschieden zu haben. Als der Basler 1999 von einem zweiten Aufenthalt in New York, der Keimzelle der Graffiti-Bewegung, zurückkehrte, war er von der dortigen Style-Vielfalt begeistert und fühlte sich in seiner Berufswahl bestätigt.

which was not necessarily in keeping with the zeitgeist: Back then, every use of spray cans outdoors was immediately associated with vandalism, and that sense could not be defused by occasionally adding popular comic figures or signing his work "properly" with his legal name.

Turning large-format graffiti sprayed on concrete embankments or walls for commercial use to considerable smaller canvas formats in the late 1990s turned out to be complicated for von Koeding than he had expected. Switching from can to brush entailed several challenges. On the one hand, much greater precision of detail was possible in the studio. On the other hand, this new form of name writing was supposed to preserve the emotionality of the paintings, which had really derived solely from the fact that his work up to this point had been illegal.

As had been common on large concrete surfaces, these initial exercises on canvas soon made the four letters of the artist's pseudonym the center of the image. The composition of many works from von Koeding's early phase clearly expresses a search for orientation, such as when his DARE alias looks like a spaceship slipping away into the universe, or when blurrily suggested labyrinths form the background.

As he built up friendly crews, his self-confidence increased as well as a sense that he had chosen the right career. When the he returned to Basel from a second stay in New York, the nucleus of the graffiti movement, he was enthusiastic about the diversity of styles there and felt his career choice had been affirmed.

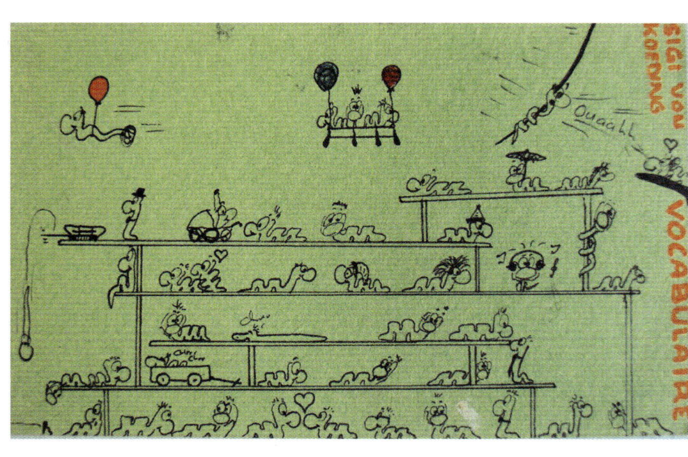

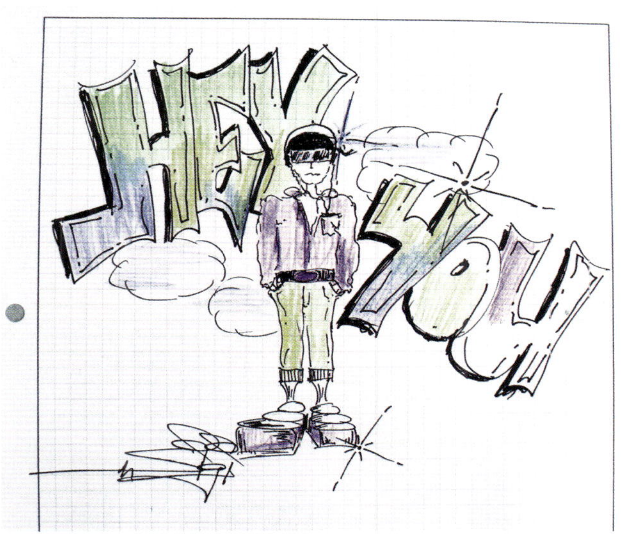

11+12
Zeichnungen aus der Schulzeit | Drawings from schooldays

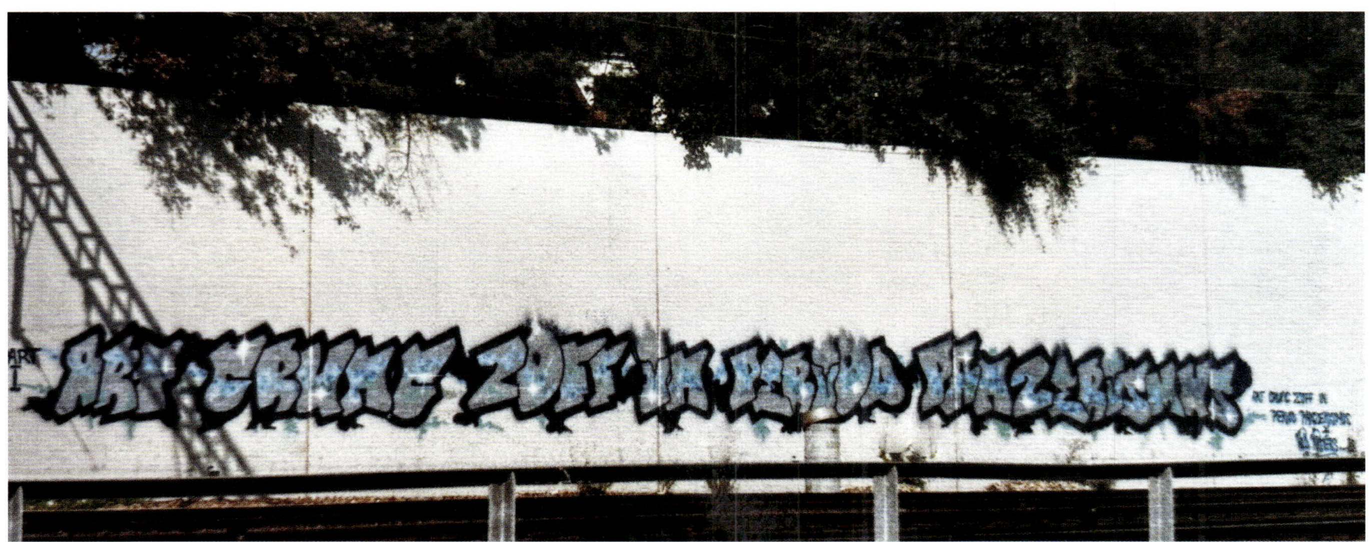

13
GEN & BOST, Graffiti an der Basel-Line 1985 | Graffiti on the Basel Line in 1985

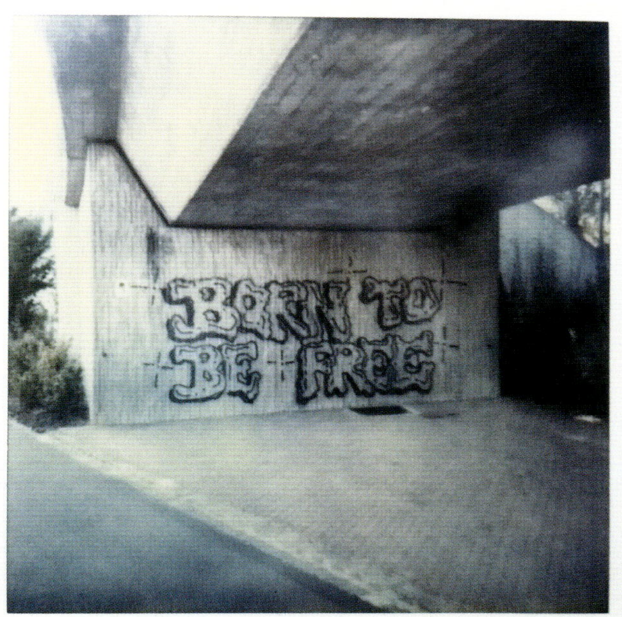

14+15
Erste Spray-Versuche von Koedings an der Basler Stadtautobahn | Von Koeding's first spray paintings near Basel's city highway, 1986

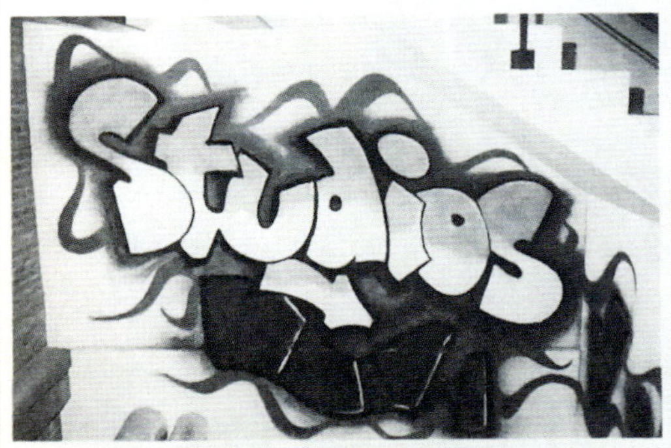

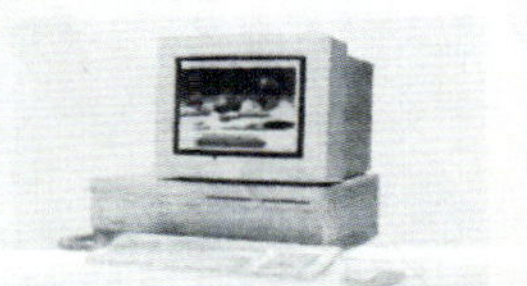

16
Auftragsarbeit für das Basler Medienhaus |
Commissioned work for the Medienhaus
in Basel, 1990

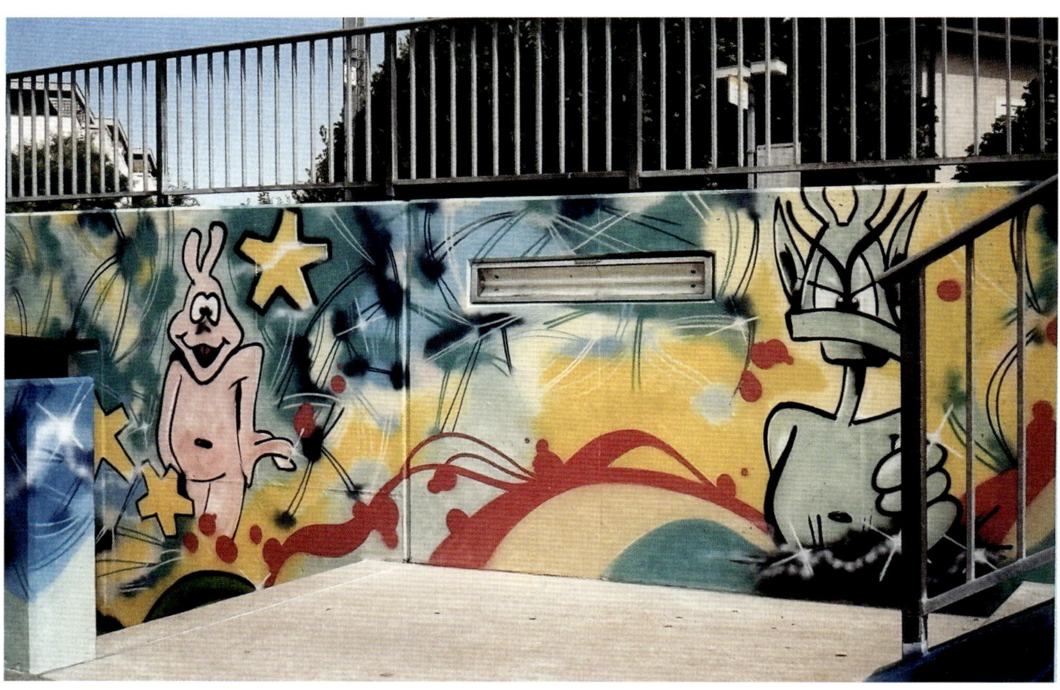

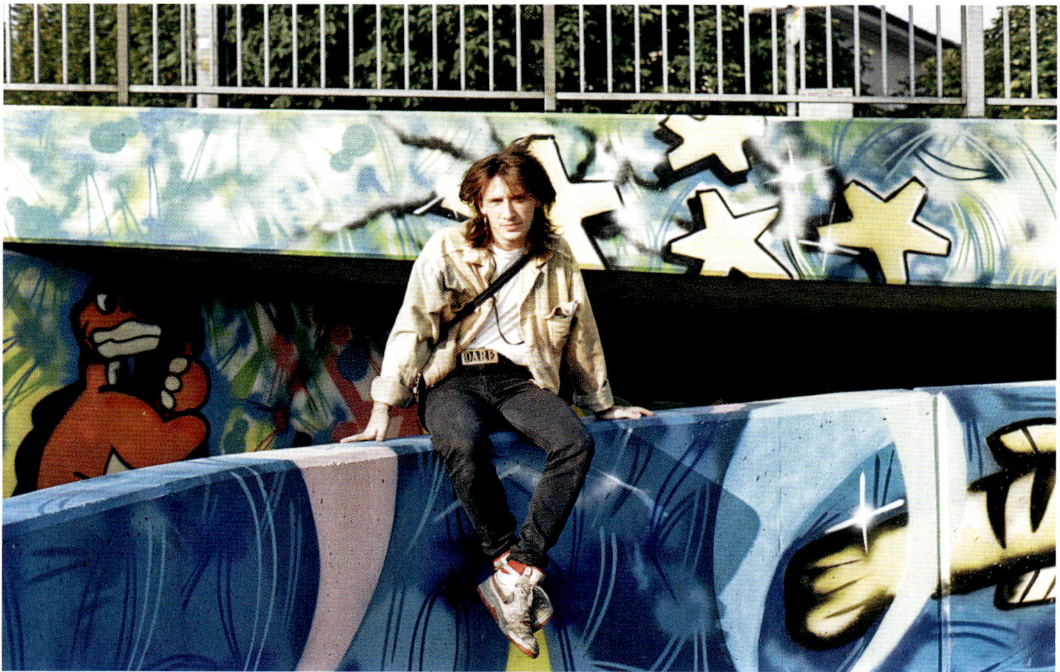

17+18
Außengestaltung Gemeinde Münchenstein (Kanton Basel-Land) | Exterior design for the Municipality of Münchenstein
(Canton of Basel-Land), 1990

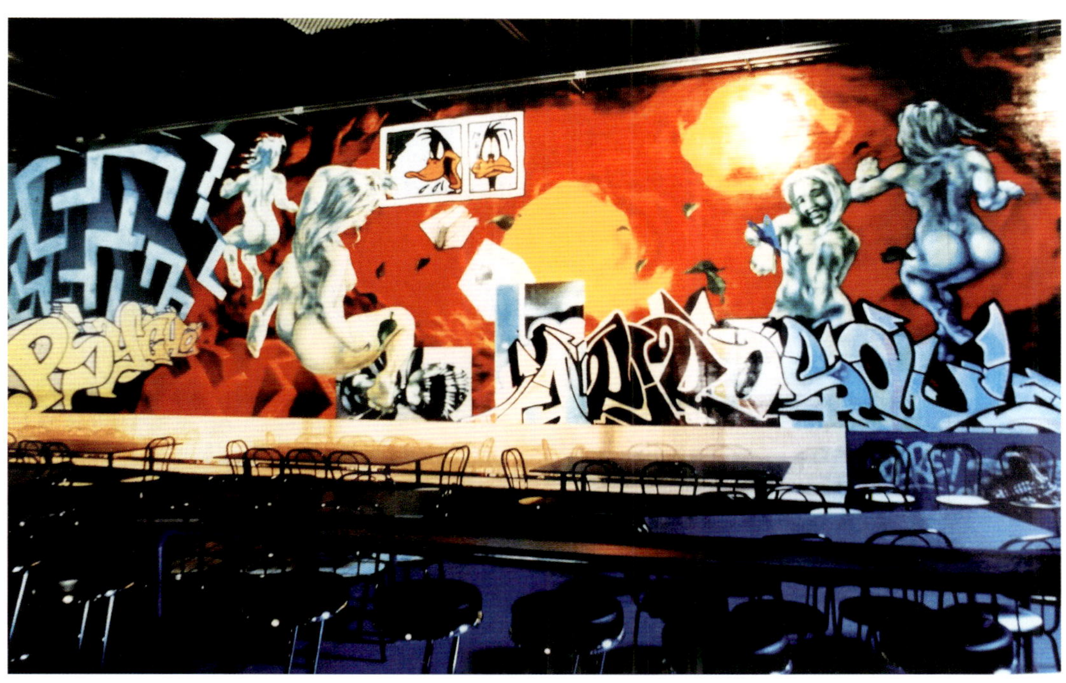

19
Béjart Ballet Lausanne, 1992

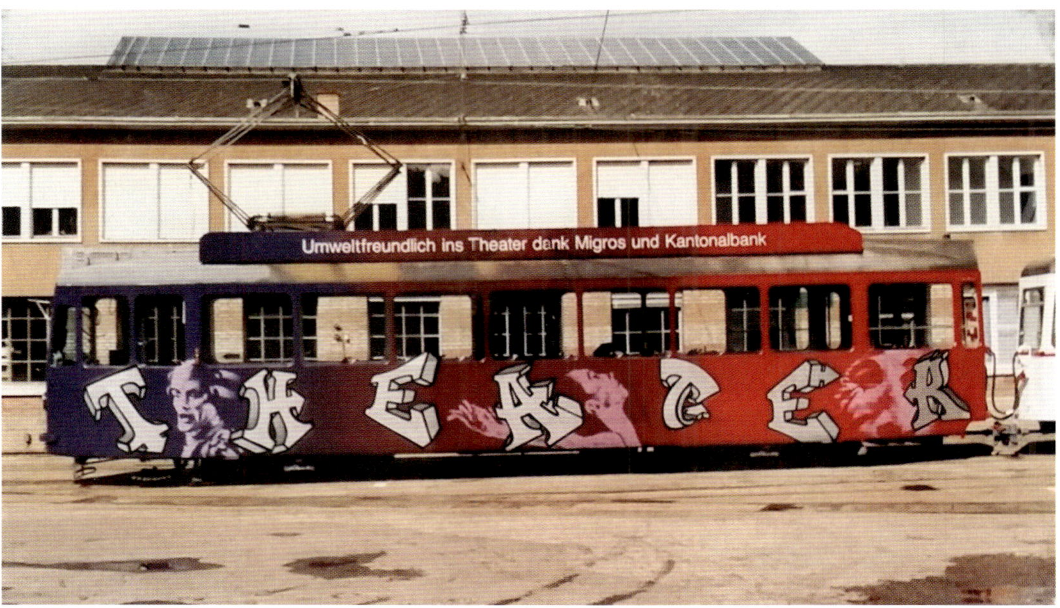

20
Migros Straßenbahn in Basel | Migros streetcar in Basel, 1993

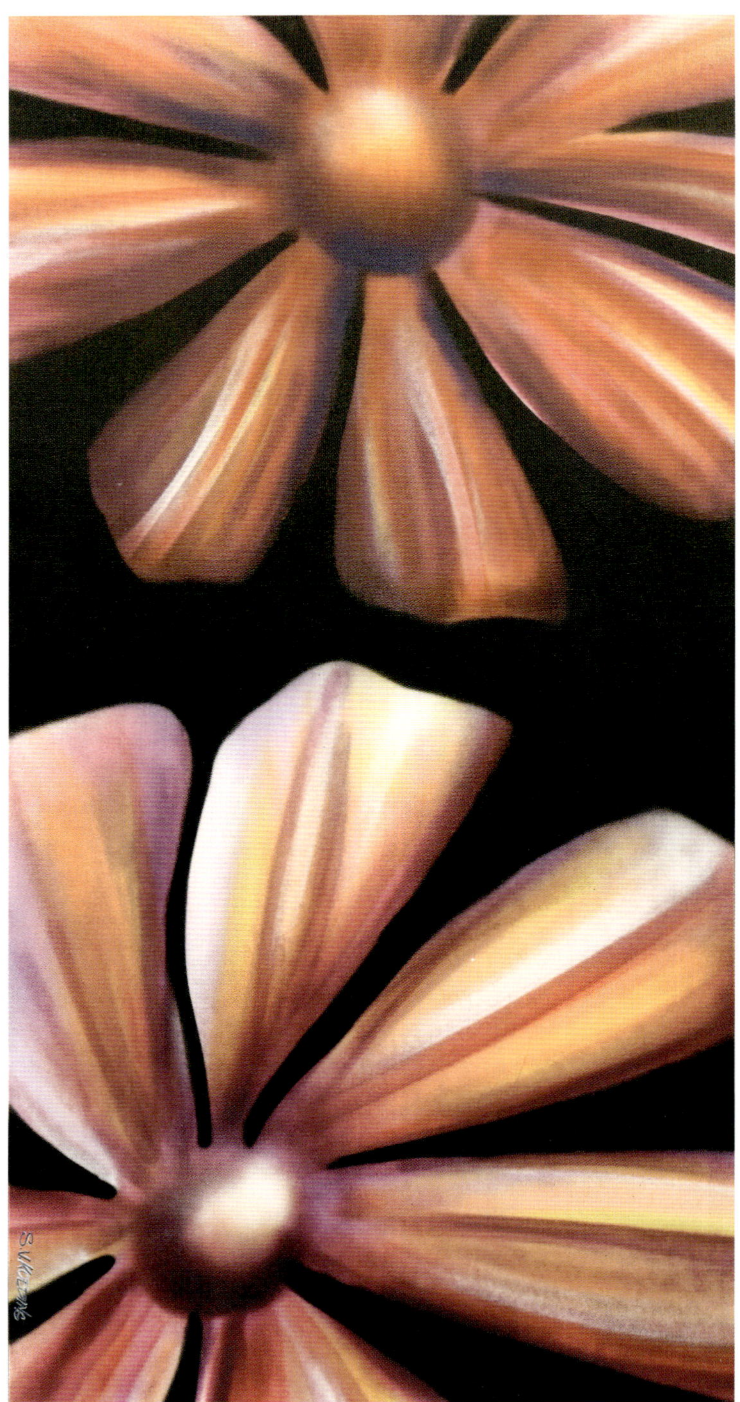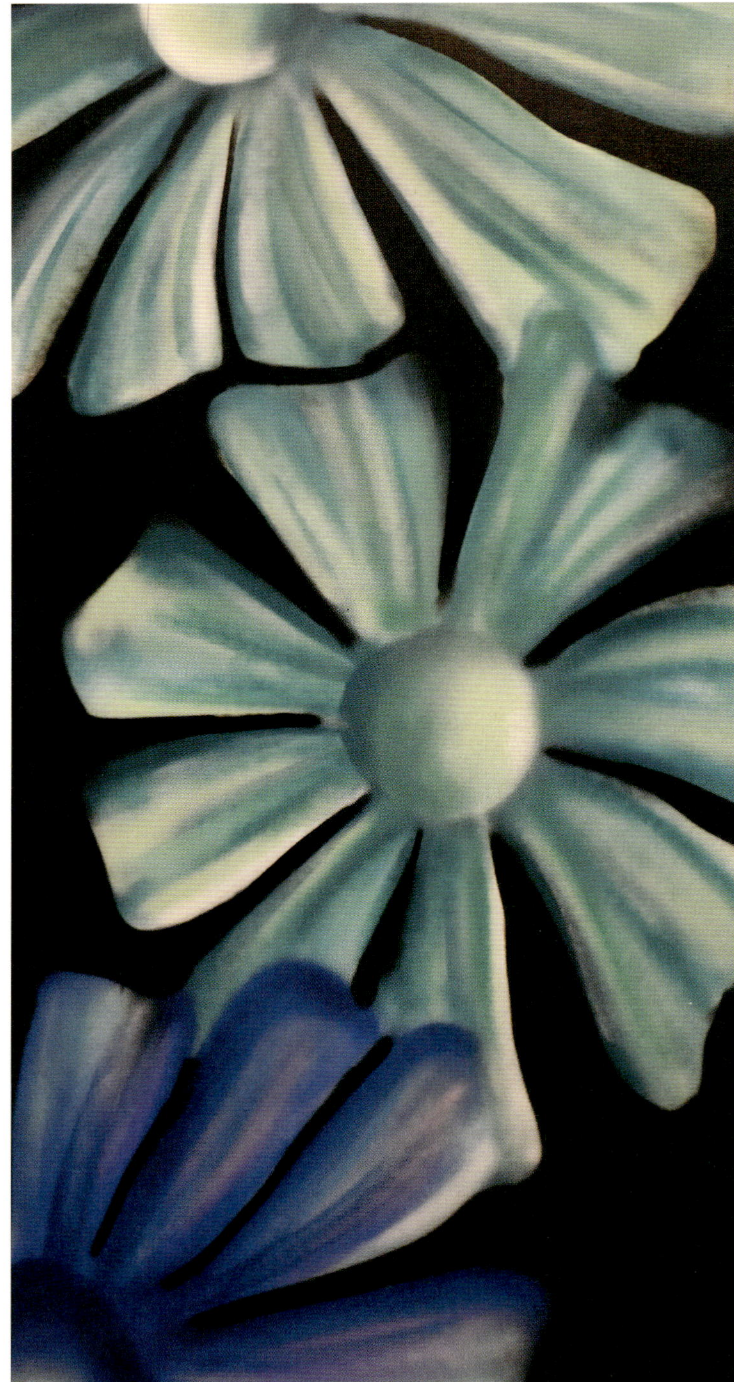

21–24
Dekowände für das Hilton Basel | Decorative walls for the Hilton Basel, jeweils | each 198 × 100 cm, 1992

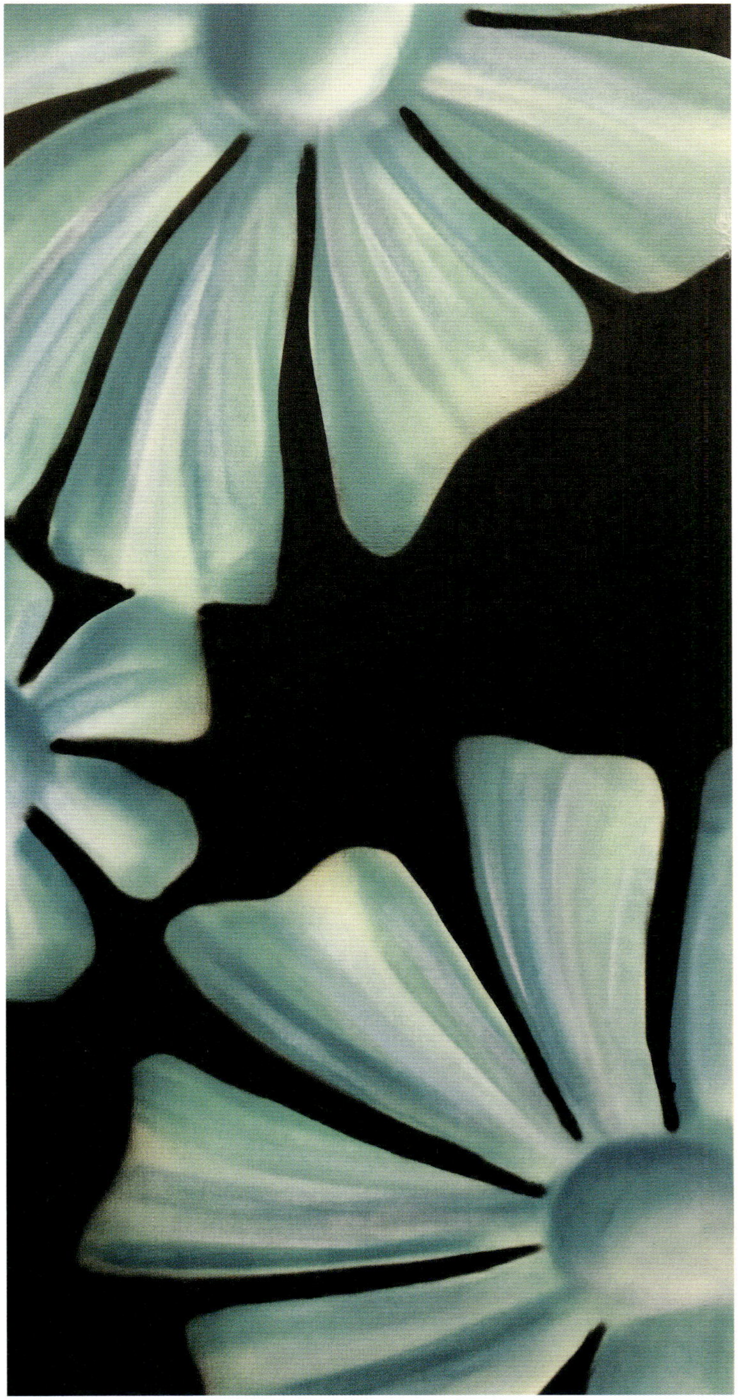

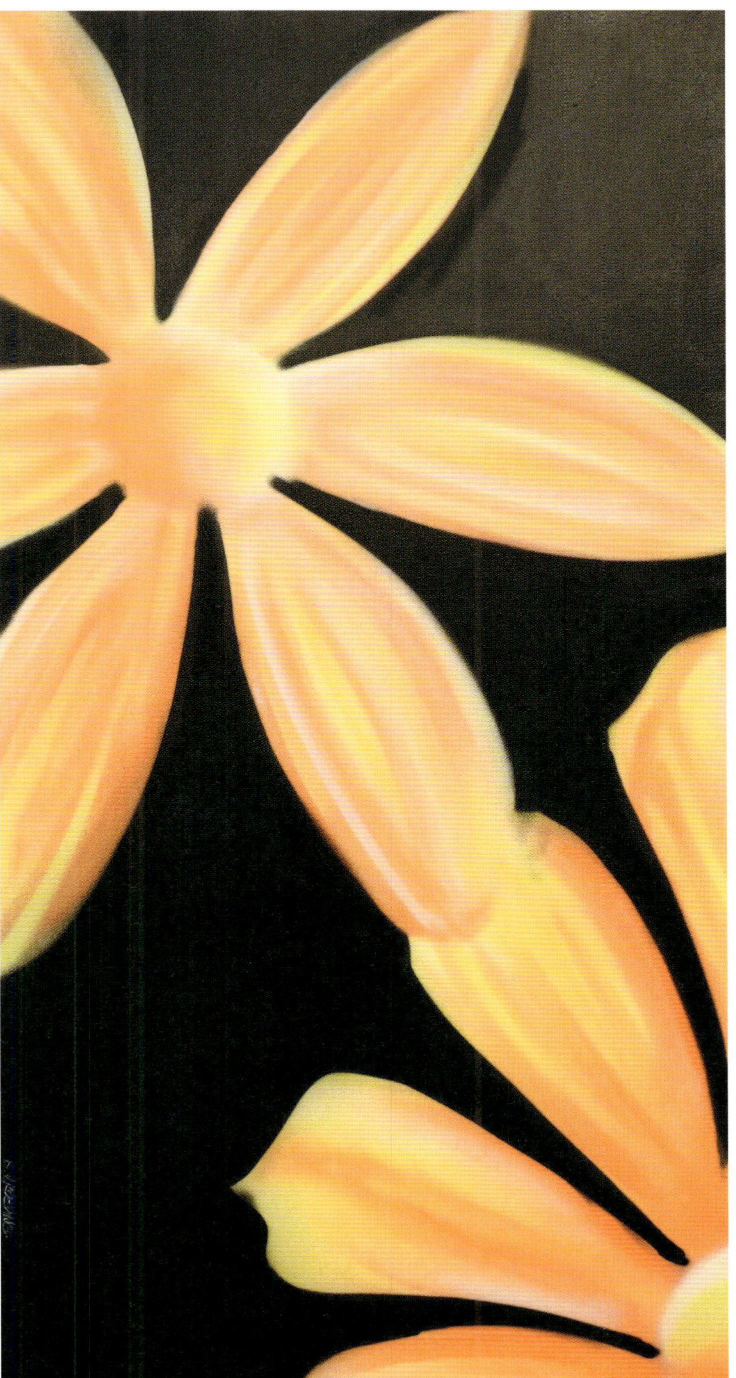

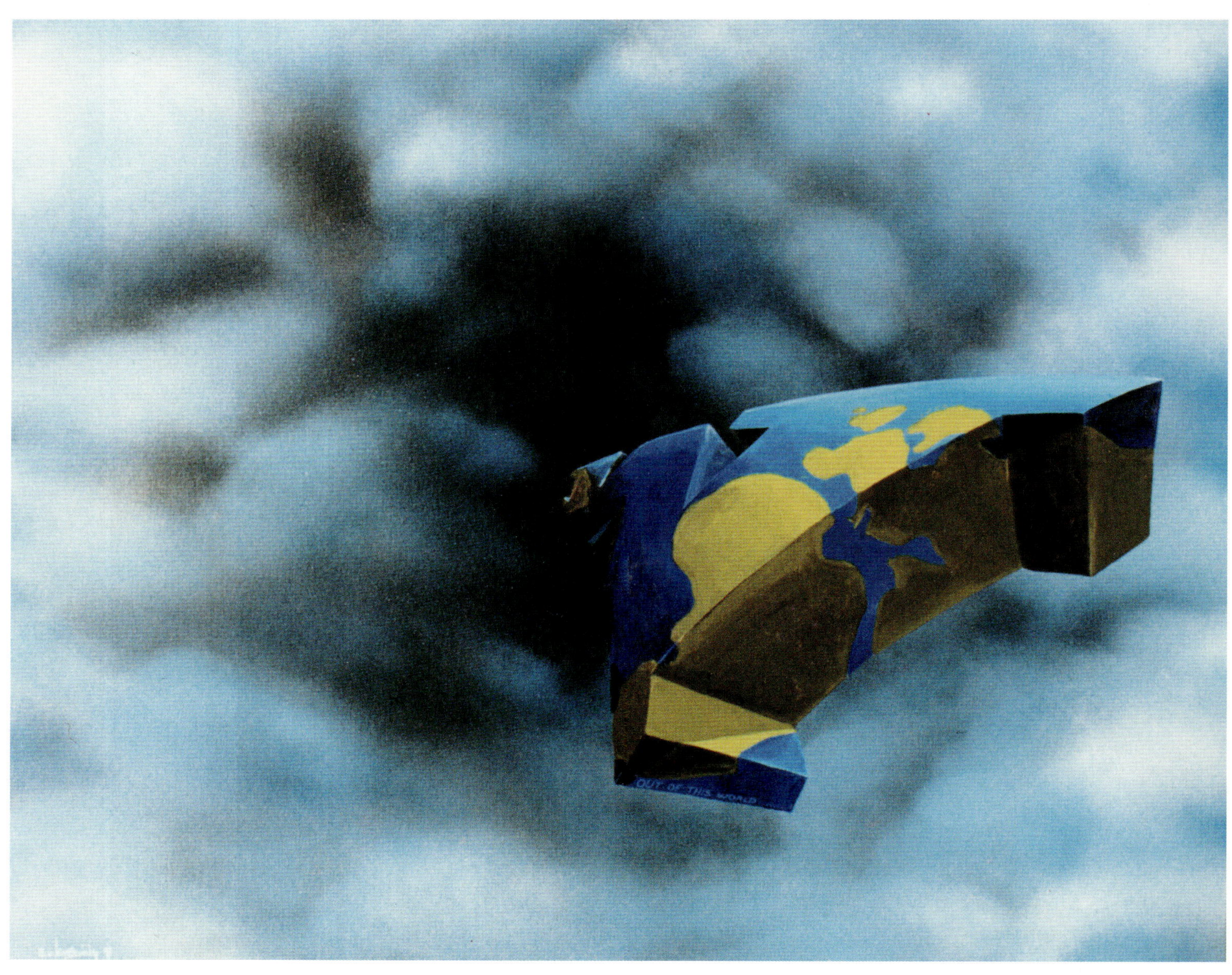

25
Out of this world, 80 x 100 cm, 1997

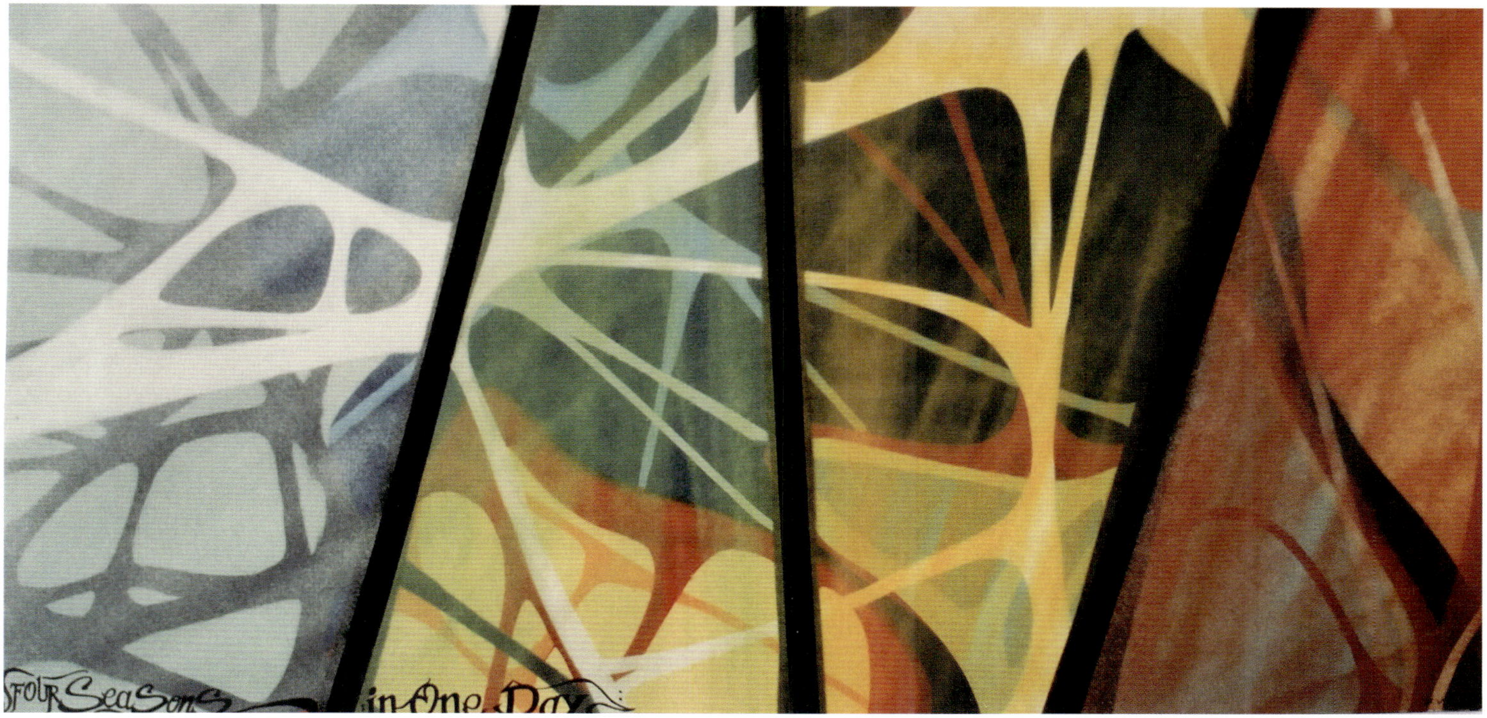

26
Four seasons in one day, 60 × 120 cm, 1997

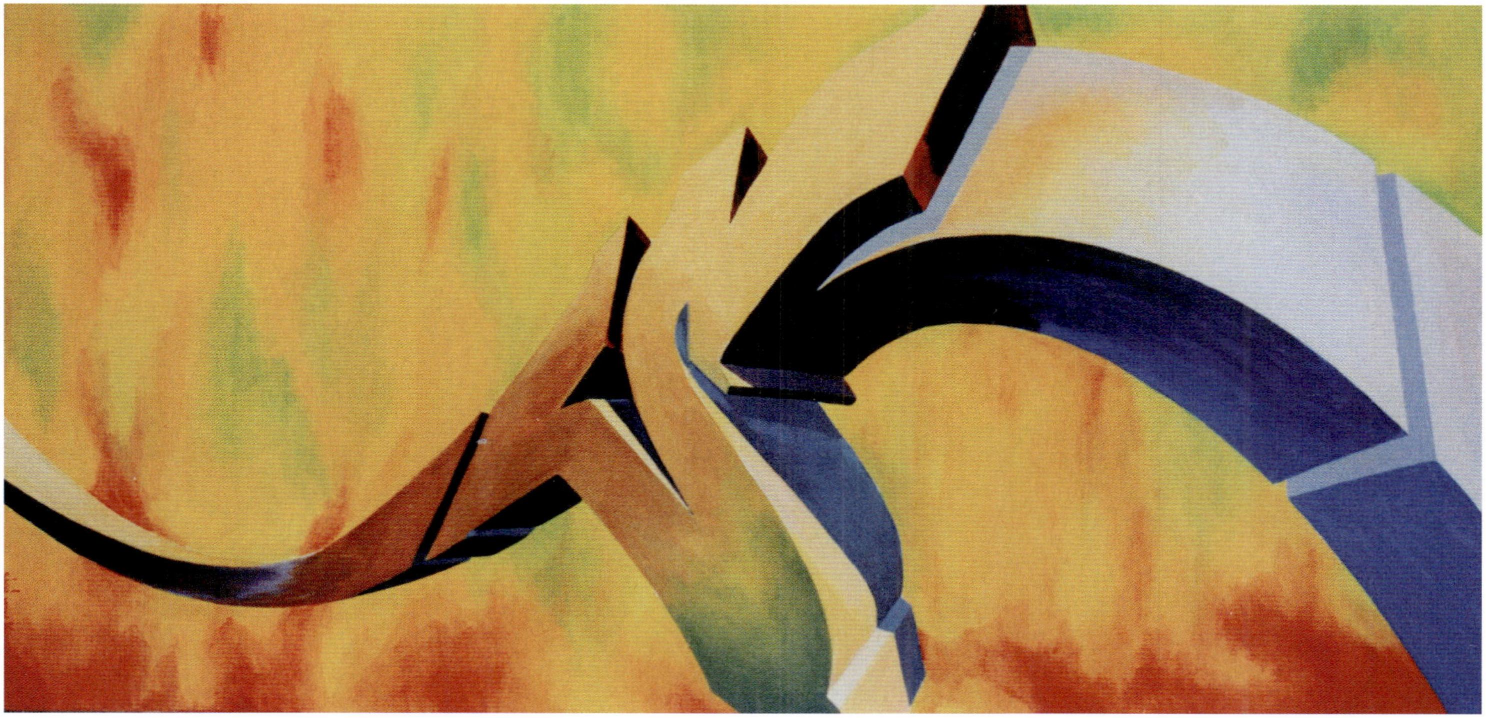

27
S-Summer, 50 × 100 cm, 1998

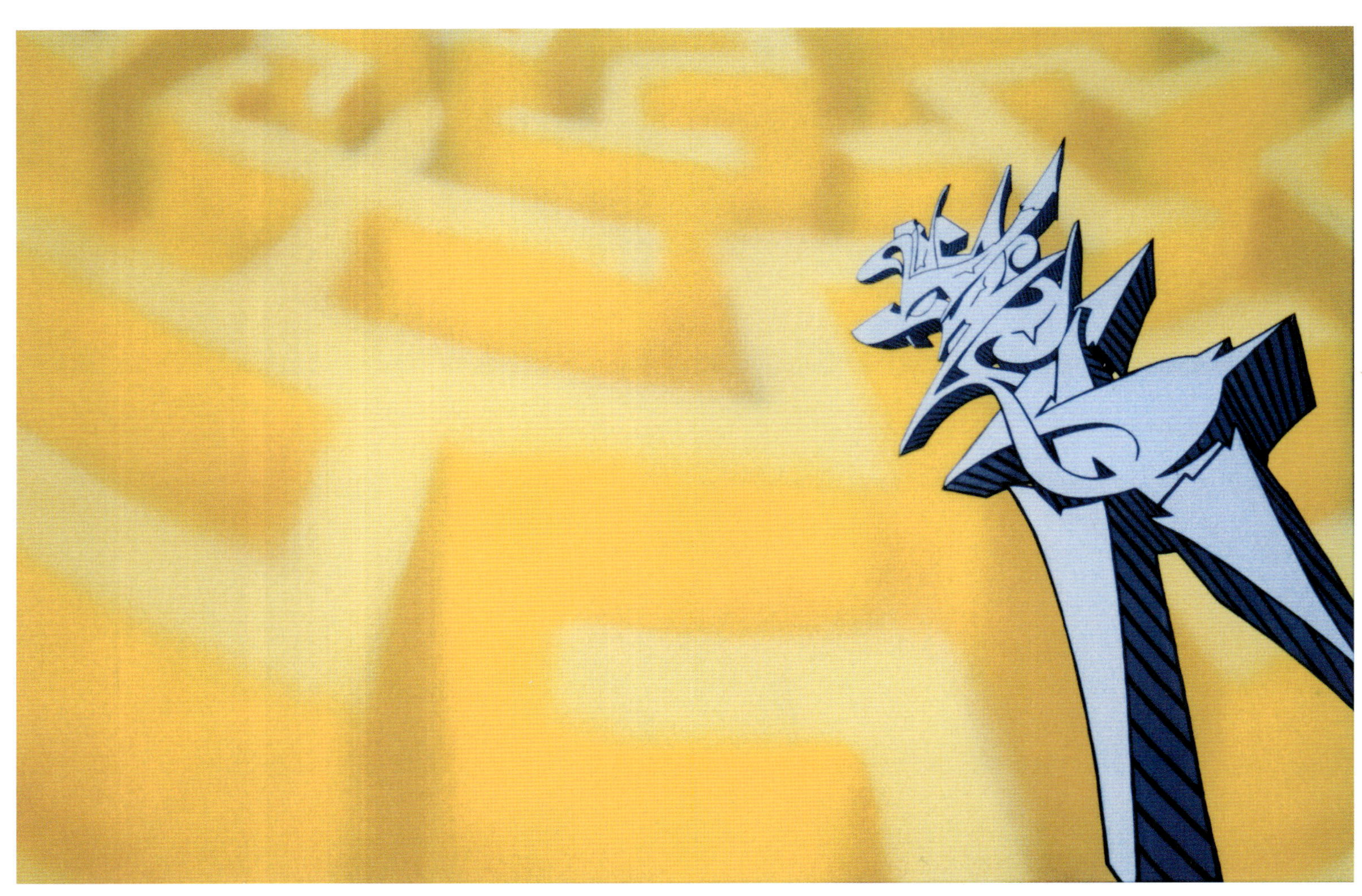

28
YelloLab, 80 × 120 cm, 1999

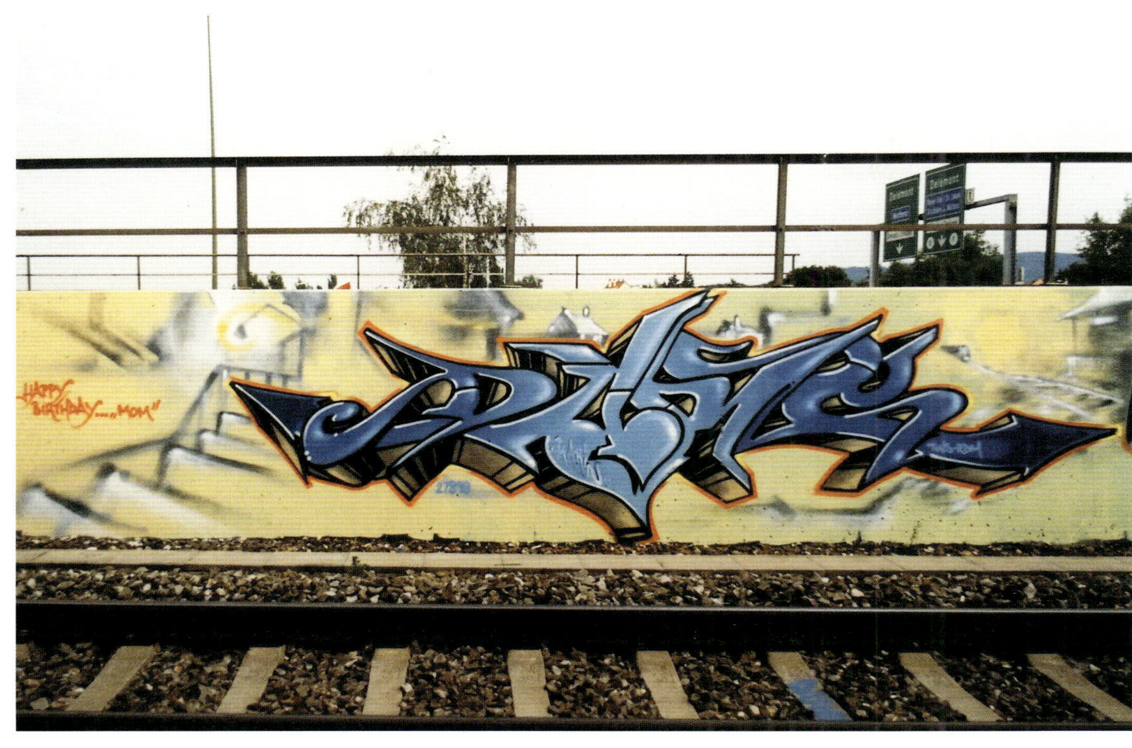

29
Herzliche Geburtstagsgrüße
von DARE | *Herzliche* (Happy),
birthday greetings from DARE,
Basel-Line, 1998

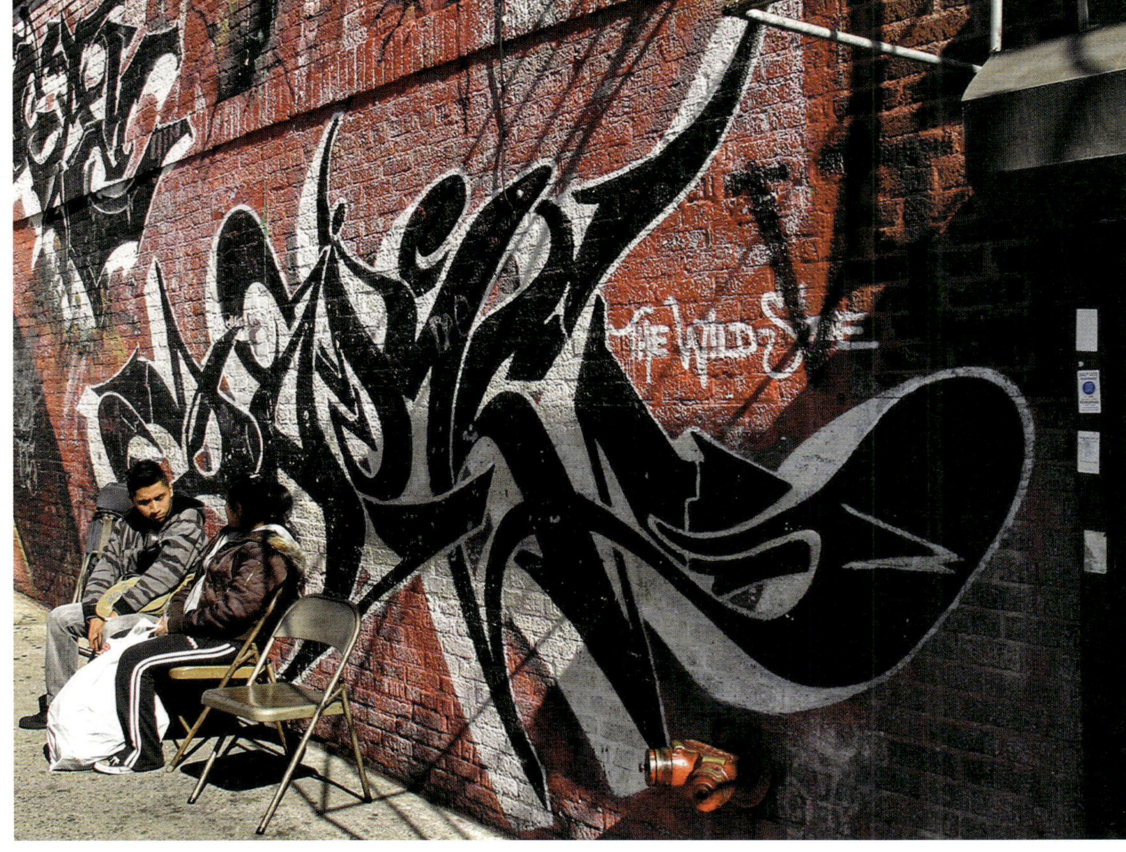

30
Name-Writing in New York, 1999

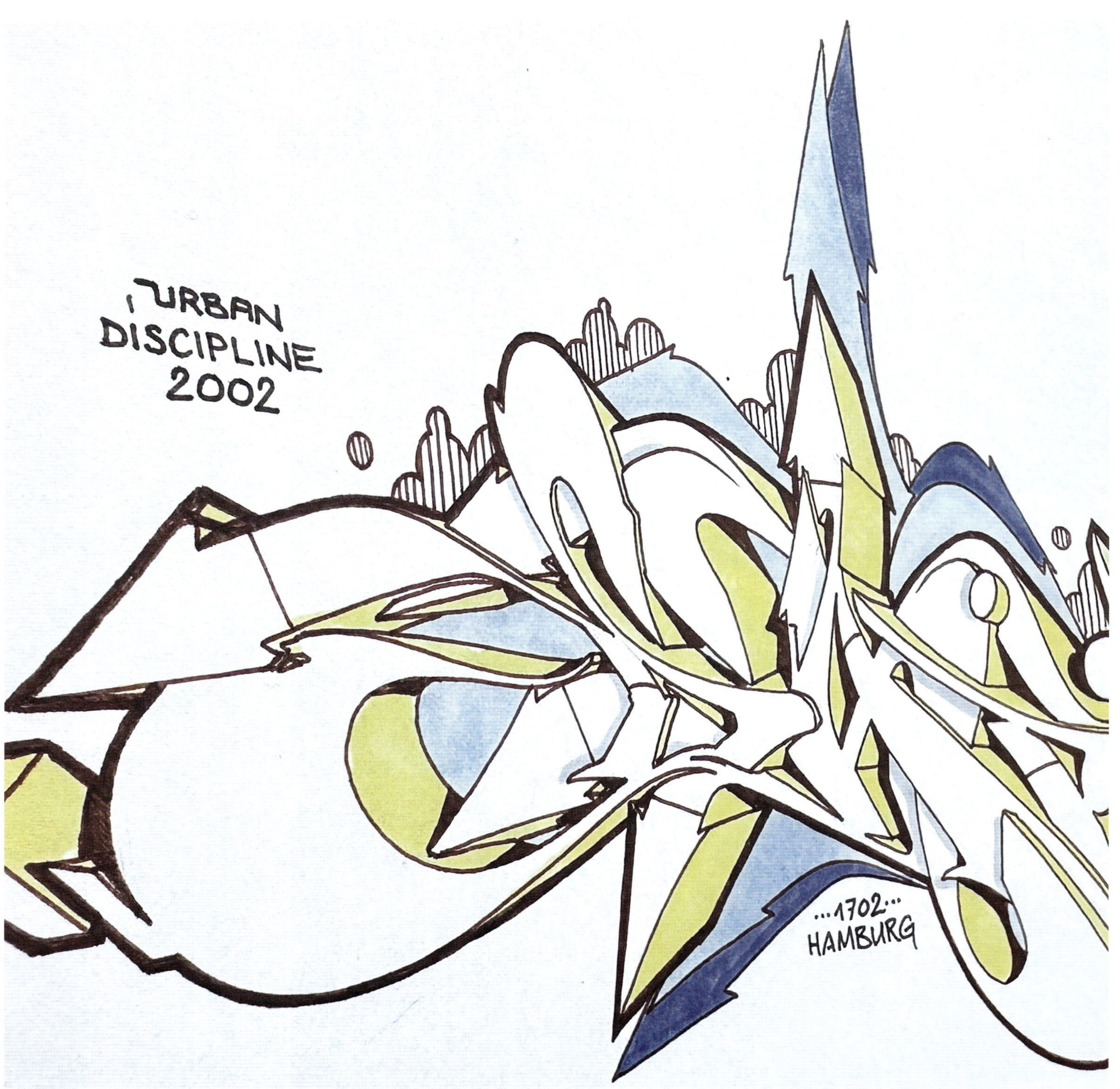

DARE Skizzen- und Gästebuch | sketch- and guestbook (Ausschnitt | detail), 2002/03

3 MEILENSTEINE UM DIE JAHRTAUSENDWENDE

MILESTONES AROUND THE TURN OF THE MILLENNIUM

Mittlerweile hatte von Koeding als *Brückenbauer* nicht nur zahlreiche Kontakte zu interessanten Geschäftspartnern gesammelt, sondern auch ein engmaschiges Netzwerk an Gleichgesinnten weit über die angrenzende Nordwestschweiz hinaus aufgebaut. Bei Auslandsreisen hatte er vor allem in Deutschland und Dänemark enge Freundschaften geschlossen, die sein Leben lang halten sollten. Bei besonderer *Seelenverwandtschaft* schloss man sich zu internationalen Crews zusammen. Die trafen sich zwar seltener, malten dann aber meist – stillschweigend geduldet – auf vorher besonders gut ausgespähten Großflächen. Kam über einen längeren Zeitraum kein Treffen zustande, grüßte man sich untereinander, indem man den Name-Writings abschließend noch in kleinen Lettern die Crew- oder Aliasnamen einzelner Kollegen hinzufügte und das alles mit Foto dokumentierte. DARE war bis zuletzt mit mehreren Crews ideell verbunden, wobei er eigenen Angaben zufolge TWS (The Wild Side), RDM (Rock die Mama), S2R (Styles to Remember) und zuletzt noch LL (Love Letters) besonders nahestand.

Als zentrale Figur im Netzwerk der frühen deutschsprachigen Name-Writer-Szene wurde er um die Jahrtausendwende zu wichtigen Veranstaltungen nach Hamburg und London eingeladen, die das weitere Schaffen von Koedings nachhaltig prägen sollten. In der norddeutschen Hafenmetropole fand im Sommer 2000 auf Initiative der drei Sprayer DAIM, TASEK und Daddy Cool, die vorher unweit der Elbbrücken zur Ateliergemeinschaft *getting-up* zusammengefunden hatten, erstmalig die *Urban Discipline* (*UD*) statt. Nach Einschätzung der Künstler und ihrer szeneinternen Unterstützer als Do-it-yourself-Veranstalter war es „die bis jetzt vielleicht schönste Ausstellung ihrer Art", seit die Graffitibewegung von Philadelphia und New York aus die Großstädte Europas erreicht hatte, und brachte die Art und Weise der Graffiti-Präsentation „auf eine völlig neue Ebene."[4]

Die Auswahl der Sprayer schien auf den ersten Blick recht willkürlich. Aber allein aufgrund der Tatsache, dass die meisten von ihnen vorher bereits in unterschiedlichen Kombinationen miteinander zusammengearbeitet hatten, konnte man von allen Teilnehmenden einen hohen Qualitätsstandard ihrer Arbeiten erwarten. Denn bei diesen gewachsenen Freundschaften war stets ein selbstkritischer und zugleich respektvoller Kreativwettbewerb untereinander üblich. Die drei Hamburger Initiatoren konnten unter anderem die Bronx-erfahrenen US-ameri-

In the meantime, as a *bridge builder* von Koeding had not only established numerous contacts to potential business partners but also built up a tightly meshed network of the like-minded that reached far beyond neighboring northwest Switzerland. On travels abroad, especially in Germany and Denmark, he had established close friendships that would last all his life. Especially *kindred spirits* came together to form international crews. They met less frequently but then usually painted—silently tolerated—on especially suitable large surfaces that had been picked out in advance. When a long time passed without a meeting, they would greet one another by adding to their own name writings the crew names or aliases of several of their colleagues in small letters and documenting it in a photograph. Until the end, DARE exchanged ideas with several crews, but by his own account he was especially close to TWS (The Wild Side), RDM (Rock die Mama), S2R (Styles to Remember), and finally LL (Love Letters).

As the central figure in the network of the early name-writing scene in the German-speaking world, he was invited to important events in Hamburg and London around the turn of the millennium that would have a lasting influence on von Koeding's subsequent work. In the northern German port city, on the initiative of the three writers DAIM, TASEK, and Daddy Cool, who had recently established the studio community *getting-up* not far from the Elbe Bridges, the first *Urban Discipline* (*UD*) exhibition was held in the summer of 2000. In the judgment of the artists and their supporters on the scene as do-it-yourself organizers, the exhibition was perhaps "the finest so far" of its kind since the graffiti movement from Philadelphia and New York had reached Europe's large cities, and it bought the presentation of graffiti "to a whole new level."[4]

At first glance, the selection of writers seemed rather arbitrary. But the very fact that most of them had previously worked together in various combinations ensured a certain standard of quality in the works all the participants. These budding friends always had a self-critical and mutually respectful creative competition. The three

kanischen Sprayer-Pioniere CES und SEEN für eine Teilnahme diesseits des Atlantiks gewinnen, und der in München schon früh aktive LOOMIT lud das mit ihm seit Längerem befreundete Zwillingspaar OS GEMEOS aus Brasilien ein. Fast wie selbstverständlich wurde die Schweizer Graffiti-Szene durch DARE vertreten, begleitet von den Kollegen TOAST, SHARK und MATE.

Alle anwesenden Sprayer vereinte ein Stück Lebenserfahrung, nun nicht mehr mit Spraydosen lediglich in anonymitätswahrender Dunkelheit durch die Straßen ziehen zu wollen. Mittlerweile sah man sich durchaus in der Lage, mit dem jeweils persönlich weiterentwickelten Graffiti-Style nun auch ambitionierte Positionen auf Leinwänden und anderem mobilen Untergrund gestalten zu können. Sie forderten also nicht mehr nur Respekt vom etablierten Kunstbetrieb, sondern verlangten – an die Adresse der szeneinternen Traditionalisten gerichtet –, künftig nicht ausschließlich illegal gesprayte Graffiti für akzeptabel zu halten. Mit der *UD I* wollten die Teilnehmer einen Gegenentwurf liefern. So war im Ausstellungskatalog gleich einleitend die These aufgestellt, dass der Verkauf sogenannter *Post-Graffiti* auf Leinwänden keineswegs verwerflich sei, denn „wenn sich ein Mensch über 24 Stunden am Tag mit einer Sache beschäftigen will, so muss er damit auch Geld verdienen" dürfen.[5]

Zum Ende der Graffiti-Show mit 26 internationalen Künstlern, auf mehreren hundert Quadratmetern in einer umgebauten Skater-Halle verteilt, ahnte noch niemand, dass dieses neuartige Ausstellungskonzept aufgrund des großen Zuspruchs in den Folgejahren an wechselnden Orten noch zweimal wiederholt werden würde und somit rückblickend zu einer kunstgeschichtlich relevanten Ausstellungstrilogie heranwachsen sollte. Zur *UD II* trafen sich im Sommer 2001 in einer alten Postsortierhalle am Hamburger Stephansplatz 22 Künstler auf mehr als 1.000 Quadratmetern Showfläche. An der letzten Ausgabe, der *UD III*, exakt zur Jahresmitte 2002 nahmen dann schließlich über 30 Kunstschaffende teil, die in den Hallen einer ehemaligen Brauerei im Stadtteil St. Pauli auf über 1.500 Quadratmetern ideale Voraussetzungen zur Präsentation ihrer Graffiti-basierten Positionen vorfanden.[6]

Etwa zeitgleich zur ersten *Urban Discipline* in Hamburg machten sich die Verantwortlichen im Schweizer Botschaftsgebäude in London ebenfalls Gedanken über mögliche Graffiti-Aktivitäten. In der eidgenössischen Vertretung im noblen Stadt-

initiators from Hamburg were able to convince, among others, the Bronx-based American writer pioneers CES and SEEN to participate on this side of the Atlantic, and LOOMIT, who had been active in Munich early one, invited his long-time friends the twins OS GEMEOS from Brazil. It almost went without saying that the Swiss graffiti scene would be represented by DARE, accompanied by his colleagues TOAST, SHARK, and MATE.

All of the writers presented were united by an aspect of life experience but now no longer wished to walk the streets with spray cans in a darkness that ensured only anonymity. In the meantime, they very much saw themselves in a position to create ambitious works on canvas and other mobile supports in a graffiti style that they had refined in highly personal ways. They were no longer simply demanding respect from the established art world but also—with regard to the traditionalists within the scene— no longer considering only illegally sprayed graffiti to be acceptable from now on. The participants in *UD I* sought to offer an alternative concept. In the accompanying catalogue, the introduction argued that the sale of *Post-Graffiti* on canvas was by no means morally reprehensible, since "if one is occupied twenty-four hours a day dealing with his art, it's more than O. K. to make some cash money."[5]

At the end of the graffiti show with twenty-six international artists distributed on several hundred square meters in a converted skateboarding hall, no one suspected that this new exhibition concept would be repeated twice in different locations in the years that followed in response to great demand and thus in retrospect become an art historically significant trilogy of exhibitions. For *UD II* in the summer of 2001, twenty-two artists met on more than a thousand square meters of exhibition space in an old postal sorting facility on Stephansplatz in Hamburg. More than thirty artists took part in the final edition, *UD II*, at the exact middle of the year 2002, in a former brewery in St. Pauli that offered ideal conditions for presenting graffiti-based art on more than 1,500 square meters.[6]

Around the same time as the first *Urban Discipline* exhibition in Hamburg, the responsible parties at the Swiss Embassy in London were also thinking about

teil Marylebone war offenbar die Erkenntnis gereift, „dass der Schweiz eine Aufmöbelung des Images aus diversen Gründen guttäte."[7] Kurz zuvor erst hatte mit den EU-Staaten eine Verständigung auf bilaterale Verträge stattgefunden, zudem stand ein Botschafterwechsel bevor. Also gab es gute Gründe, über eine Neuausrichtung der Öffentlichkeitsarbeit nachzudenken, bei der man besonders junge Menschen ansprechen wollte, wie es eine Pressemitteilung zu Beginn des Jahres 2001 der ausgewählten Zielgruppe vorausschauend ankündigte:

> „Der Lauf des neuen Jahrhunderts wird maßgeblich von den heute 15- bis 30-Jährigen geprägt und bestimmt. Wir, die Mitarbeiterinnen und Mitarbeiter der Schweizer Botschaft in London, widmen unser Programm für 2001 diesem Teil unserer Gesellschaft. Wir wollen von der *nächsten Generation* erfahren, wie sie über die Zukunft denkt, wie sie zukünftige Ereignisse plant und beeinflusst, welche Werte und Vorstellungen sie hat. Wir wollen lernen und verstehen, wir wollen diskutieren und erleben. Gemeinsam mit Jugendlichen und jungen Erwachsenen wollen wir fünf Hauptveranstaltungen organisieren […]."[8]

Konkret war als Auftaktveranstaltung gleich für das letzte Januarwochenende eine Graffiti-Party geplant, zu der man in die Tiefgarage der eidgenössischen Vertretung einlud. Ausklingen sollte dieses unter dem Motto *Next Generation 2001* laufende Kulturprogramm acht Monate später mit einer Kunstausstellung zur titelgebenden Frage: *Concrete or wallpaper?* Auf deren Vernissage im September 2001 in der *Lecture Hall* der Schweizer Botschaft trafen sich neben Prominenz aus der Kreativwirtschaft ebenso Vertreter aus dem Britischen Parlament und der Londoner Polizeibehörden zu einer fast dreistündigen Podiumsdiskussion. Schon damals stand die Frage im Raum, ob Graffiti wohl jemals im klassischen Kunstbetrieb ankommen und allgemein Akzeptanz finden würde. Einer der mitausstellenden Künstlerinnen und Künstler war der Brite Banksy, der bereits im Vorfeld der Graffiti-Party zu Jahresbeginn *eher zufällig* unten in der luftschutzsicheren Botschaftsgarage mehrere Schablonenarbeiten realisiert hatte.[9]

possible graffiti activities. The Swiss mission in the posh district of Marylebone had come to the realization "that the Swiss image could use a good polish for a variety of reasons."[7] Recently, it had come to an understanding on bilateral agreements with the states of the European Union; moreover, a change in ambassador was imminent. There were thus good reasons to consider a reorientation in its publicity work to address young people in particular, as a press release at the beginning of 2001 announced in predicting the selected target audience:

> "The course of the new century will be shaped and determined largely by those who are 15–30 years old today. We, the members of staff at the Swiss Embassy in London, are dedicating our programme for 2001 to this particular section of our society. We want to find out from the *next generation* what it thinks of the future, how it plans and influences future events, what values and ideas it has. We want to learn and understand, we want to debate and experience. Together with young people and young adults we intend to organise five principal events."[8]

Specifically, a graffiti party was planned as the opening event already on the last weekend in January, inviting people to gather in the underground parking garage of the Swiss mission. This cultural program with the motto *Next Generation 2001* would end eight months later with an exhibition with a question in its title: *Concrete or Wallpaper?* At its opening in September 2001, in the Lecture Hall of the Swiss Embassy, prominent figures from the creative economy met members of the British parliament and London police authorities for a panel discussion lasting nearly three hours. Already at that time, the question was raised whether graffiti would ever arrive and be accepted in the traditional art world. The British artist Banksy was one of the participants and in the runup to the party *rather coincidentally* painted several stenciled works in the air-raid-ready garage of the embassy.[9]

DARE and his colleague TAREK had arrived from Basel. Whereas the latter sat on the panel and actively

Aus Basel angereist waren DARE und sein Kollege TAREK. Während Letzterer mit auf dem Podium saß und zur Unterscheidung von Kunst oder Vandalismus engagiert mitdiskutierte, verfolgte DARE die jeweiligen Statements der Teilnehmer und interessierte sich vor allem für die Antworten auf die eingangs botschaftsseitig gestellte Frage: „Sind Graffiti eine Straftat, ein asoziales Ärgernis, eine Form moderner Kunst, ein Ventil für politischen Ausdruck oder einfach ein Mittel für junge Leute, ihrem Frust Luft zu machen?"[10]

Wo und wann DARE genau mit Banksy ins Gespräch kam, ist nicht überliefert. Auf jeden Fall lud der Schweizer seinen britischen Kollegen zu dessen erster Ausstellung in Deutschland nach Hamburg ein. Dort trafen sich beide rund neun Monate später anlässlich der dritten und letzten *Urban Discipline* wieder, wo sie dann in den Hallen der alten Astra Brauerei in Hamburg St. Pauli gemeinsam ausstellten. Ob sich die dort von Banksy ins Skizzenbuch von DARE notierte, offenbar humorvoll gemeinte Bemerkung tatsächlich auf einen *Besuch beim Hairdresser* im Vorjahr in London oder aber auf etwas ganz anderes gemeinsam Erlebtes bezog, wird ein Rätsel bleiben.

Gegen Ende der *UD III* lud die veranstaltende Künstlergruppe *getting-up*, mittlerweile noch um den vierten Kollegen STOHEAD verstärkt, die Teilnehmenden zu einer Gemeinschaftsarbeit ein, die die stilistische Vielfalt der inzwischen selbstbewussten Szene zum Ausdruck bringen sollte. Neben der unmissverständlichen Aufforderung *Check your head!* wirkte das Wandbild wie ein Manifest. Mit ihm wurde die breite gesellschaftliche Akzeptanz für eine neue Kunstform eingefordert und zugleich noch ein großformatiger *bildlicher Appetitanreger* mitgeliefert. Die in der Legalität angekommenen Sprayer waren in Vorleistung getreten – nun musste das Publikum und vor allem der traditionelle Kunstbetrieb nur noch folgen. Auffällig bei diesem rund 30 Meter breiten Großformat war, dass die figurativen Darstellungen deutlich überwogen. An die Welt der Comics angelehnte Figuren (*Characters*) und Pop-Art-ähnliche Positionen wirkten zumindest vordergründig deutlich in der Überzahl. Erst auf den zweiten Blick nahm man zudem die Arbeiten jener Künstler wahr, die nach wie vor am Name-Writing festhielten und die Buchstaben ihres Aliasnamens nicht mehr als nur kleine, kryptische Reviermarkierung, sondern in viel größerer, dreidimensionaler Umsetzung schwungvoll an die Wand gesprayt hatten.

participated in the discussion of the distinction between art and vandalism, DARE followed the statements of each of the participants and was particularly interested in the answers to the question that had been posed at the start from the embassy side: "Is graffiti a criminal offence, an anti-social nuisance, a form of modern art, an outlet for political expression, or simply a means for young people to vent their frustrations?"[10]

Where and when exactly DARE got into a conversation with Banksy is not known. In any case, the Swiss artist invited his British colleague to Hamburg for the latter's first exhibition in Germany. Around nine months later, the two of them met again on the occasion of the third and last *Urban Discipline* exhibition, in which they exhibited together in the halls of the former Astra brewery in Hamburg St. Pauli. Whether Banksy's remark in DARE's sketchbook about *hair dresser shops*, which was apparently meant to be funny, referred to the previous year in London or to a completely different shared experience will remain a mystery.

Near the end of *UD III*, the artists' group that organized it, *getting-up*, which in the meantime had added a fourth colleague, STOHEAD, invited the participants to create a collaborative work that would express the stylistic diversity of the now self-confident scene. With the unambiguous exhortation of its title—*Check your head!*—the mural came across like a manifesto. It called for broad social acceptance of a new art form and at the same time offered a large-format *visual appetite stimulant*. The graffiti writers who had become legal had laid the ground work—now the public and above all the traditional art world just had to follow. It is striking that this large-format work around thirty meters wide is clearly dominated by figurative depictions. Characters taken from the world of comics and Pop Art–like figures seemed, at least superficially, to be in the majority. Only on closer inspection did one also notice the works by artists who kept to name writing and had sprayed the letters of their alias no longer as a small, cryptic territorial marking but in much larger, three-dimensional curves on the wall.

Damit stand unausgesprochen die Frage im Raum, wie weit man sich von den ursprünglichen und nur szeneintern verständlichen Graffiti-Codes aus den US-amerikanischen Problemvierteln der 1970er- und 1980er-Jahre stilistisch entfernen wollte, wenn man denn in der breiten Öffentlichkeit um Akzeptanz sowie insbesondere im klassischen Kulturbetrieb um größere Aufmerksamkeit und vielleicht sogar um höhere Umsatzquoten warb. Bei aller Brillanz der handwerklichen Fertigkeit im Umgang mit der Dose, die zweifellos alle Teilnehmenden einte, bot sich als Alternative zur kreativen Weiterentwicklung des eigenen Pseudonyms an, den persönlichen Style affirmativ anzupassen. Nicht wenige Graffiti-Sprayer, die anfänglich illegal gestartet waren, standen an der Weggabelung zu einer legalen Künstlerexistenz früher oder später vor dieser weitreichenden Entscheidung: Wollte man auch zukünftig am Name-Writing, also im Wortsinne an seiner Handschrift festhalten, wobei die ständige Suche nach dem optimal-ästhetischen Zusammenspiel von Buchstabenkonglomeraten mitunter introvertiert wirkte; oder aber wollte man sich von den ursprünglich als Geheimcode verwendeten Buchstaben und anderen mystischen Graffiti-Zeichen verabschieden und Freude an nunmehr neuen Bilderwelten für einen weitgehend legalen Dialog mit der Öffentlichkeit entwickeln? Egal ob humorgeprägt, politikfordernd oder künstlerisch-provokativ – auf jeden Fall jedoch auffällig und meist farbenfroh, so lässt sich die Vielfalt der jüngeren Streetart zuletzt grob einordnen.

Die drei *UD*-Ausstellungen in Hamburg zur Jahrtausendwende, bei denen er neben den Veranstaltern zu den wenigen Dauergästen gehörte, und überdies das Botschaftsereignis in London lieferten von Koeding wertvolle Erkenntnisse und Bestätigung zugleich: Graffiti hatten offenbar endgültig die ihnen zugewiesene, zum Teil auch selbst gewählte *illegale Schmuddelecke* verlassen. Wenn schon, wie in der Schweizer Botschaft bewiesen, mit einer Lackdose diplomatische Unterstützung möglich schien, dann durften Sprayer nicht mehr ausschließlich dem Vandalismus zugeordnet werden. Graffiti-basiertes Name-Writing konnte auf stark reduzierten und somit mobilen Flächen stattfinden und war nun käuflich zu erwerben, ohne dabei dem Vorwurf des Verrats der Szene-Ideale ausgesetzt zu sein. Selbst wenn der Basler Sprayer in diesem Sinne schon rund eine Dekade unterwegs gewesen war, fühlte er sich durch die zahllosen Kollegengespräche nochmals in seinem Verständnis zur *Post-Graffiti-Kunst*

The unspoken question hanging in the air was how far one could distance oneself stylistically from the original graffiti as understood by the scene, coming from trouble spots in the United States in the 1970s and 1980s, if one was trying to gain acceptance, greater attention, and perhaps even higher sales prices from a broad public and especially from the traditional art world. For all the brilliance of the craft skills with the spray can that without question united all the participants, the alternative to creatively refining one's own pseudonym on offer was affirmatively adapting one's personal style. No small number of graffiti writers who started out illegally and stood at the crossroads leading to a legal existence as an artist would sooner or later face this far-reaching decision: Did they wish to continue name writing—that is, to cling to a hand style in the literal sense—with the risk that the constant search for the optimal aesthetic interplay of conglomerates of letters could appear introverted; or did they want to depart from the letters and other mystical graffiti symbols that had originally been used as a secret code and start to enjoy new worlds of images for a now largely legal dialogue with the public? Whether humorous, political, or artistically provocative—been in any case striking and usually colorful—the diversity of more recent street art can ultimately be roughly categorized in these ways.

The three *UD* exhibitions in Hamburg at the turn of the millennium, in which he was one of the few repeated guests apart from the organizers, and the event at the embassy in London offered von Koeding both valuable insights and confirmation: Graffiti writing had clearly finally left the *illegal, smutty place* to which it had been relegated but had also in part chosen itself. If diplomatic support with a spray can seemed possible, as the Swiss Embassy demonstrated, then writers can no longer be categorized exclusively as vandals. Graffiti-based name writing could be done on considerably reduced and thus mobile surfaces and could now be sold without being accused of betraying the ideas of the scene. Even though the writer from Basel had already been working in that spirit for around a decade, numerous conversations with

im Allgemeinen und seiner eigenen Berufswahl im Besonderen bestätigt. Für sich persönlich war DARE davon überzeugt, mit fortgesetztem Fokus auf das Name-Writing auch zukünftig über genügend kreative Optionen verfügen zu können, selbst wenn einige Kollegen die dauerhafte Selbstbeschränkung auf nur wenige Buchstaben ihres Aliasnamens inzwischen als künstlerische Sackgasse empfunden und daher den Wechsel ihre Styles bereits vollzogen hatten.

Er aber war entschlossen, an der Weiterentwicklung seiner Handschrift hin zu einer ausdrucksstarken Kalligrafie mit möglichst dreidimensionaler Wirkung festzuhalten, von der er später einmal behauptete, sie sei vergleichbar mit einem *persönlichen Branding* und fungiere quasi als sein Logo oder Markenzeichen.[11] Wenn man grundsätzlich davon ausgehen darf, dass Typografie bestimmte Inhalte bestmöglich dann transportiert, wenn sie einer strengen formalen Systematik unterliegt, war von Koeding eher vom Gegenteil überzeugt. Erst mit gewollten Brüchen innerhalb der ubiquitären Schriftennorm ließ sich mit Buchstabenunikaten in individueller Handschrift das kommunizieren, was ihn am meisten interessierte: die damit jeweils korrespondierende Gefühlswelt des Künstlers als Urheber. Nicht die gelesene Bedeutung der Worte, sondern die empfundene Form und Anordnung der Buchstaben, „die sich gegenseitig tragen, durchbohren oder verschmelzen können,"[12] wurden bei ihm zur Botschaft. Er blieb von der mitunter kontrovers geführten Diskussion über die Aussagekraft von Grafologie mit wissenschaftlichem Anspruch unberührt: „Nach all den Jahren, wo ich meinen Namen auf die Wände dieser Welt geschrieben habe, ist es für mich die ehrlichste Art und Weise, diesen Namen heute auf Leinwand zu schreiben. So sind meine Bilder als geschriebene Selbstportraits, Momentaufnahmen oder Verarbeitung von Erlebtem zu sehen und wenn man daran glaubt, dass Handschrift Ausdruck von Persönlichkeit ist, so kann in jedem einzelnen Buchstaben Leben gefunden werden."[13]

Erkenntnisse ergaben sich für ihn auch hinsichtlich der Dinge, die er weiterhin nicht oder zumindest weniger verfolgen wollte: Im Gegensatz zu seinem letzten Ausstellungsnachbarn Banksy und einigen anderen Sprayern, die mittlerweile ganz zielgerichtet ihr Publikum im urbanen Raum an exponierter Stelle suchten, um es mit Kritik oder politischen Forderungen zu konfrontieren, wollte von Koeding seine Arbeiten auch künftig nicht mit gesellschaftskritischen Inhalten aufladen. Diese Einstellung

colleagues reaffirmed his understanding of *Post-Graffiti Art* in general and his own choice of career in particular. For himself, DARE was convinced that by continuing to focus on name writing enough creative options would be available in the future as well, even if some colleagues had begun to perceive constant self-limitation to a few letters of their alias as an artistic dead end and hence had already changed their styles.

But he had decided to keep to keep working on his hand style to capture an expressively calligraphy with as much as a three-dimensional effect as possible, of which he later claimed that it was comparable to a *personal branding* that functions as a kind of logo or trademark for him.[11] Although one can on principle take it for granted that typography best conveys specific content when it is subject to a strict formal system, von Koeding was convinced of the opposite. Only deliberate violations within the ubiquitous norm of writing made it possible to communicate with unique letters in an individual handwriting what interested him most: the corresponding emotional world of the artist as author. Not the real meaning of the words but the perceived form and order of the letters, which "can support, penetrate or melt into one another,"[12] makes them a message for him. He was unmoved by the sometimes-controversial discussion of the expressive power of graphology with a scientific claim: "After the many years when I wrote my name on walls all over the world, it seemed to me most honest to continue to write this name on canvas today. My paintings should be regarded as written self-portraits and if you believe that writing is an expression of personality, life can be found in each individual character."[13]

For him, there were also insights into things that he no longer wished to pursue at all or at least less so: In contrast to his neighbor in his final exhibition, Banksy, and to several other writers who in the meantime were quite deliberately search for their audience in an exposed place in urban space in order to confront it with critique or political demands, von Koeding did not wish to load his works with sociocritical messages even in the future. He remained consistent in this stance in years that fol-

hielt er in den Folgejahren konsequent durch: „Politische Hintergründe lasse ich bewusst aus, was nicht heißen soll, dass ich nicht politisch interessiert wäre – im Gegenteil. Da ich heute mehrheitlich auf Leinwand und immer in eigener Sache male, also keine Bilder als Auftragsarbeit mache, ist es mir eben wichtig, nicht diese aufgesetzte *Rebellion* als Verkaufsaspekt für meine Bilder in Anspruch zu nehmen."[14]

In einem weiteren Punkt sah von Koeding Bedarf zum Nachjustieren. Projekte ohne jeglichen künstlerischen Bezug zum Name-Writing seines Pseudonyms und andere eher ambitionslose „Auftragsarbeiten, mit denen ich heute noch teilweise mein Geld verdiene, versuche ich mehr und mehr aus dem Weg zu gehen."[15] Tatsächlich sollte sich in den folgenden Jahren die Zahl seiner Aufträge deutlich verringern, wobei sie sich vor allem auf solche Projekte beschränkten, die entweder einen karitativen Bezug hatten oder besonders reizvolle künstlerische Herausforderungen für ihn bereithielten.

lowed: "I deliberately leave political backgrounds out, which does not mean that I am not interested in politics—on the contrary. That I paint primarily on canvas today and always for myself, that is, no longer painted commissioned work, it is important to me not to claim this imposed *rebellion* as a way to sell my paintings."[14]

On another point, von Koeding saw a need to adjust. He avoided projects without any artistic connection to the name writing of his pseudonym and other work without ambition: "More and more I try to avoid commission work, which I still do part time."[15] The number of commissions did clearly decline, being limited above all to projects that either had a connection to charity or presented him with especially appealing artistic challenges.

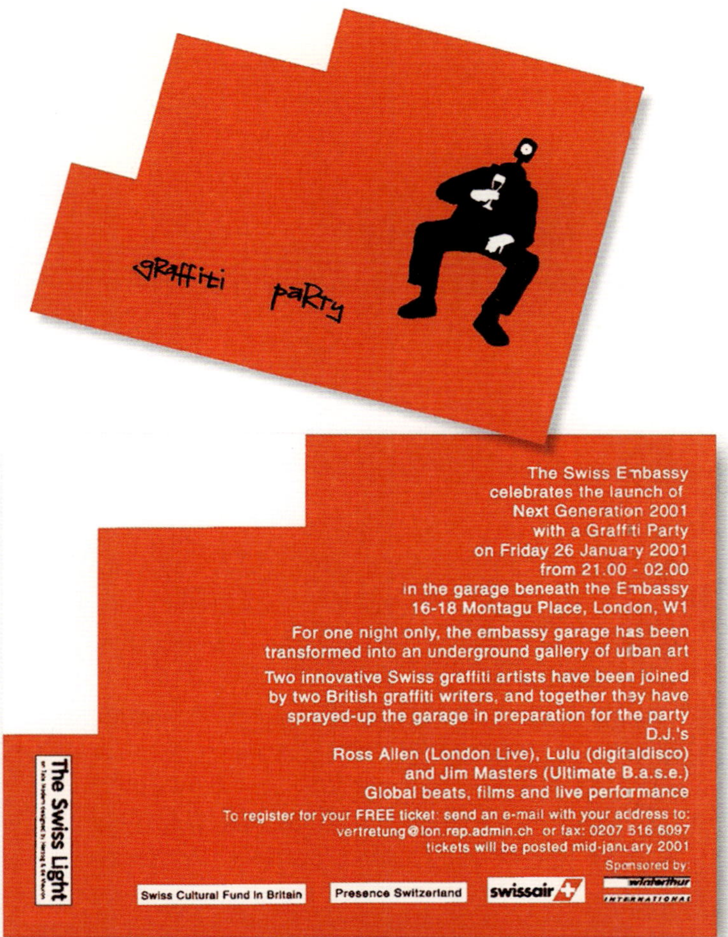

32
Offizielle Einladung der Schweizer Botschaft in London | Official
invitation to the Swiss Embassy in London, Januar | January 2001

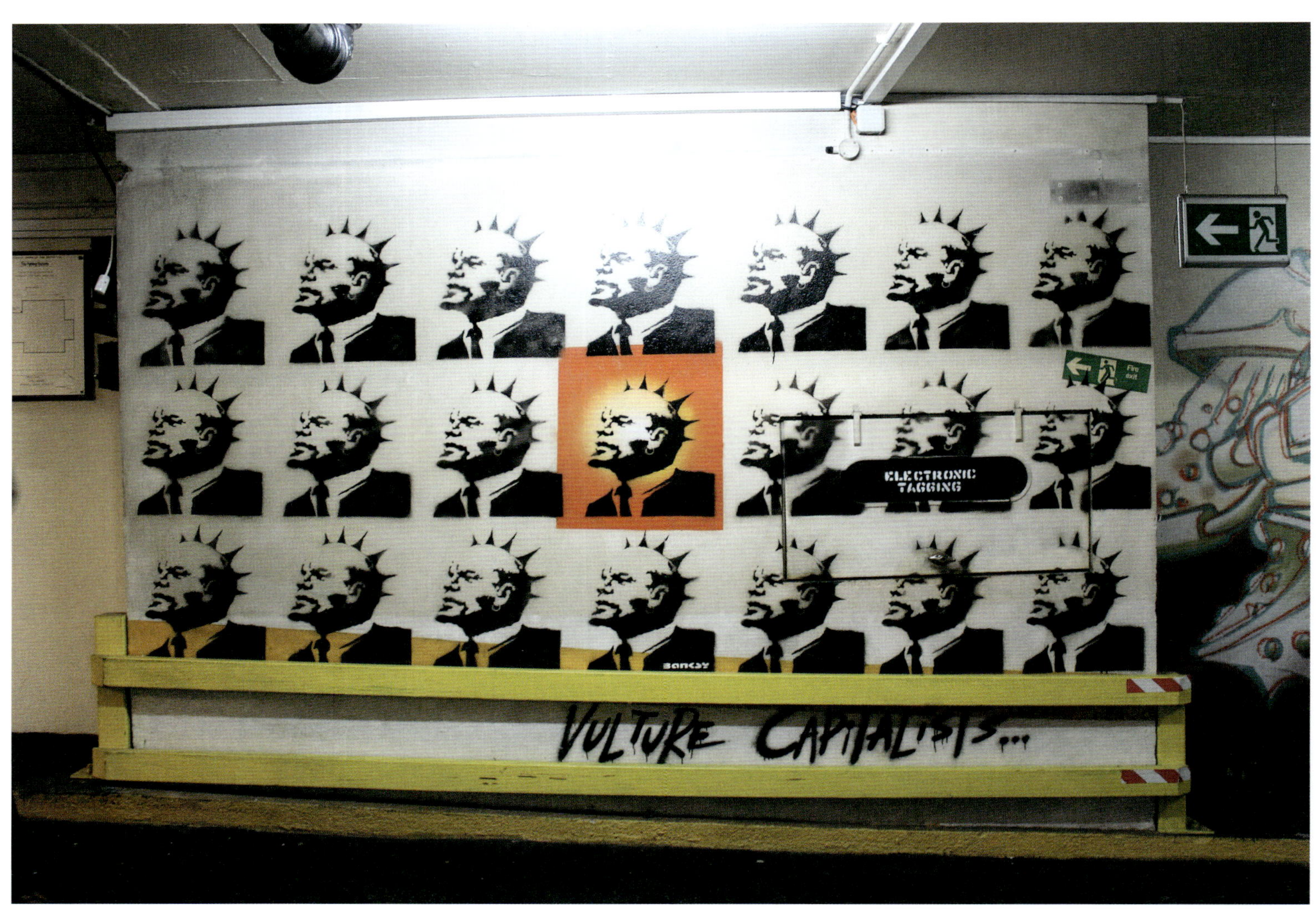

33
Banksy, *Vulture Capitalists,* Tiefgarage der Schweizer Botschaft in London | underground parking garage of the Swiss Embassy in London, Dezember 2000

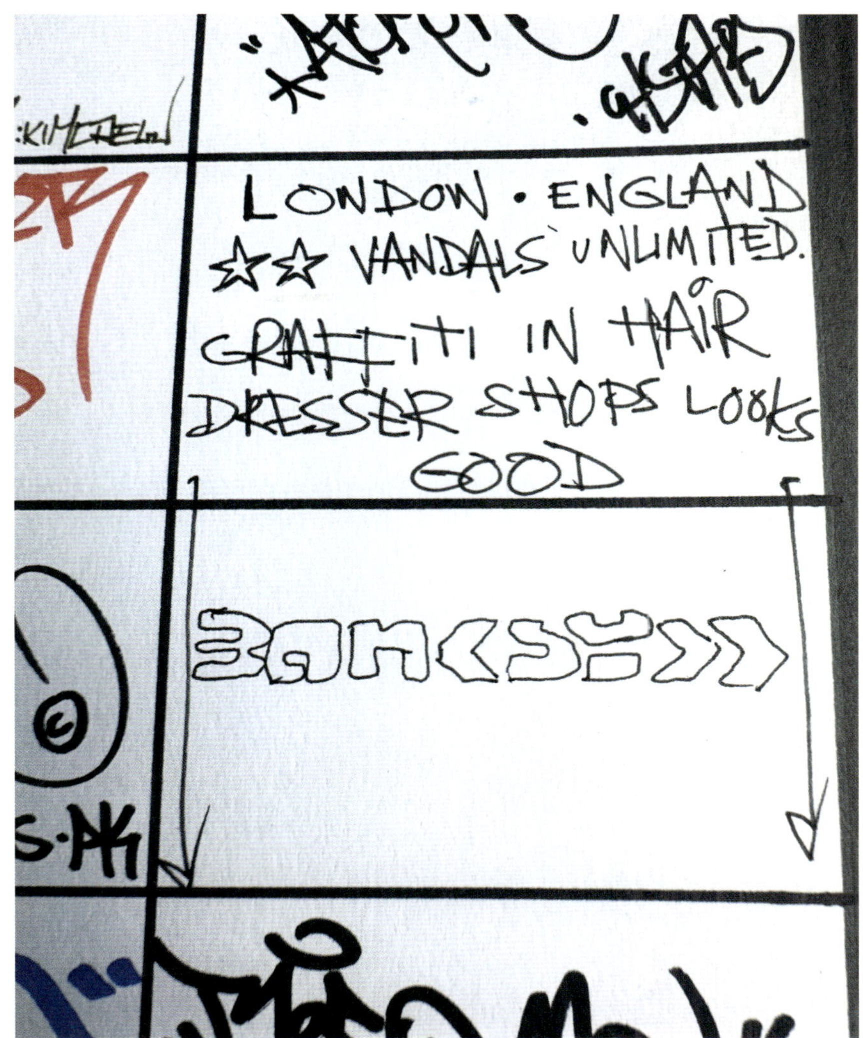

34
Notiz von Banksy in DAREs Skizzen- und Gästebuch
2002/03 | Note by Banksy in DARE's sketch- and
guestbook, Eintrag Juni 2002 | entry in June 2002

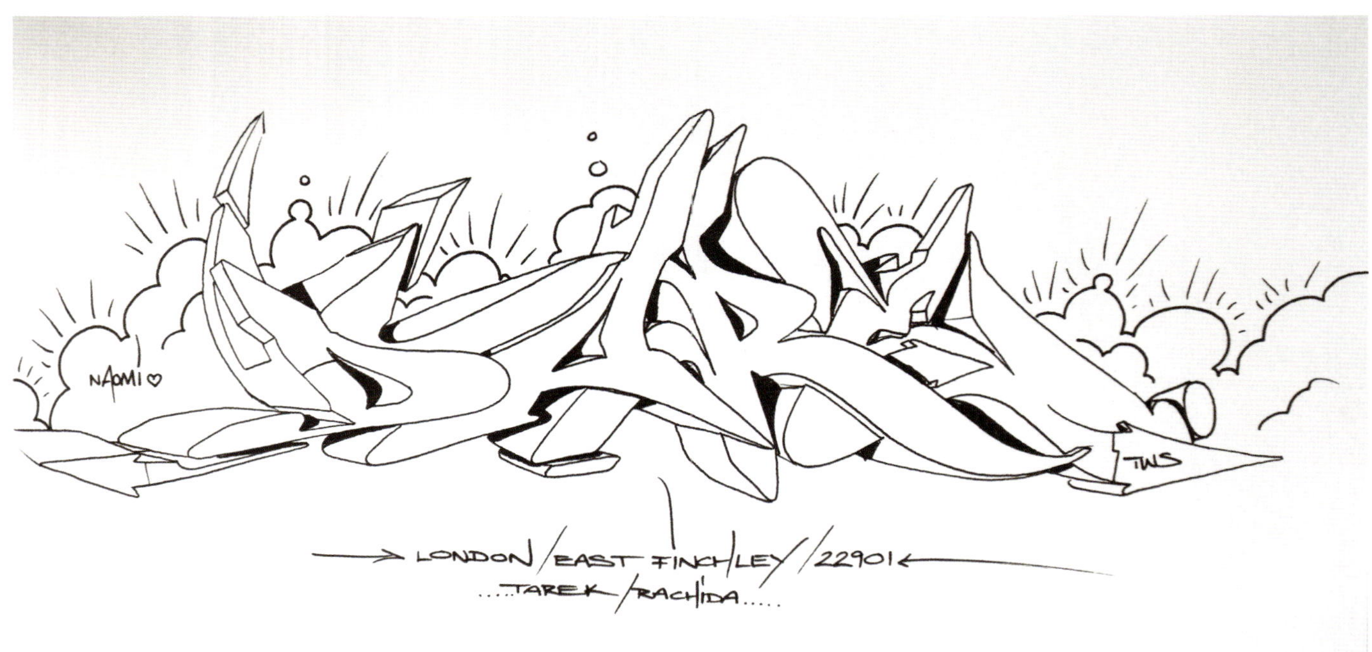

NAOMI ♡
TWS
→ LONDON / EAST FINCHLEY / 22901 ←
....TAREK / RACHIDA.....

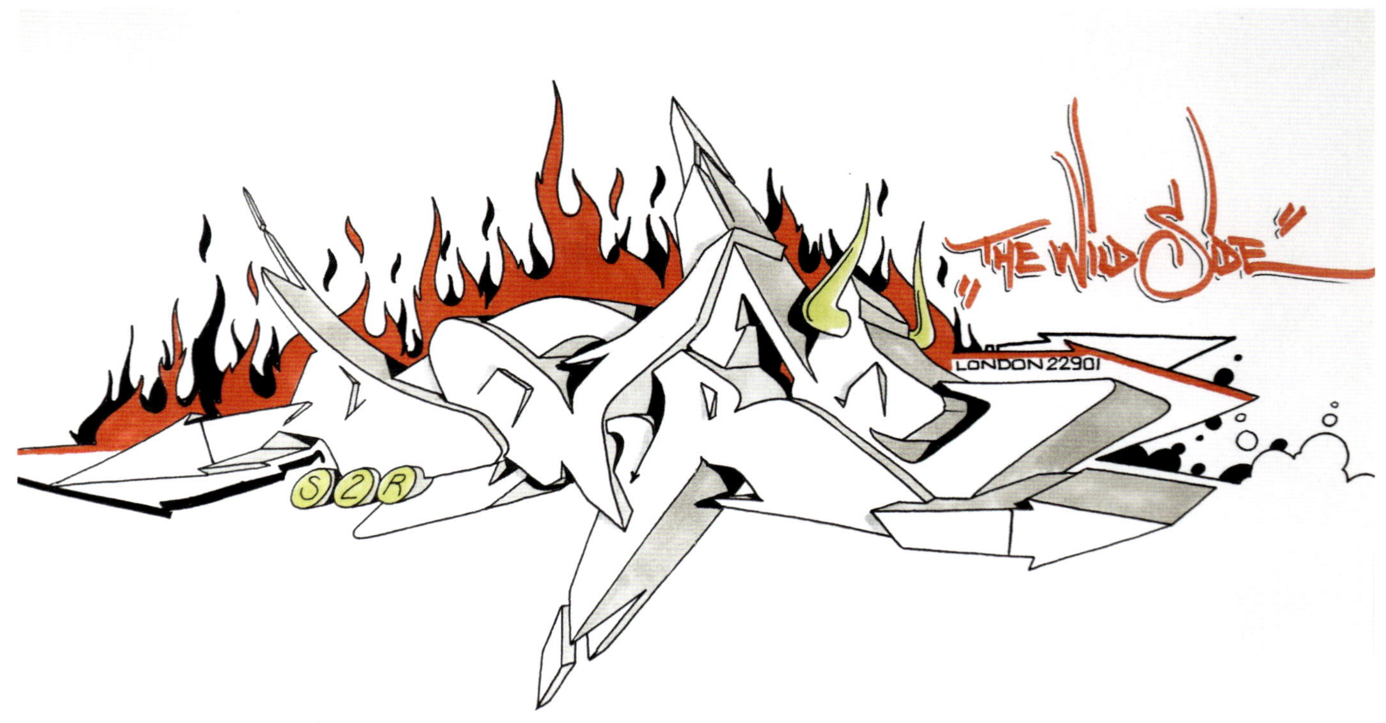

"THE WILD SIDE"
LONDON 22901
S2R

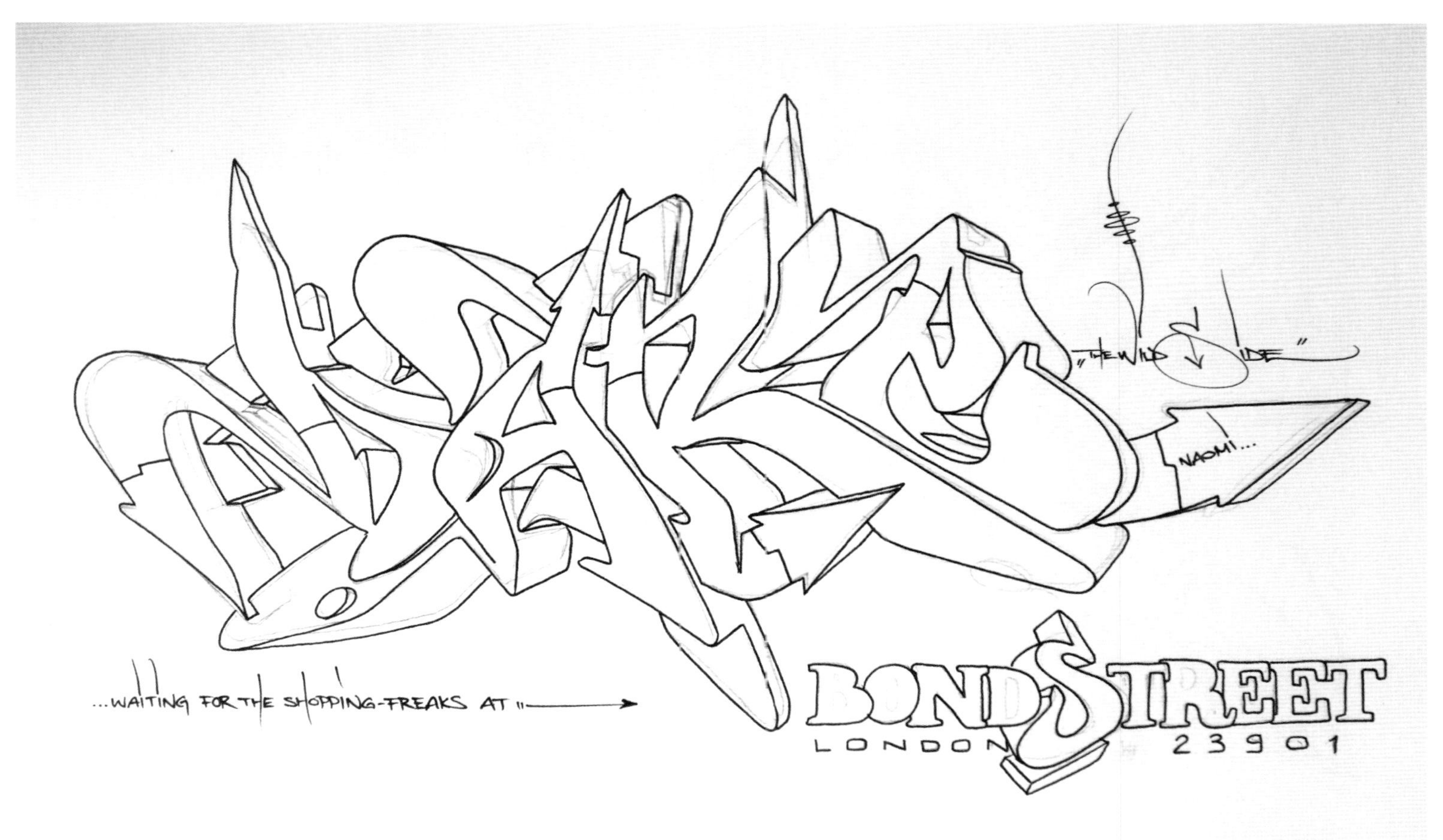

35–37
Skizzen- und Gästebuch von DARE, 2000/01, Einträge September 2001 | Sketch- and guestbook of DARE, 2000–2001, entries in September 2001

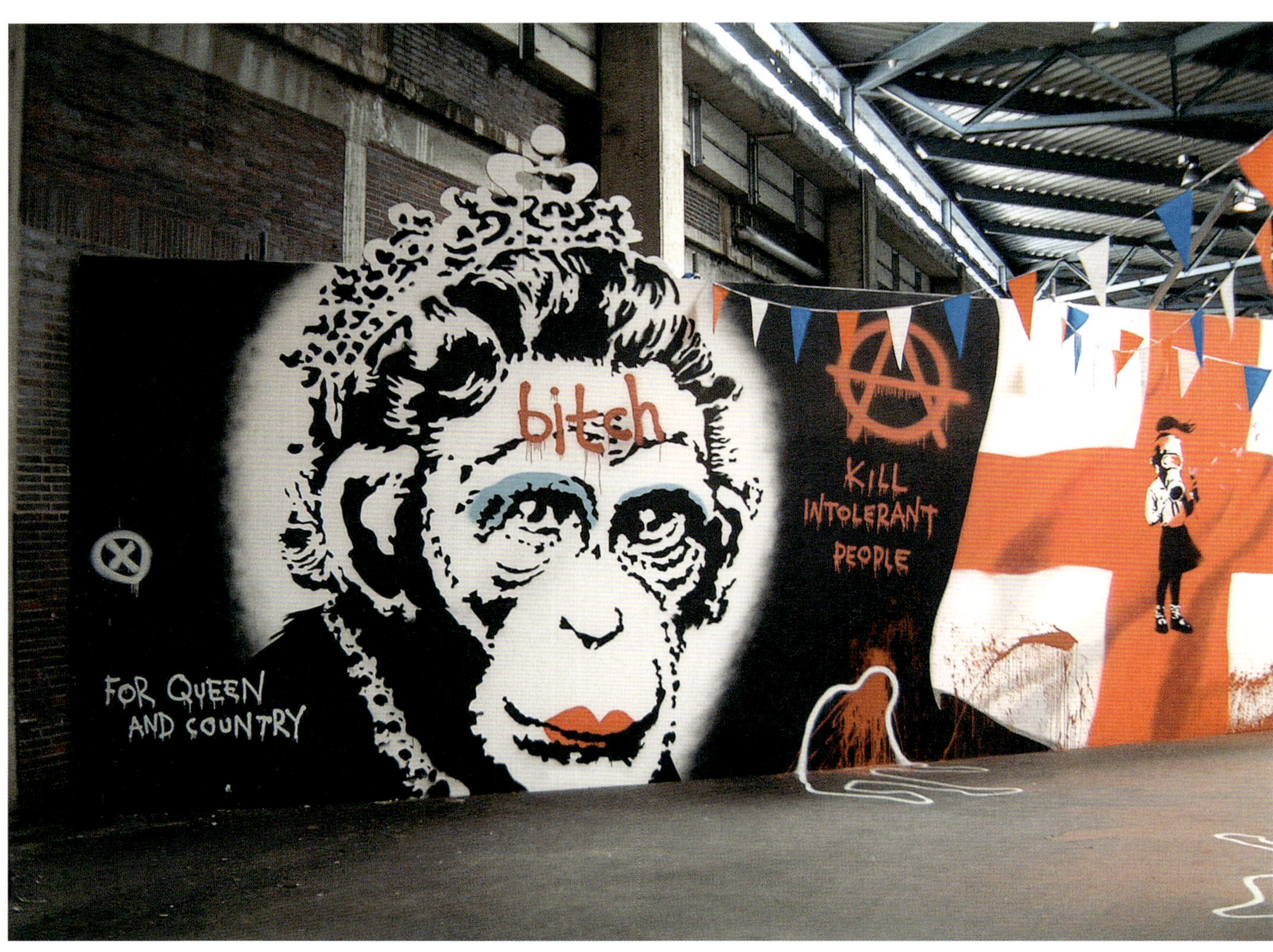
bitch
FOR QUEEN
AND COUNTRY
KILL
INTOLERANT
PEOPLE

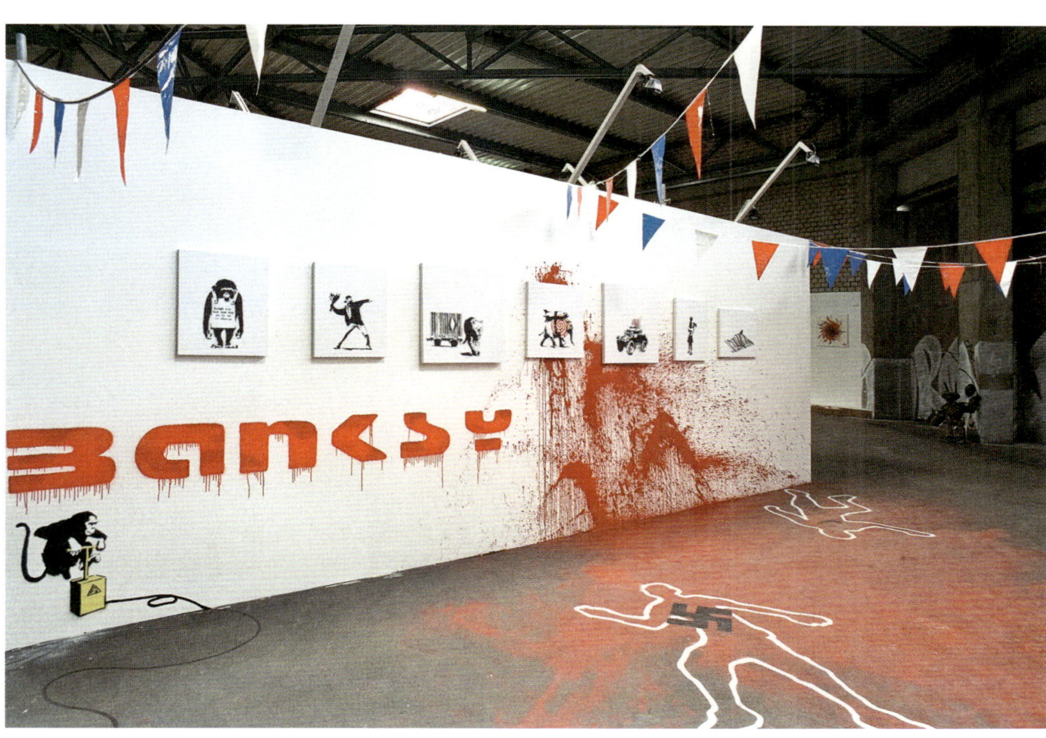

38+39
Ausstellungsbox von Banksy
während | Exhibition box by
Banksy during *Urban Discipline III*
in Hamburg, Mitte | mid-2002

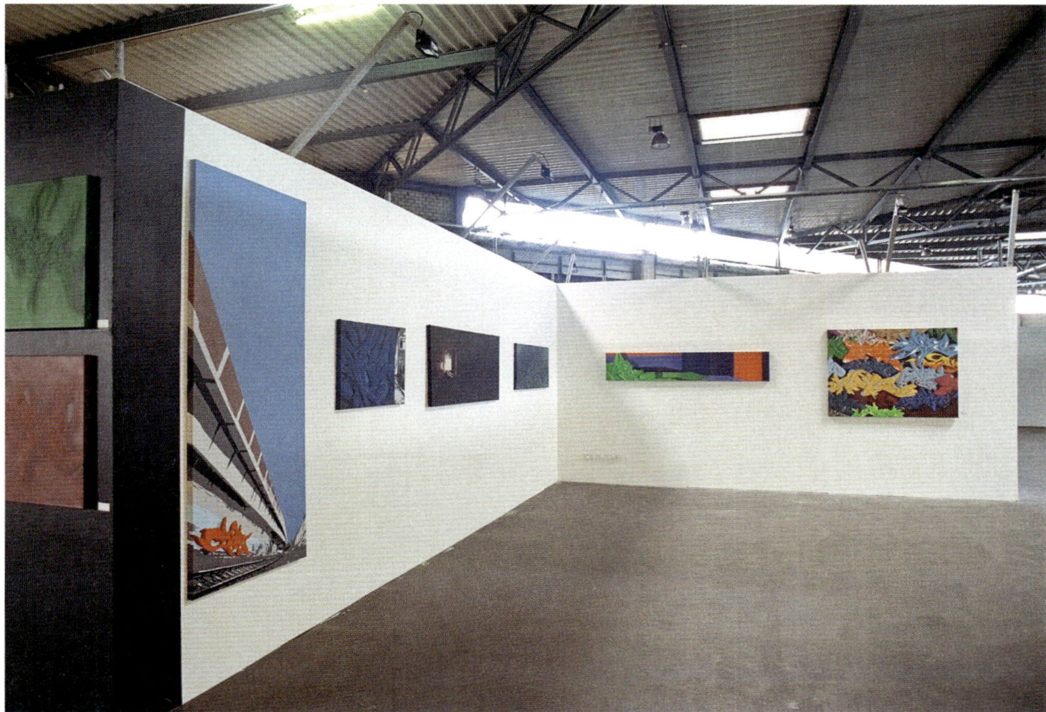

40
Ausstellungsbox von DARE
während | Exhibition box by
DARE during *Urban Discipline III*
in Hamburg, Mitte | mid-2002

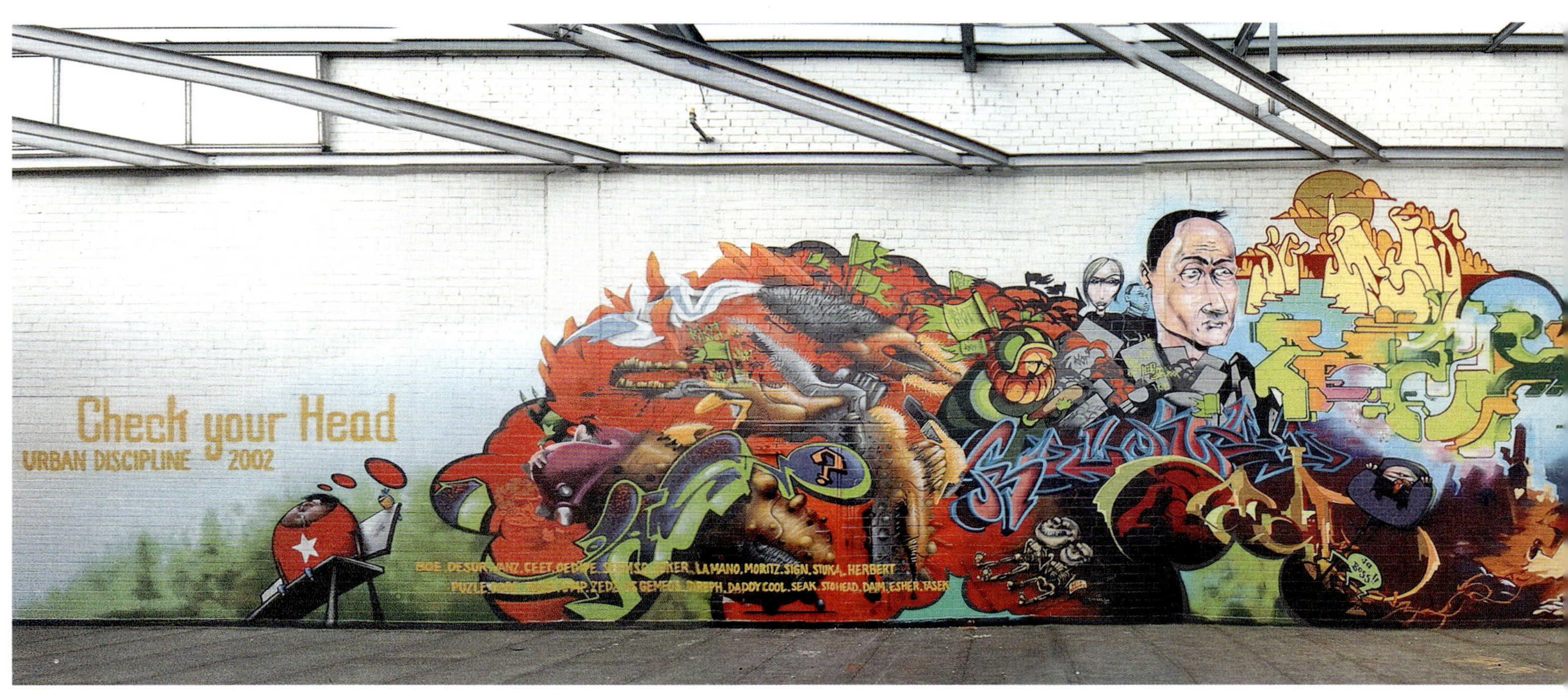

41
Check your Head: Abschlussarbeit der Teilnehmer an | Final work by the participants in *Urban Discipline III* in Hamburg, 2002

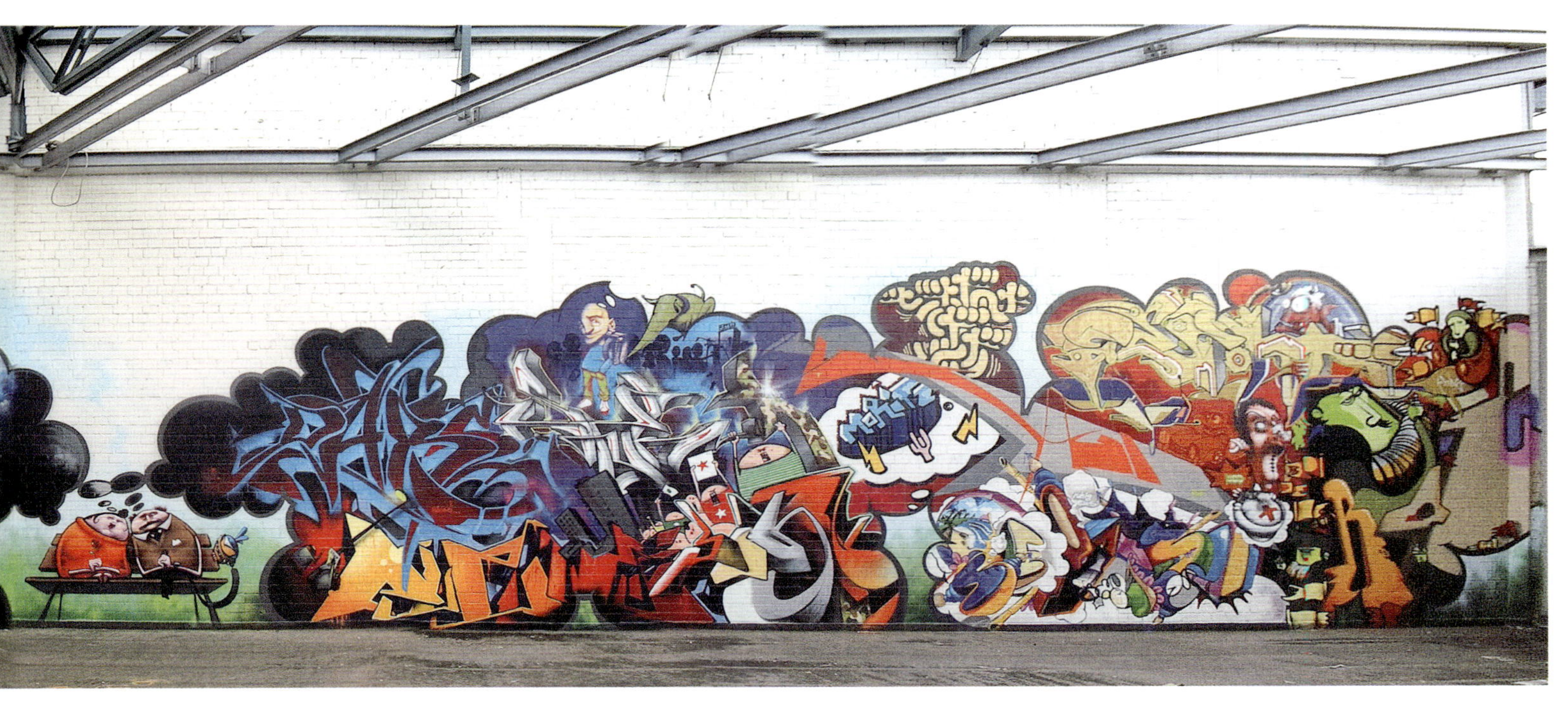

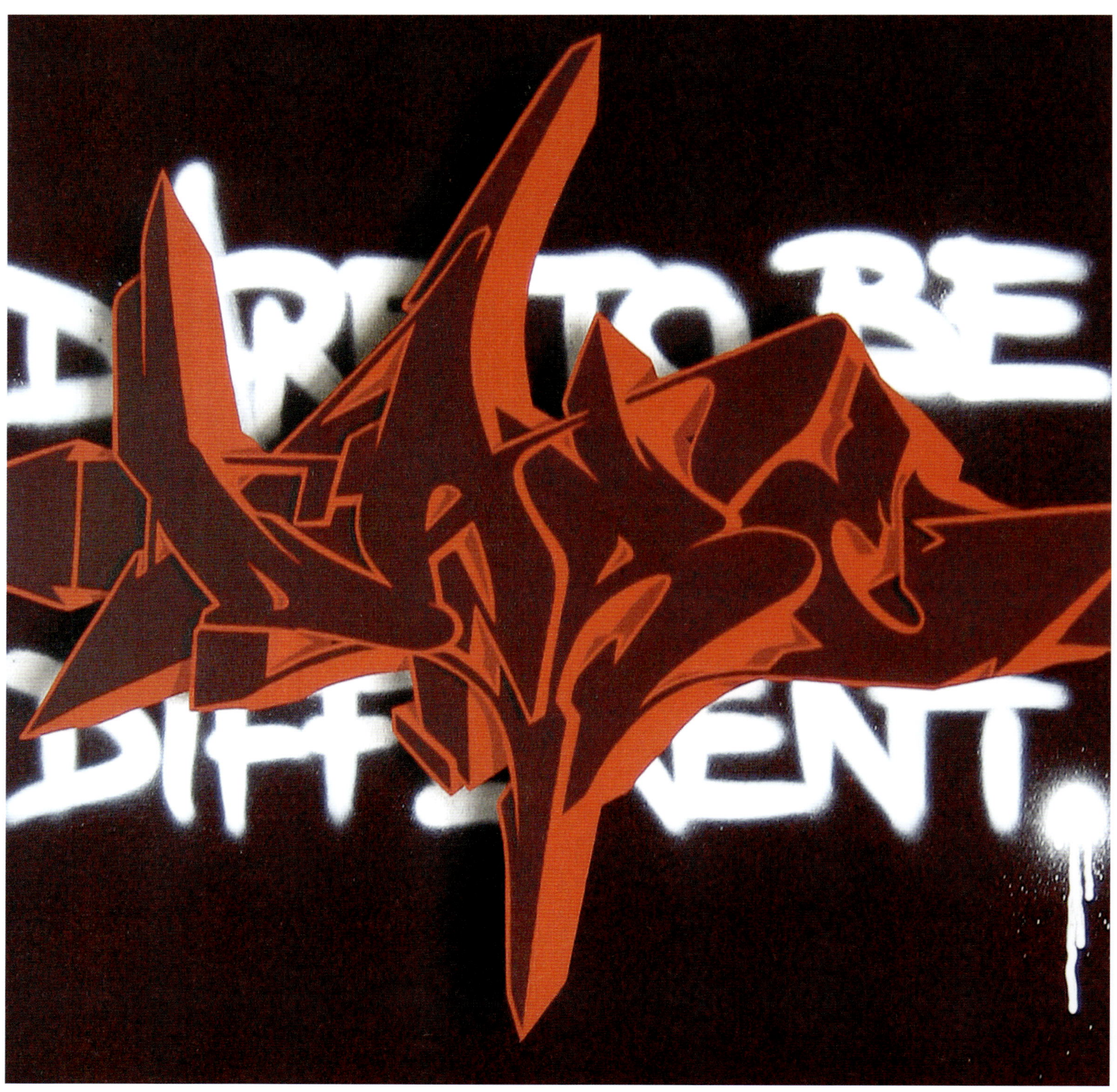

42
Dare to be different (Ausschnitt | detail), 120 × 66 cm, 2005

4 DARE TO BE DIFFERENT

DIE HOCHPHASE BIS 2010
THE PEAK PHASE UP TO 2010

Nach der Rückkehr aus Hamburg von der dritten und letzten *Urban Discipline* erwartete von Koeding ein anspruchsvolles Arbeitspensum. Nun musste er sich die Zeit gut einteilen. Aufgrund seiner herausragenden Kontakte in der Szene wurde er darauf angesprochen und ermutigt, sich als Kurator für Galerien zu engagieren, die sich mit den Folgen der *Graffiti-Bewegung* innovativ und ernsthaft auseinandersetzen wollten. Zwei dieser Angebote nahm von Koeding im deutschen Teil des Dreiländerecks an. Die Konsequenz war, dass nun nicht nur im Großraum Basel, sondern auch in Mittel- und Südbaden durch regelmäßig stattfindende Kunstausstellungen die Vorurteile gegenüber Sprayern langsam, aber stetig abgebaut werden konnten. Dass diese Aufgabe aus heutiger Sicht rückblickend als gelungen scheint, lässt sich anhand verschiedener Tourismusangebote belegen: Sowohl in Basel als auch auf der anderen Seite der Grenze zwischen Rhein und Schwarzwald werden in Kulturreiseführern oder auf entsprechenden Websites der kommunalen Tourismusgesellschaften legale Graffiti-Hotspots zum Besuch empfohlen oder regelmäßig Streetart-Touren offeriert.[16]

Auch wenn dieser Trend raus aus der Illegalität eigentlich eine Entlastung für von Koeding hätte bedeuten sollen, fand er immer weniger Zeit für das Name-Writing im urbanen Umfeld. Frühzeitige Verabredungen waren meist nötig, um mit Gleichgesinnten gemeinsam an der gleichen Wand sprayen zu können. Freundschaftspflege durch künstlerische Weiterentwicklung im kollegialen Wettbewerb – möglichst direkt nebeneinander an der gleichen Wand – waren dafür optimal, wobei sich Auswärtsreisen und *Heimspiele*, zumeist entlang der Basel-Line oder unweit seines Studios im deutschen Weil am Rhein, abwechselten. Dabei wurde Wert daraufgelegt, dass durch Abstimmung der Farbwahl oder mit einheitlicher Vorbereitung des Untergrunds auch später noch erkennbar bleiben würde, dass man hier unter guten Freunden gemeinsam eine schöne und zugleich künstlerisch ambitionierte Zeit verbracht hatte.

Zunehmend verlagerte sich das kreative Schaffen hin ins Atelier, wo sich das ursprünglich großformatige Name-Writing mit Spraydose zum *Style-Writing* mit Pinsel und Acryl auf deutlich kleinerer Leinwandfläche weiterentwickelte. Individualität und Ehrgeiz bei der Optimierung der eigenen Maltechnik, das ständige Bemühen zur Festigung und zum Ausbau des freundschaftlichen Umfelds, aber auch die Kompromissbereitschaft gegen-

On returning from the third and final *Urban Discipline* in Hamburg, an ambitious workload awaited von Koeding. He had to plan his time well. Thanks to his outstanding contacts on the scene, he was asked about it and encouraged to hired as a curator for galleries that sought innovative and serious approaches to the consequences of the graffiti movement. Von Koeding accepted two of these offers in the German part of the triborder area. As a consequence, regular art exhibitions not only in Greater Basel but also in central and southern Baden were slowly but steadily able to overcome prejudices against writers. That this task seems successful in retrospect from today's perspective can be demonstrated with the evidence of various offerings for tourist: Both in Basel and on the other side of the border, between the Rhine and the Black Forest, cultural travel guides and the websites of communal tourism offices recommend legal graffiti hotspots to visit and regularly offer tours of street art.[16]

Even if this trend away from illegality should have meant relief for von Koeding, he found less and less time for name writing in the urban environment. Timely arrangements were usually necessary to spray the same wall with like-minded artists. Maintaining friendships by developing as artists in collegial competition—usually immediately side by side at the same wall—was optimal, alternating trips abroad and *home games*, usually along the Basel Line or not far from his studio in Weil am Rhein in Germany. They considered it important to agree on the choice of colors and uniform preparation of the ground so that later it would be clear that good friends had worked together here and spent their time in an artistically ambitious way.

Increasingly, his creative work shifted to the studio where his originally large-format name writing with a spray can evolved into style writing with brush and acrylic paint on considerably smaller canvases. As with the four letters of his pseudonym, he needed to balance his individuality and ambition in the optimization of his own painting technique, his constant effort to consolidate and expand his sphere of friends, but also his willingness to compromise vis-à-vis those circles that he as a bridge

über jener Kreise, die von ihm als Brückenbauer erst noch von seiner neuen Kunstform zu überzeugen waren, mussten ebenso in ein Gleichgewicht gebracht werden wie die vier Buchstaben seines Pseudonyms. Die Hochphase seines künstlerischen Schaffens war infolgedessen von einer Ausdrucksmalerei bestimmt, deren Kompositionen zumindest erahnen ließen, welche Gefühle und Befindlichkeiten den Künstler dabei jeweils prägten wie etwa Einsamkeit oder Gemeinschaft, Freude oder Sorge, Hoffnung oder Enttäuschung, Dominanz oder Zurückhaltung.

In ersten Kleinserien beschäftigte er sich scheinbar noch mit dem Thema Tarnung in der Illegalität beziehungsweise dem Ausbruch aus genau dieser oder mit der Unsicherheit, womöglich nicht immer die richtige Entscheidung zu treffen. In anderen Arbeiten mögen absichtlich erzeugte „innerhalb der Community (eigentlich) als Anfängerfehler gewertete *Drippings*"[17] an frühe Emotionen und Erfahrungen bei Sprayaktionen unter ständiger Angst vor Ordnungskräften erinnern; dabei war im Ernstfall die Dose in kürzester Zeit zu entleeren, was genau dann zu diesen unkontrollierten Lackverläufen führte. Auf Leinwand übertragen wurde das zu einer *gewollten Un-Perfektion*. Die absichtlich mit Schwamm verwaschenen Positionen setzen sich wohl mit der Vergänglichkeit der Dinge auseinander, weil sie den Zustand von Graffiti zitieren, wie sie unter dem Einfluss von Regen, Eis und Schnee unweigerlich verwittern. Transparente Buchstaben wie bei den Positionen zu den *Vier Jahreszeiten* aus dem Spätwerk von Koedings sind eher selten. Interessant hier ist der Vergleich mit einer seiner ersten Leinwände (vgl. Abb. 26) zu gleichem Thema zwölf Jahre zuvor.

Während seiner gesamten künstlerischen Laufbahn war es von Koeding wichtig, Menschen über alle sozialen Schichten und Altersklassen hinweg mit seinen Erfahrungen vom Graffiti-Sprayer bis hin zu einem szeneübergreifend anerkannten Name-Writer und einem damit einhergehenden neuartigen Kunstgenre vertraut zu machen. Die Möglichkeit, gemeinsam mit seinem Freund Ata Bozaci, alias TOAST, im Auftrag des Industrieerben, Fotografen und Kunstsammlers Gunter Sachs dessen 200 Quadratmeter großes Apartment im Schloss Velden am Wörthersee (A) realisieren[18] oder eine limitierte Serie von Schweizer Nobeluhren designen zu können, machte ihn genauso glücklich wie er ebenso bemüht war, im Zuge einer *kulturellen Demokratisierung* auch jüngeres, weniger zahlungskräftiges Publikum in die Lage

builder still had to win over for his new art form. The peak phase of his creative work was therefore marked by expressive painting whose composition at least suggested his feelings and states of mind, such as loneliness or community, joy or worry, hope or disappointment, dominance or restraint.

In his first small series he seems to have been preoccupied with the theme of camouflaging illegality or with breaking free of it and with the uncertainty he might not always make the right decision. In other works, the intentional "drips interpreted by the community as beginner's mistakes"[17] recall the emotions and experiences of early spray-painting actions amid fear of law enforcement in which, when worse came to worst, it was necessary to empty the can as quickly as possible, leading to these uncontrolled acrylic flows. Applied to canvas, this became a *willful im-perfection*. Intentionally washing the paint with a sponge was presumably meant to express the transience of all things, since it alludes to the state of graffiti weathered by rain, ice, and snow. The transparent letters in works such as *Vier Jahreszeiten* (Four Seasons) from von Koeding's late work are rather rare. It is interesting to compare them to one of his first canvases on the same theme from twelve years earlier (see fig. 26).

Throughout his career as an artist, it was important to von Koeding to familiarize people across all social strata and ages with his own experiences transitioning from a graffiti writer to a name writer recognized even beyond the scene and hence with the associated innovative genre of art. The opportunity to work with his friend Ata Bozaci, aka TOAST, on a commission from the industrial heir, photographer, and art collector Gunter Sachs to decorate his two-hundred-square-meter apartment in Velden Castle on Lake Wörth in Austria[18] or designing a limited series of Swiss luxury watches made him just as happy as his efforts at *cultural democratization* to enable a younger, less affluent public to purchase an original work of art by him. To do so he produced a number of series on miniature canvases or wooden boxes and addressed them especially to the *small pocketbooks* of budding art lovers.

zu versetzen, ein originales Kunstwerk von ihm kaufen zu können. Daher schuf er immer wieder Serien auf Miniaturleinwän-
den oder Holzschachteln und adressierte diese insbesondere *an
den kleinen Geldbeutel* heranwachsender Kunstfreunde.

Selbst wenn einzelne dieser kleinen Formate durchaus stell-
vertretend für das Schaffen des Basler Künstlers stehen mögen,
so sind es doch vor allem die größeren Positionen auf Leinwand
oder auch sein Faible für Architektur, die letztlich die heraus-
ragende Bedeutung von Koedings unterstreichen als einen
der besten Ausdrucksmaler unter den Name-Writern, den die
ursprünglich illegale Graffiti-Szene bislang hervorgebracht hat.

Although some of these small-format works are certainly representative of the Basel-born artist's work, the
larger works on canvas and also his penchant for architecture ultimately underscore von Koeding's outstanding
important as one of the most expressive painters of the
name writers produced thus far by the originally illegal
graffiti scene.

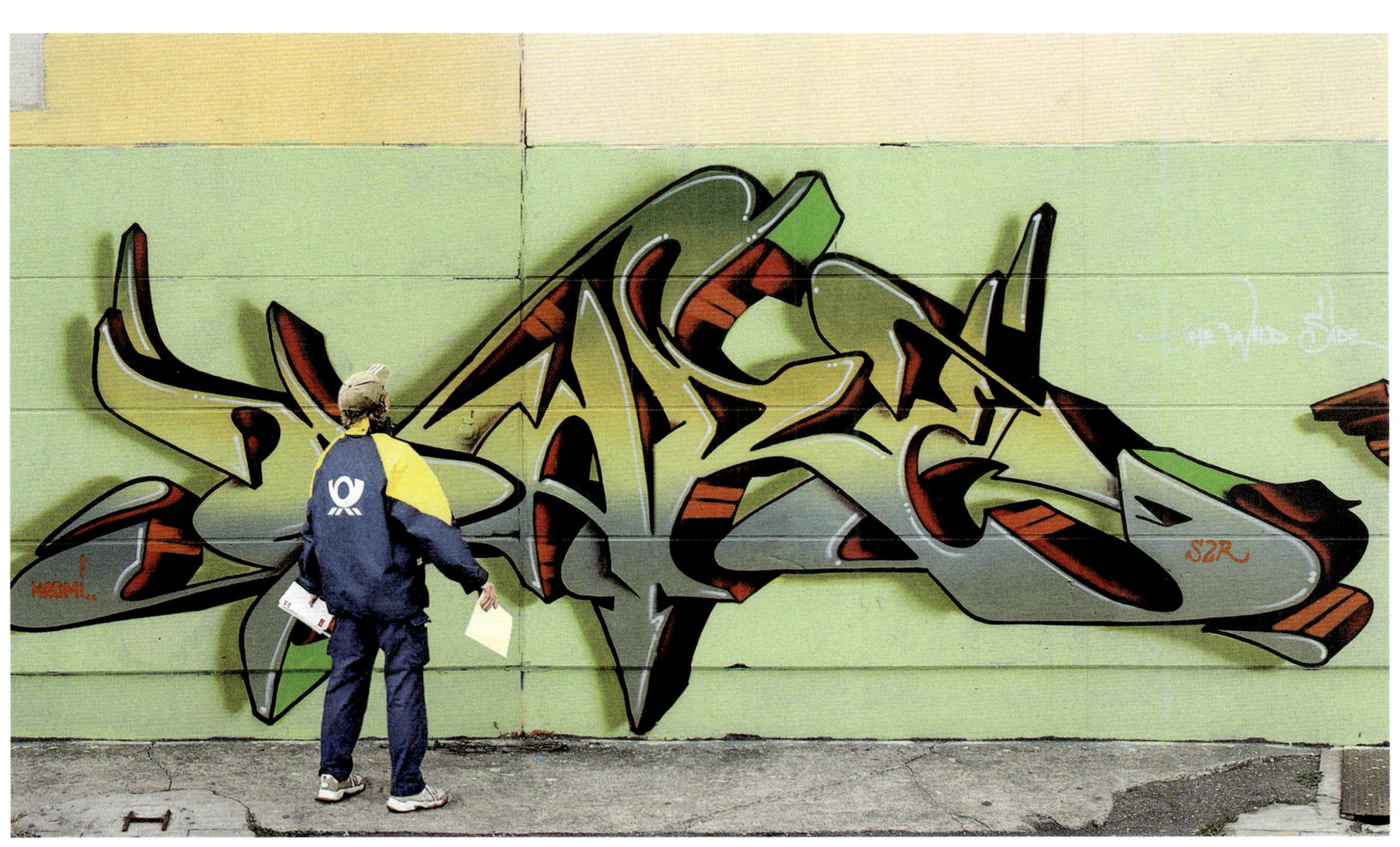

43
Qualitätskontrolle nicht nur von den kritischen Kollegen: | Quality control not just by critical colleagues: Name-Writing in Weil am Rhein, 2003

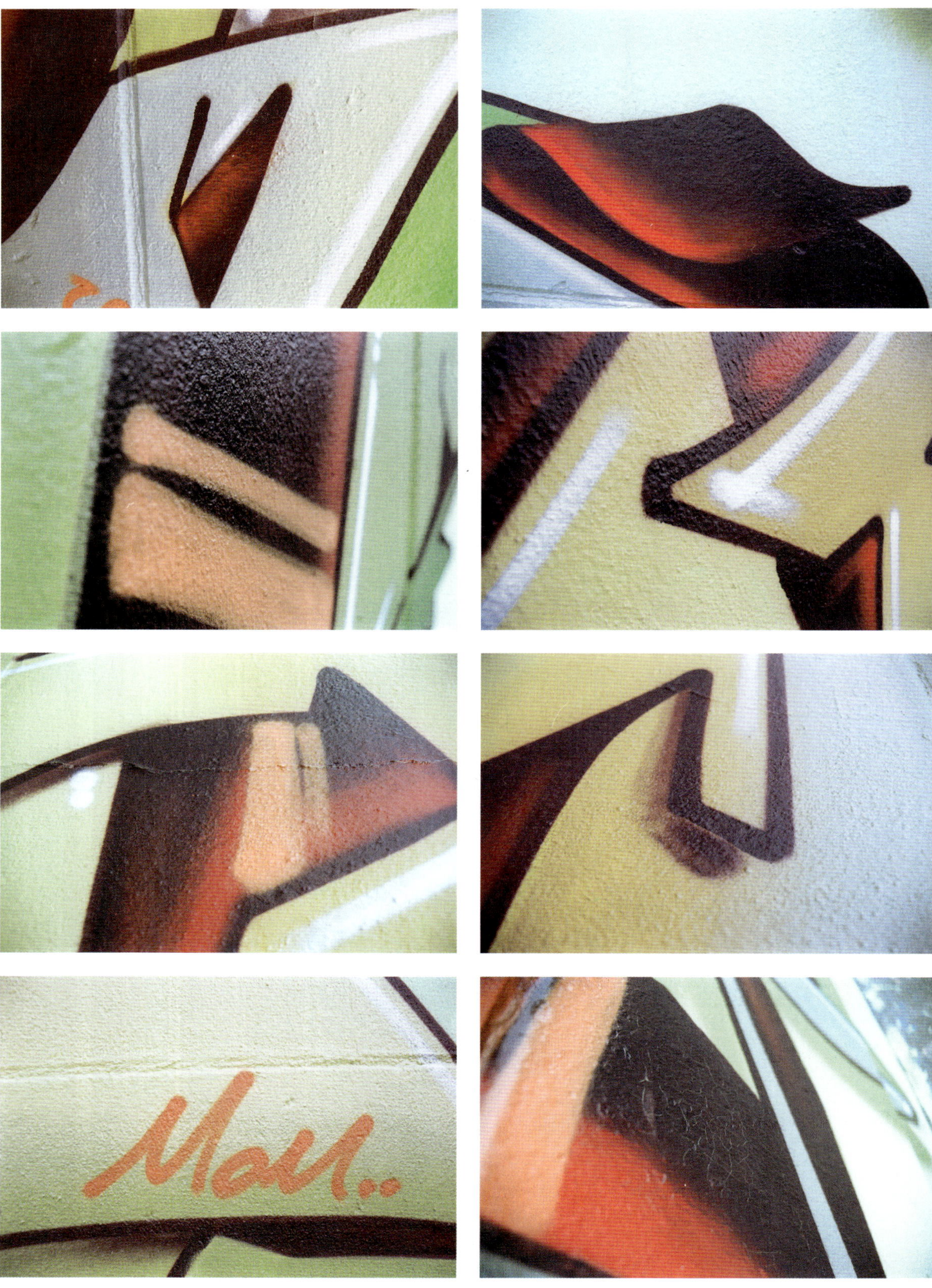

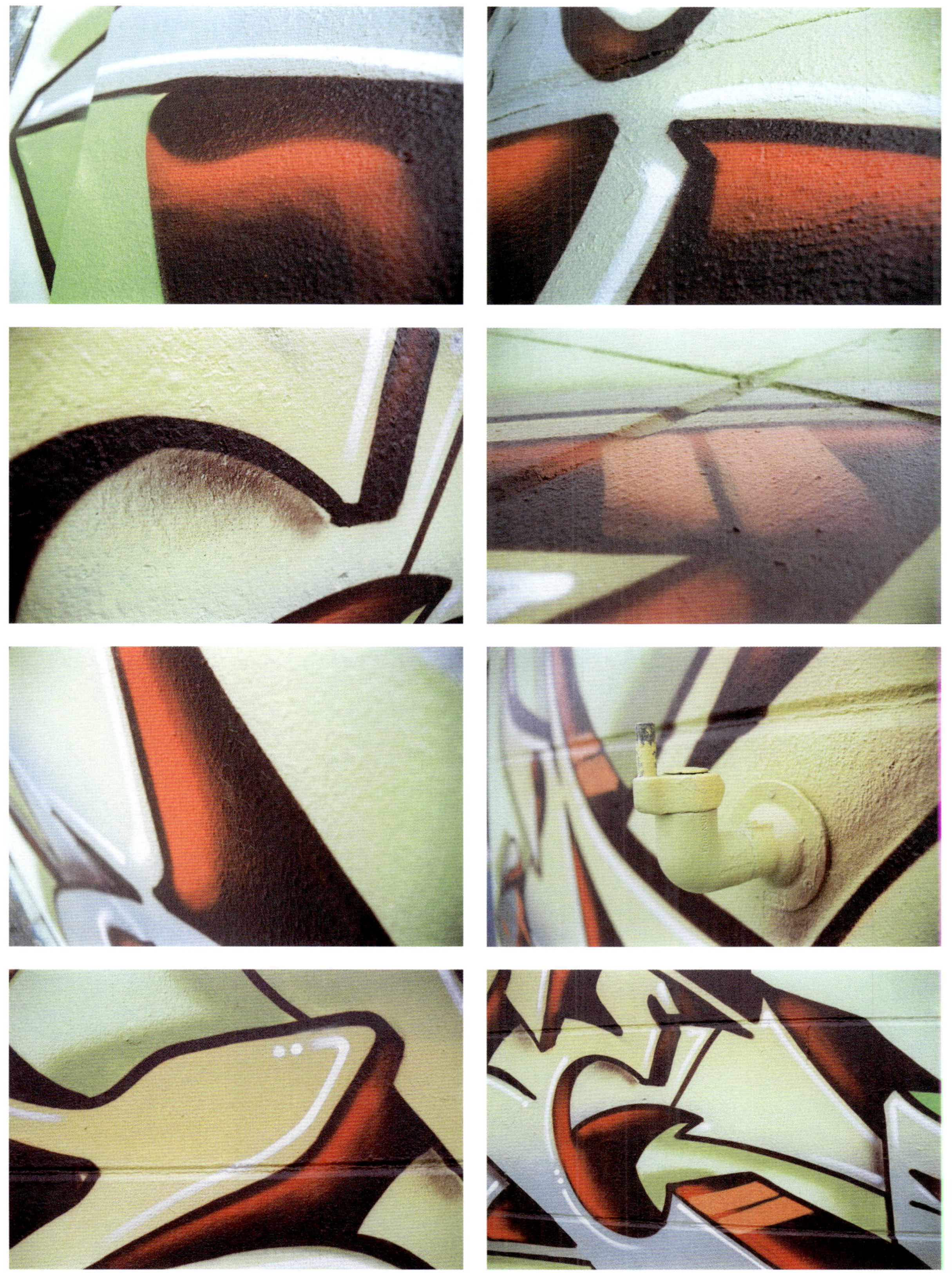

44–59
... mit Details zu den
Outlines | with details of
the outlines

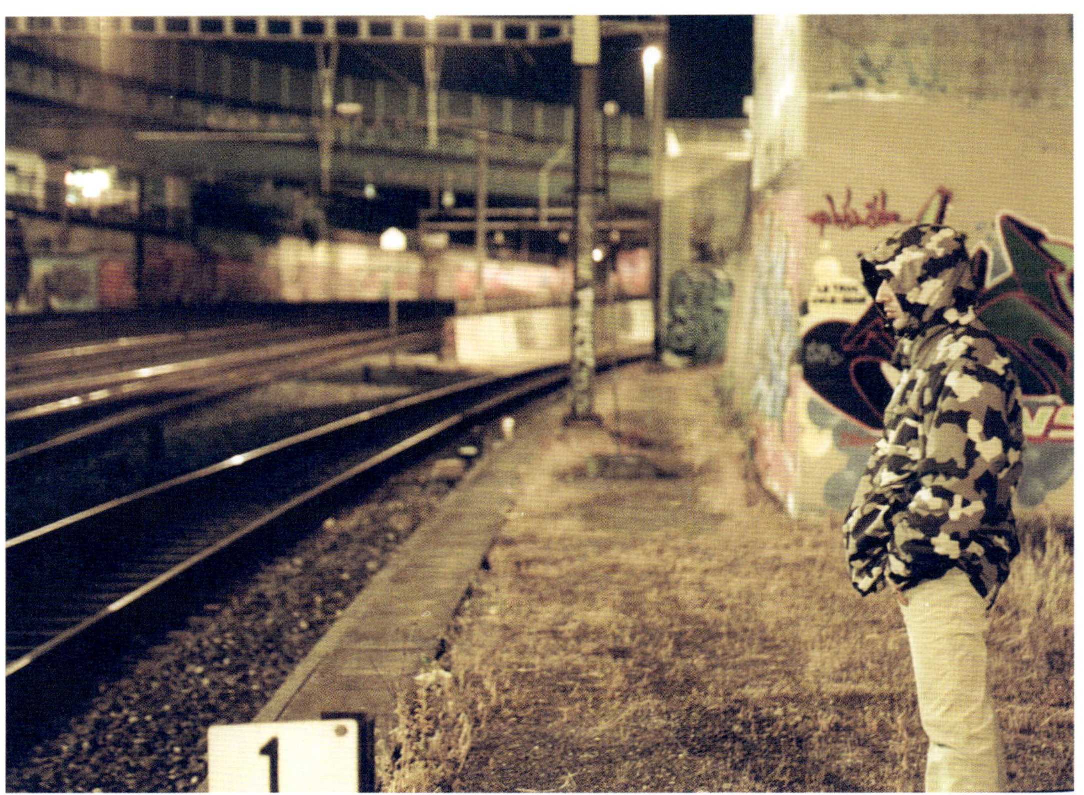

60
DARE an der Basel-Line | at
the Basel Line, 2003

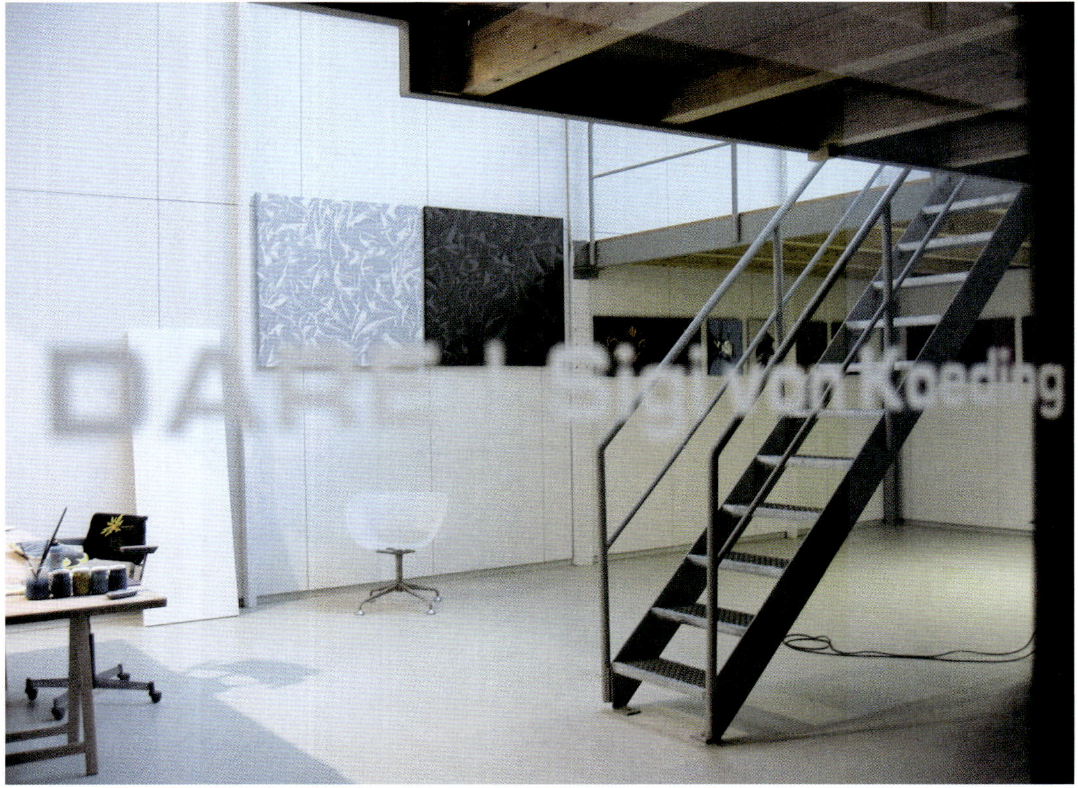

61
...und sein Atelier in Weil am
Rhein, unweit der Schweizer
Grenze | and his studio in
Weil am Rhein, Germany, not
far from the Swiss border,
2004

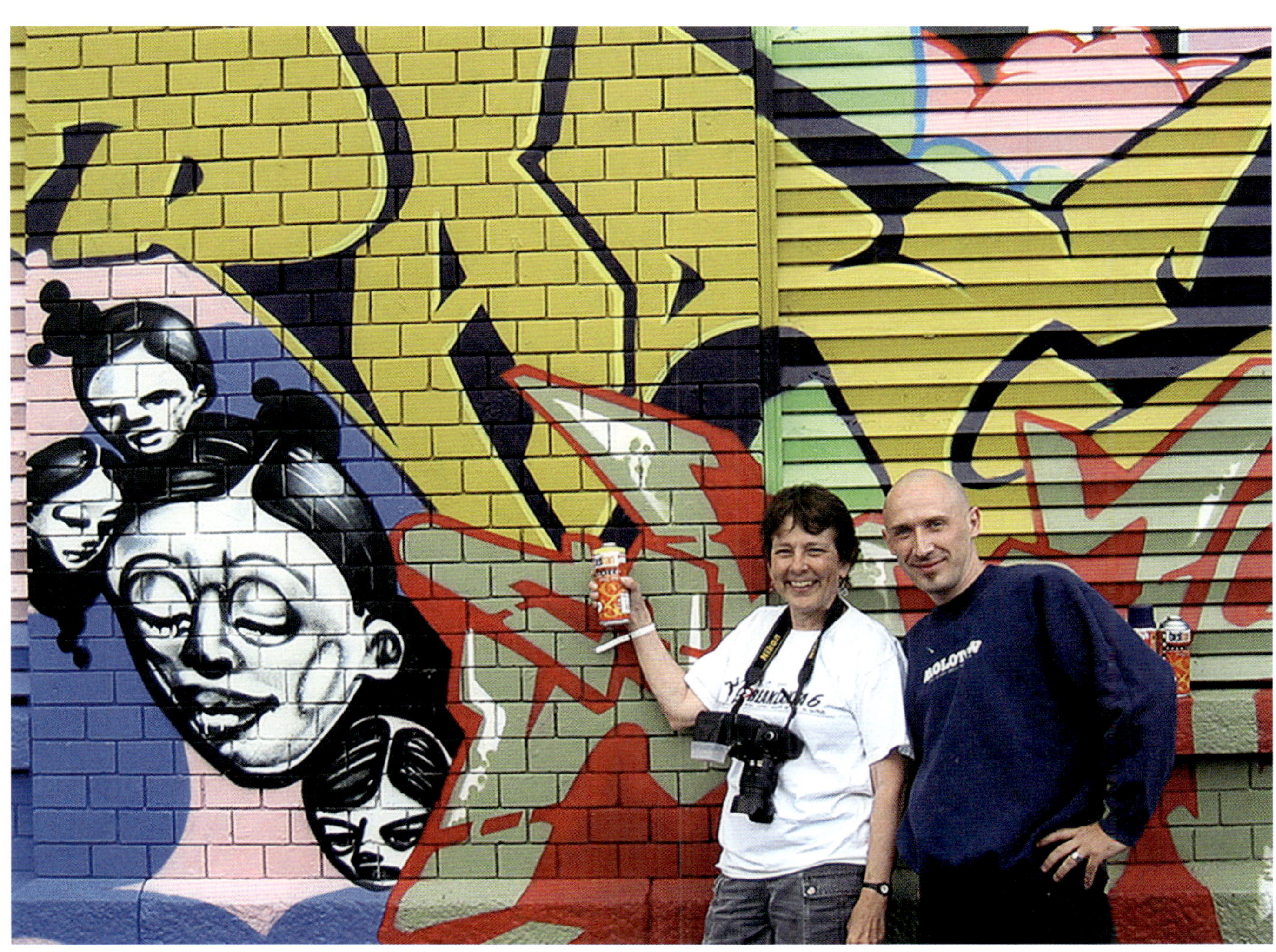

62
DARE mit der US-amerikanischen Graffiti-Fotojournalistin | DARE with the American grafitti photojournalist Martha Cooper, Kulturfestival Zürich,
Juni | June 2005

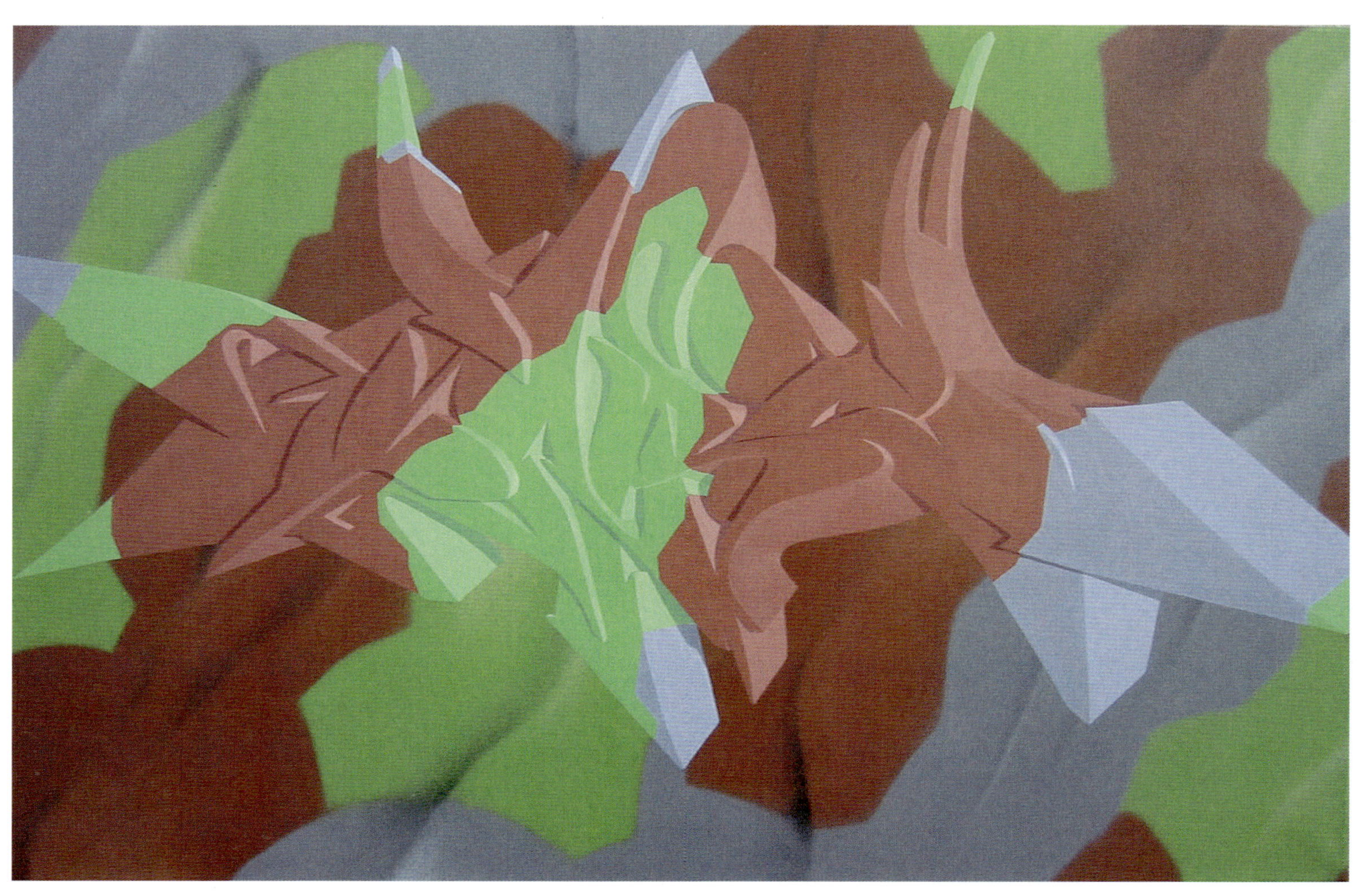

63
Camoudare woods, 80 × 120 cm, 2003

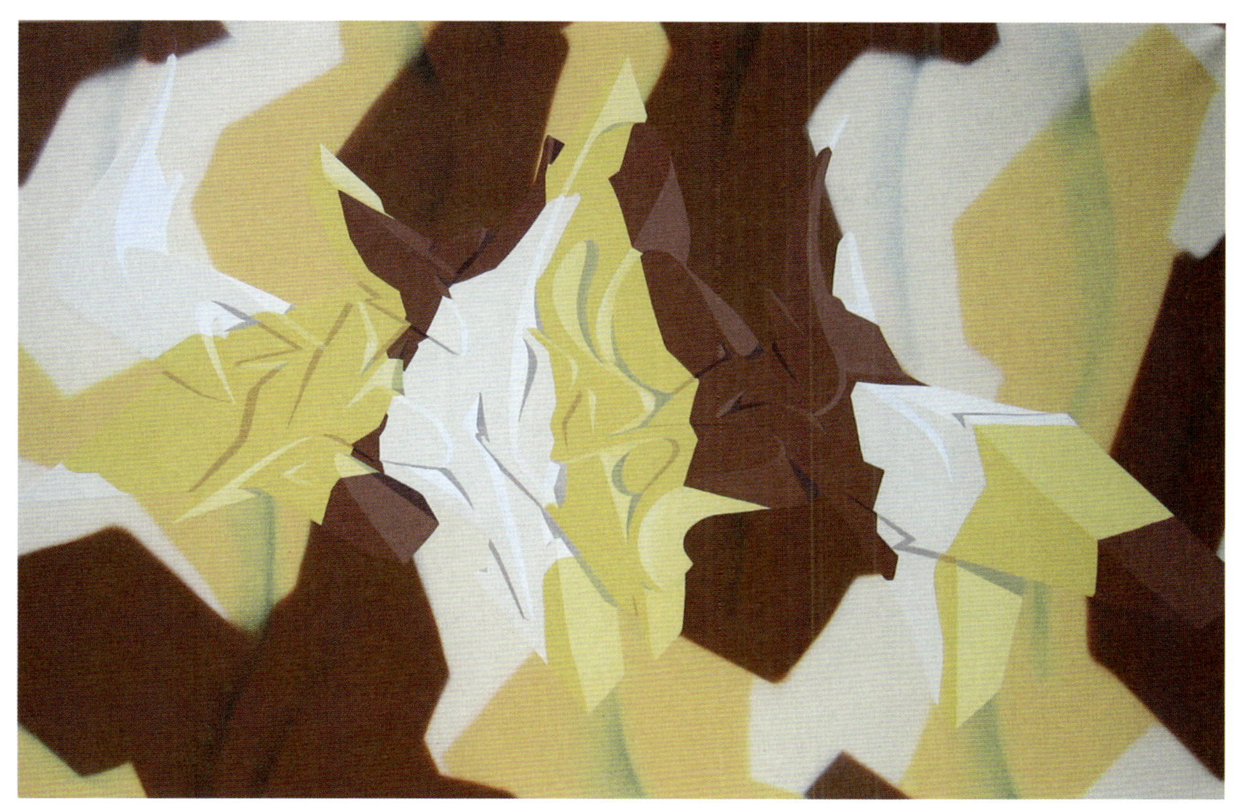

64
Camoudare desert,
80 × 120 cm, 2003

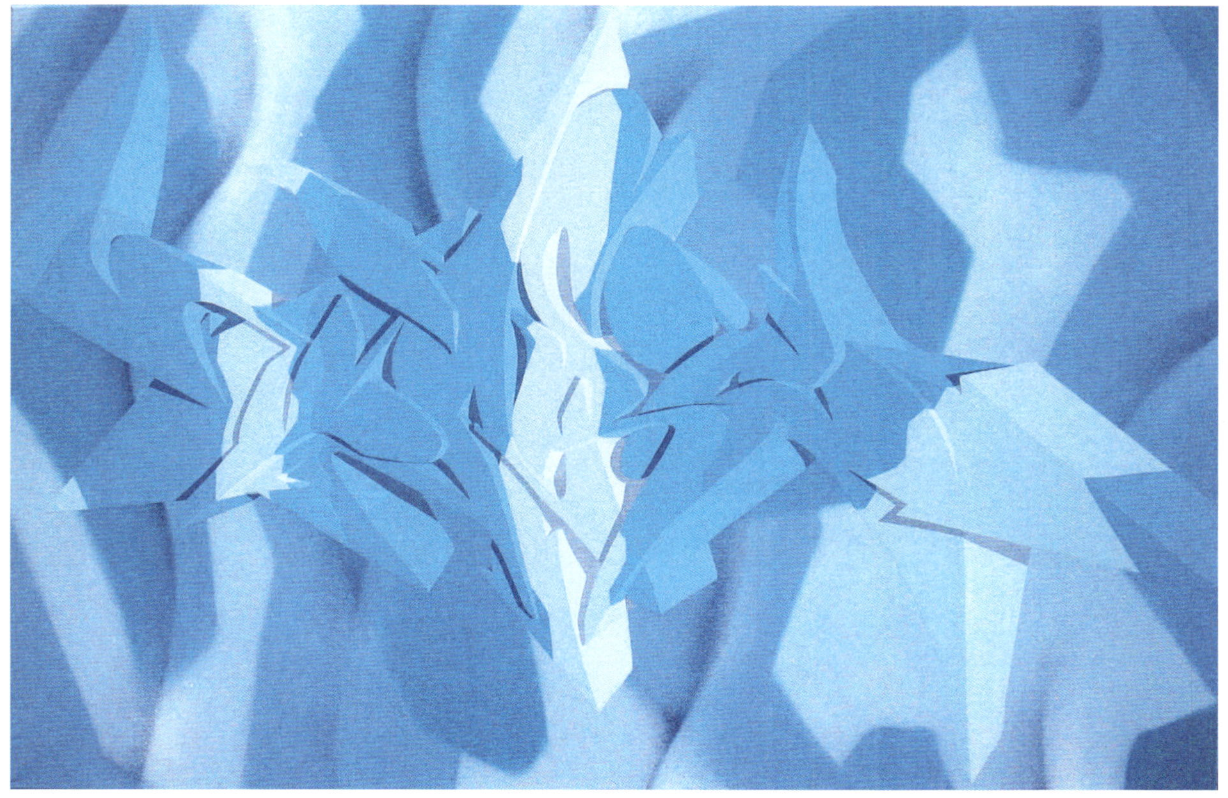

65
Camoudare ice,
80 × 120 cm, 2003

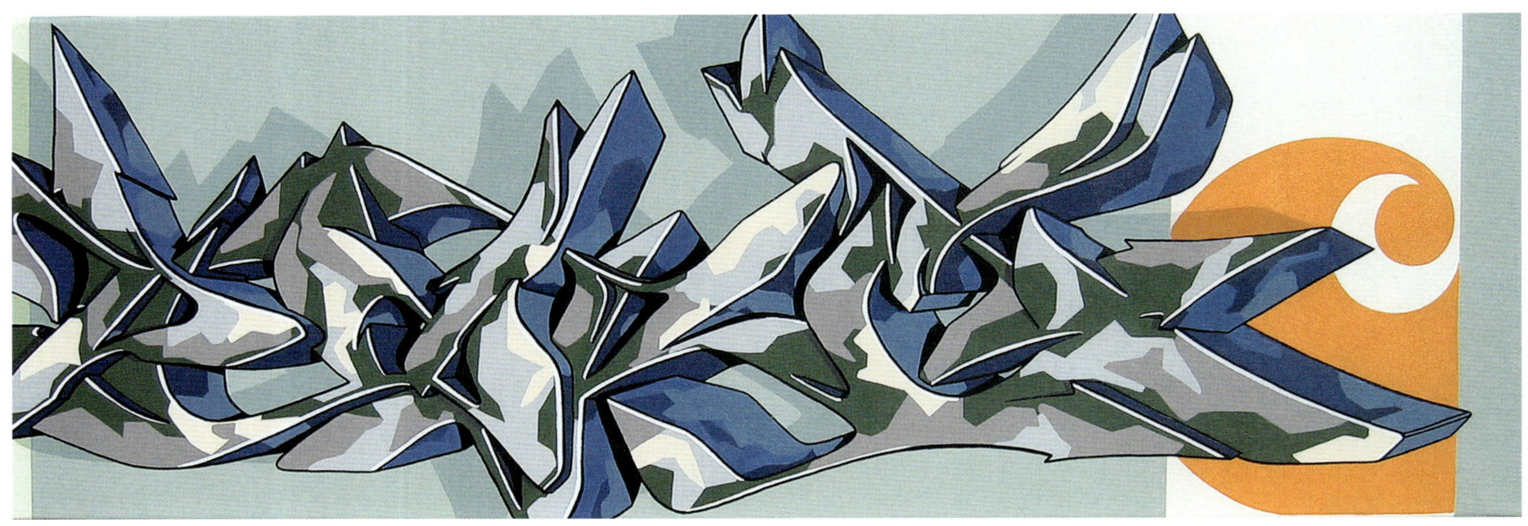

66
Carhartt, 35 × 100 cm, 2003

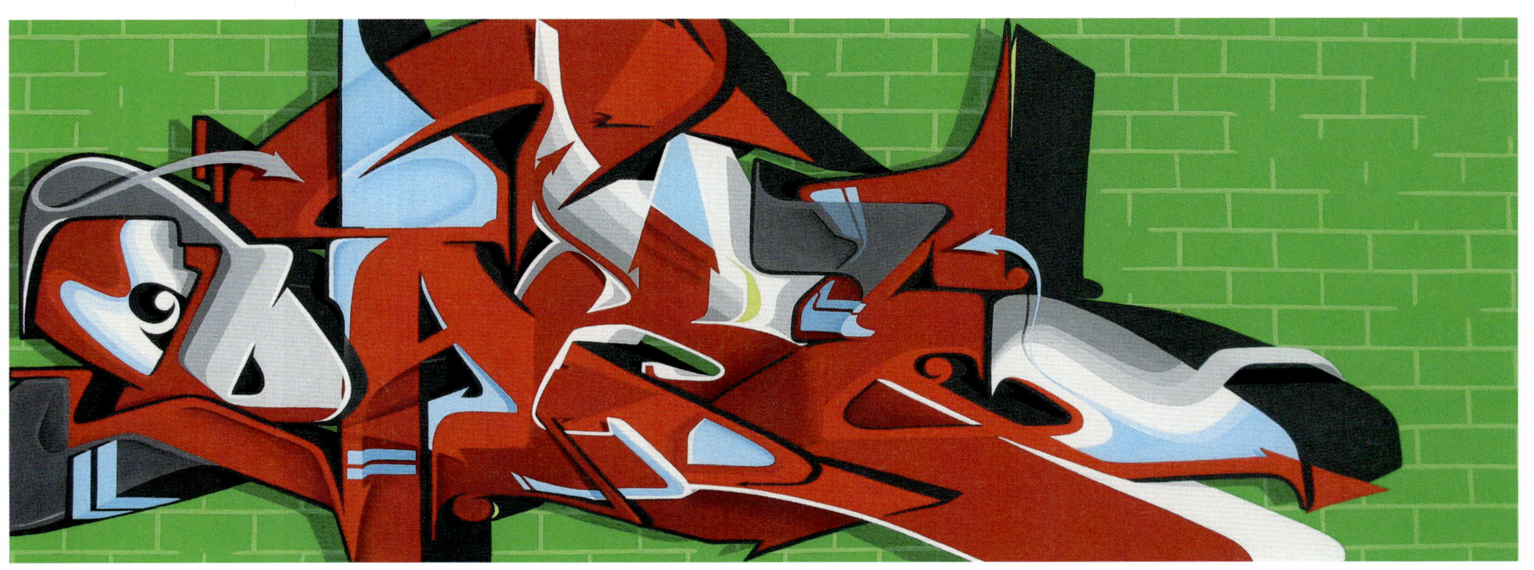

67
Greenbricks, 30 × 80 cm, 2009

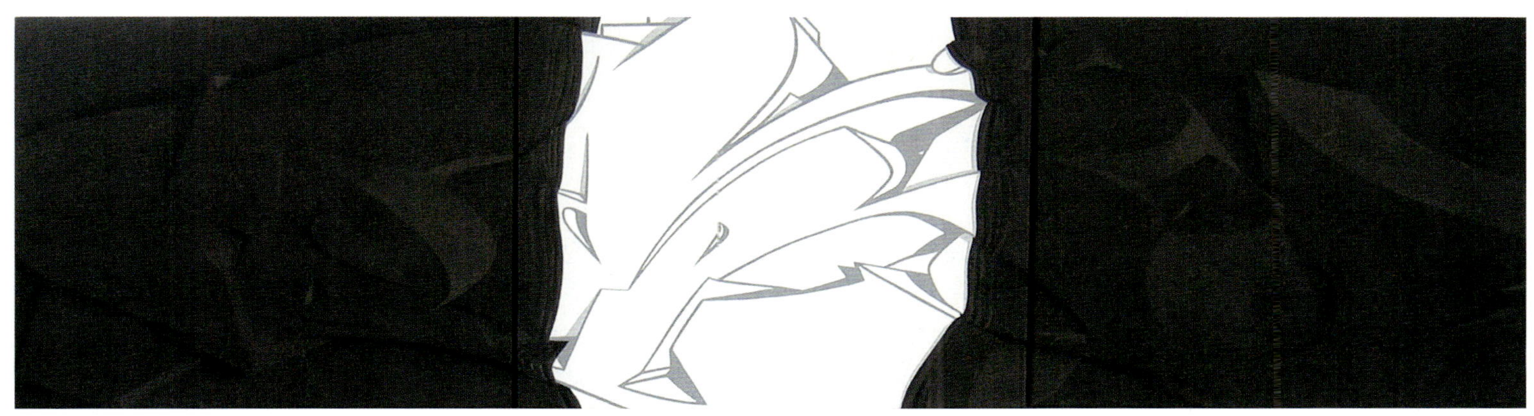

68
Wrapped, drei Teile à 40 x 50 cm | three pieces 40 x 50 cm each , 2005

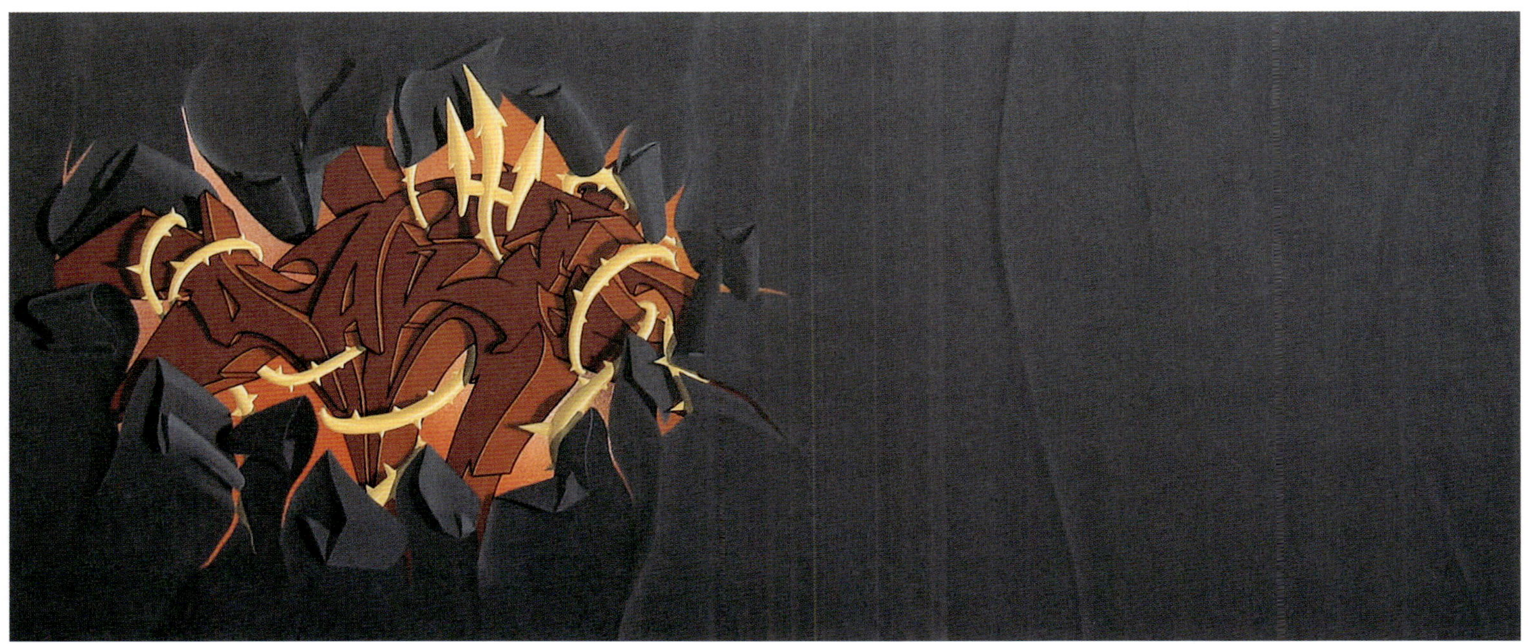

69
Thorn 1, 50 × 115 cm, 2004

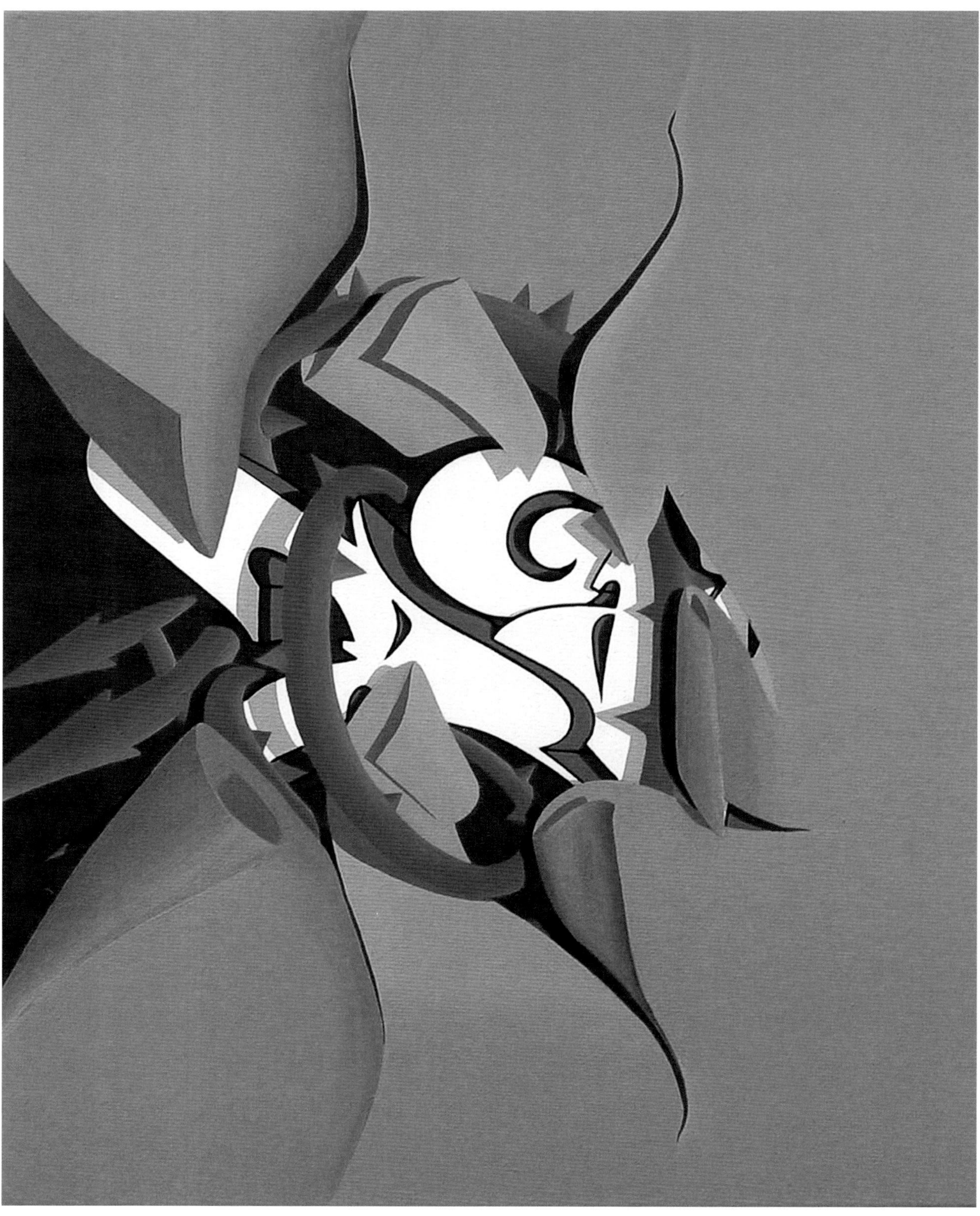

70
Thorn 2, 50 × 40 cm, 2004

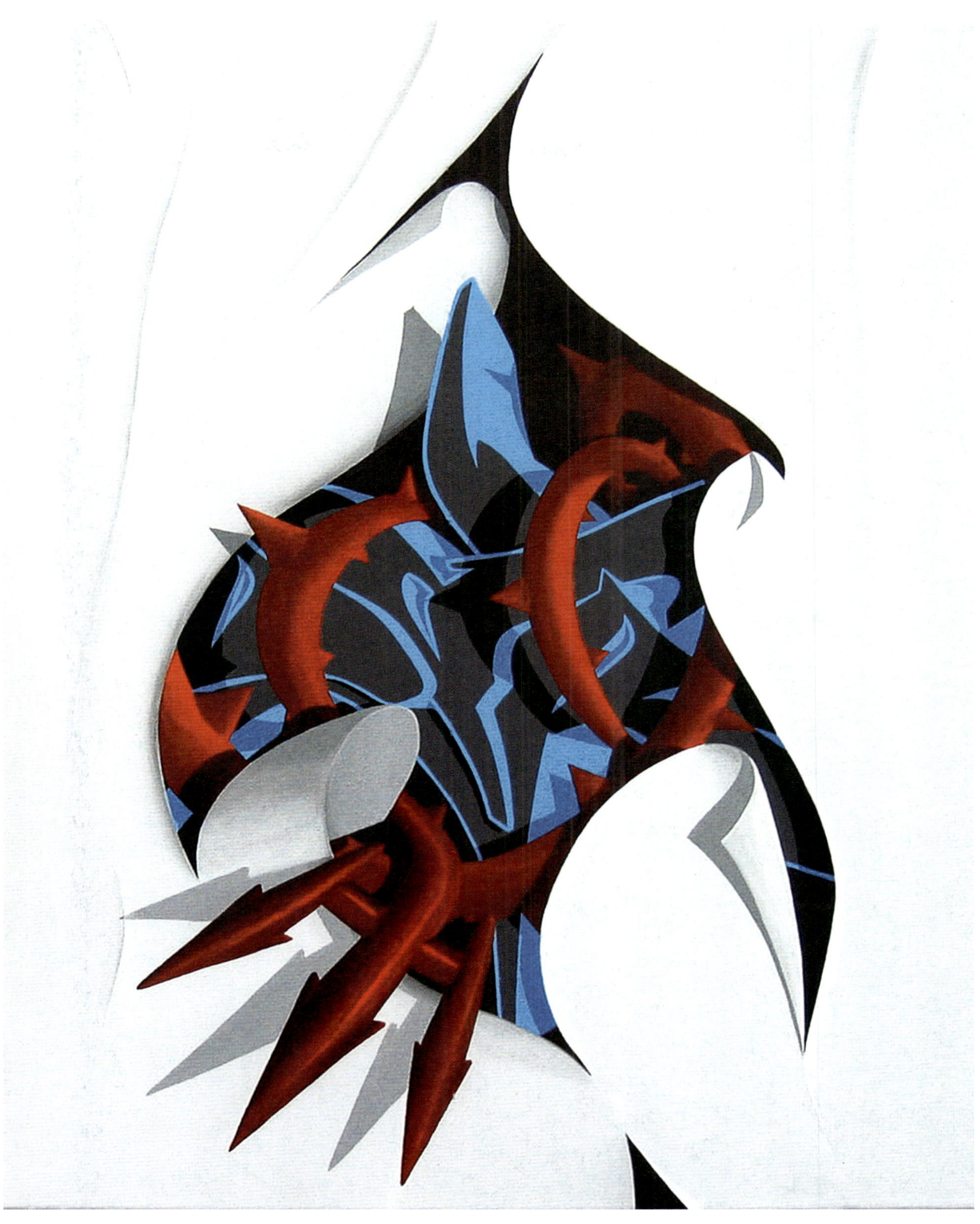

71
Thorn 3, 50 × 40 cm, 2004

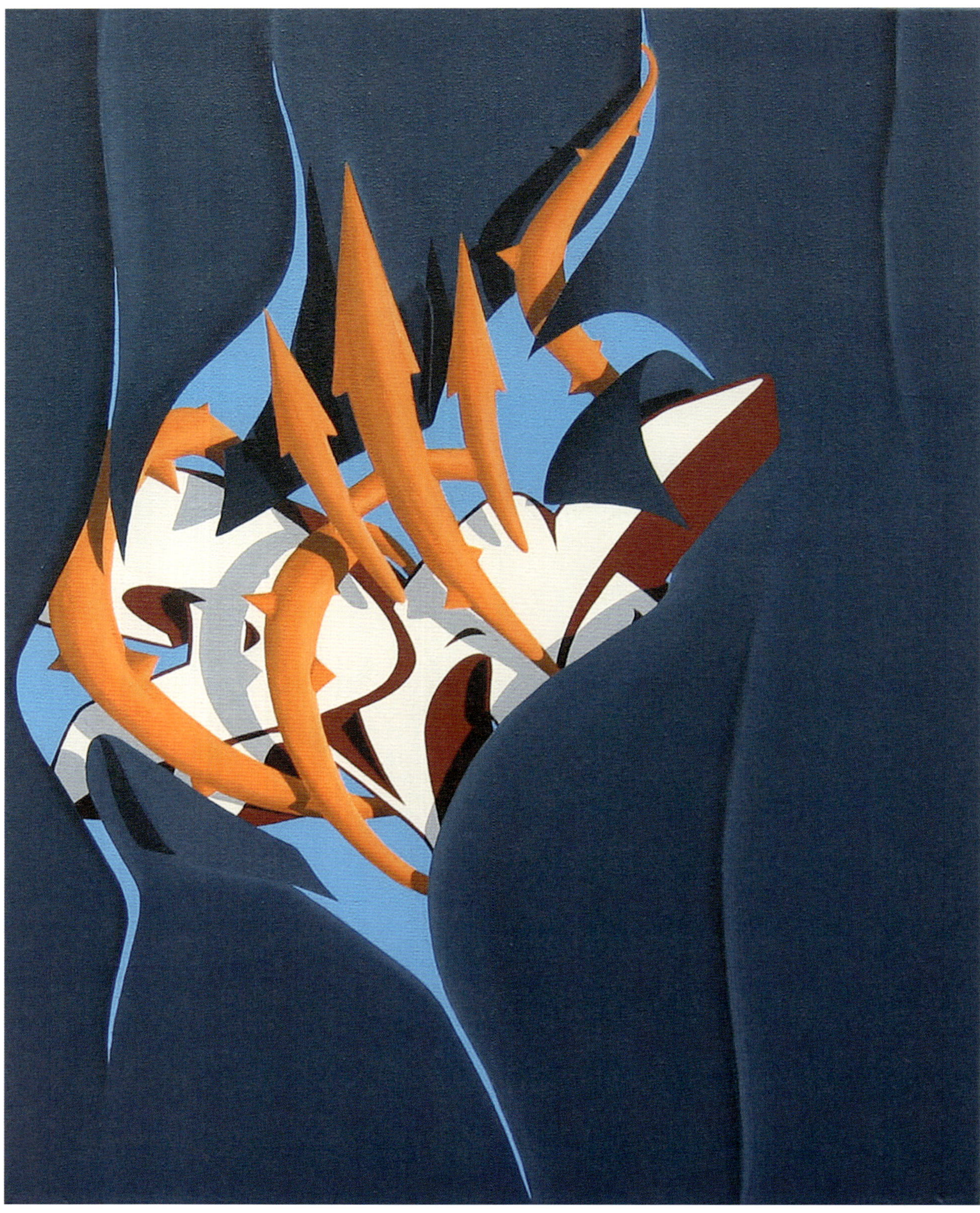

72
Thorn 4, 50 × 40 cm, 2004

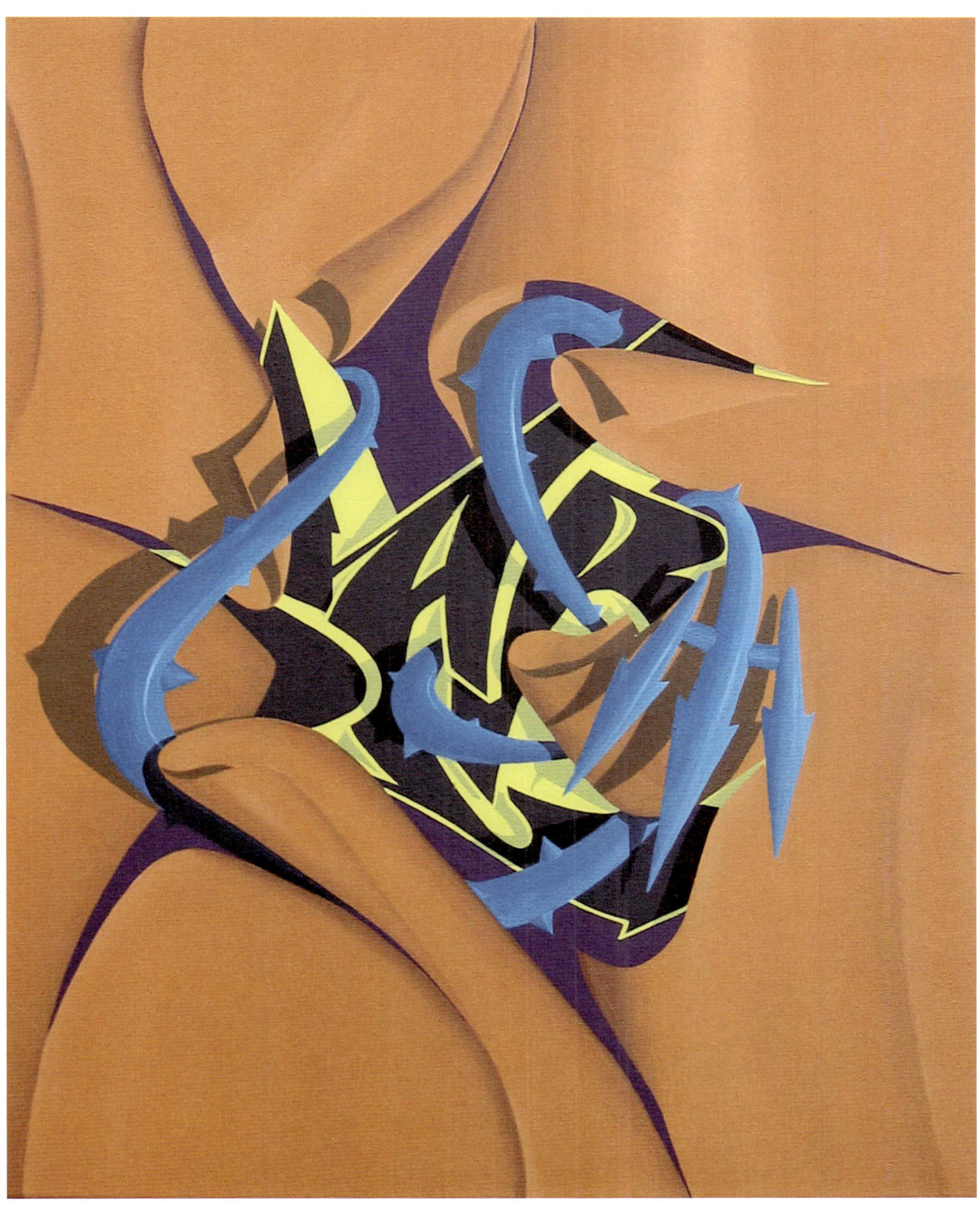

73
Thorn 5, 50 × 40 cm, 2004

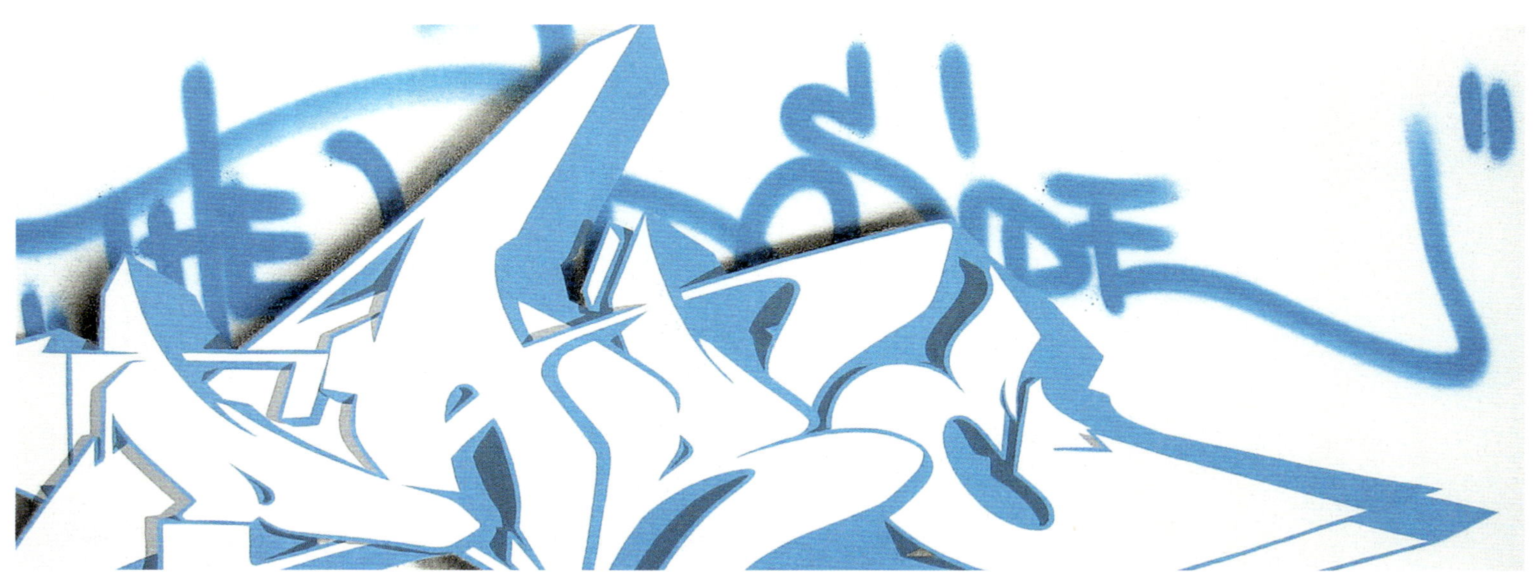

74
Right hand, 30 × 80 cm, 2005

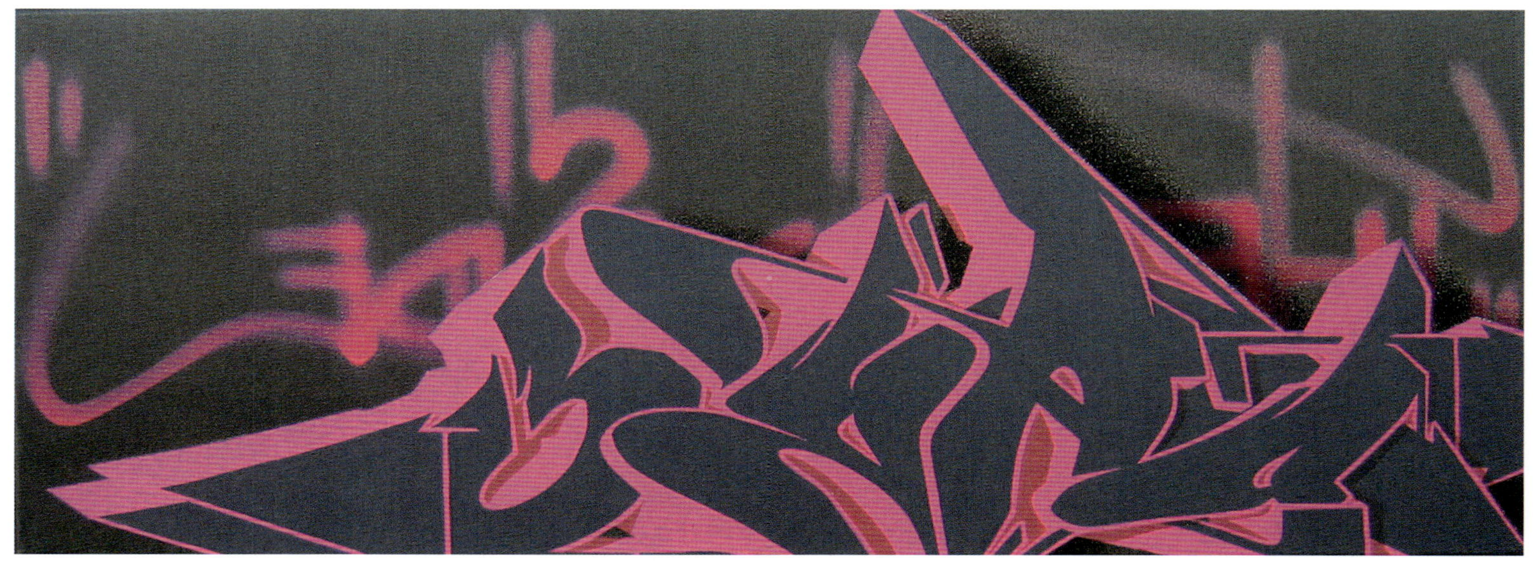

75
Left hand, 30 × 80 cm, 2005

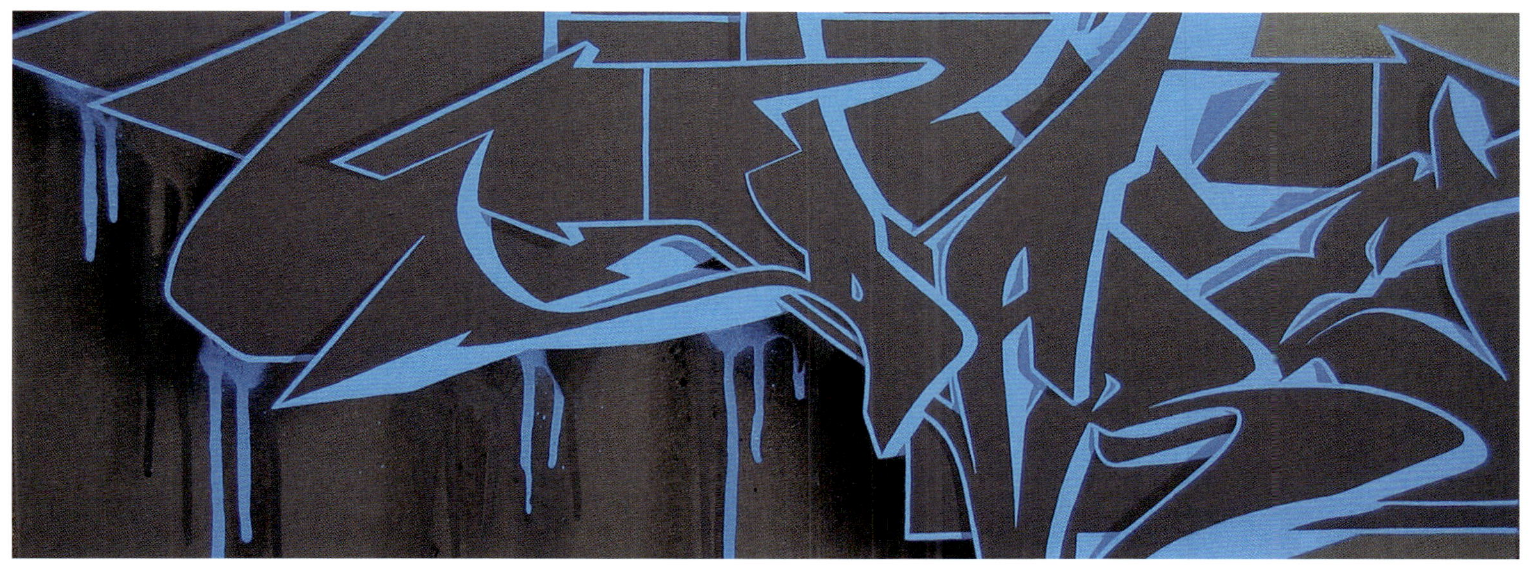

76
One way, 30 × 80 cm, 2005

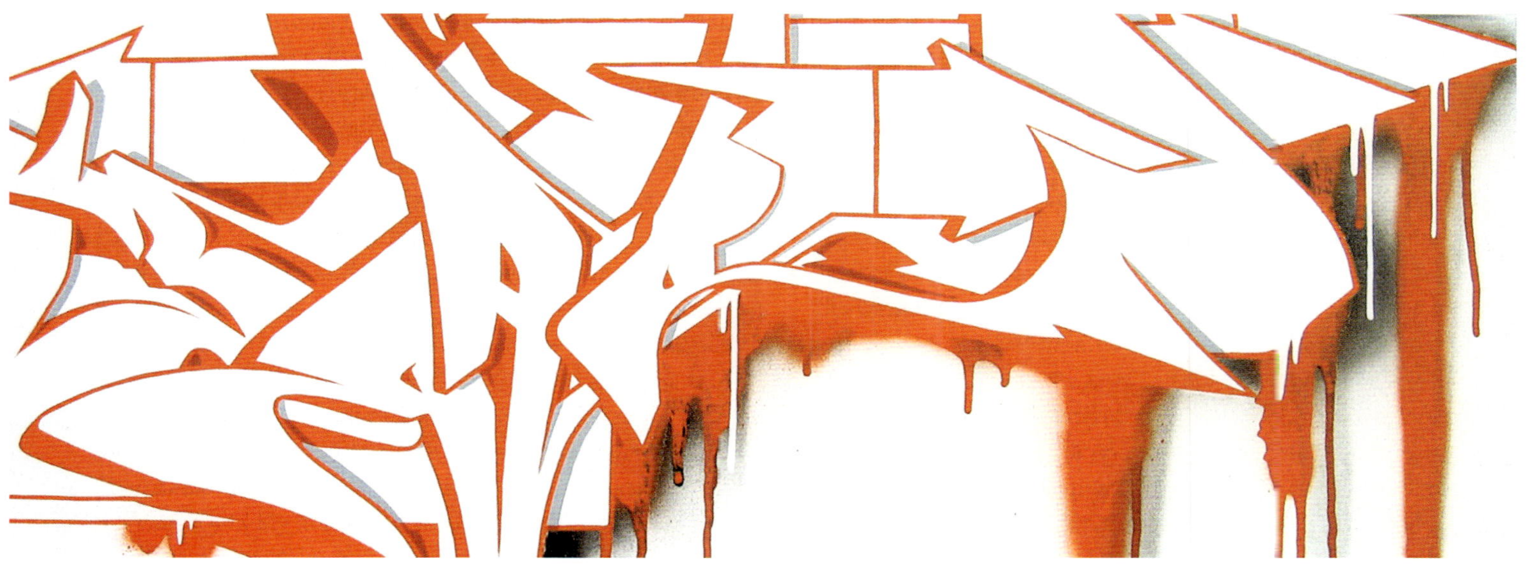

77
Other way, 30 × 80 cm, 2005

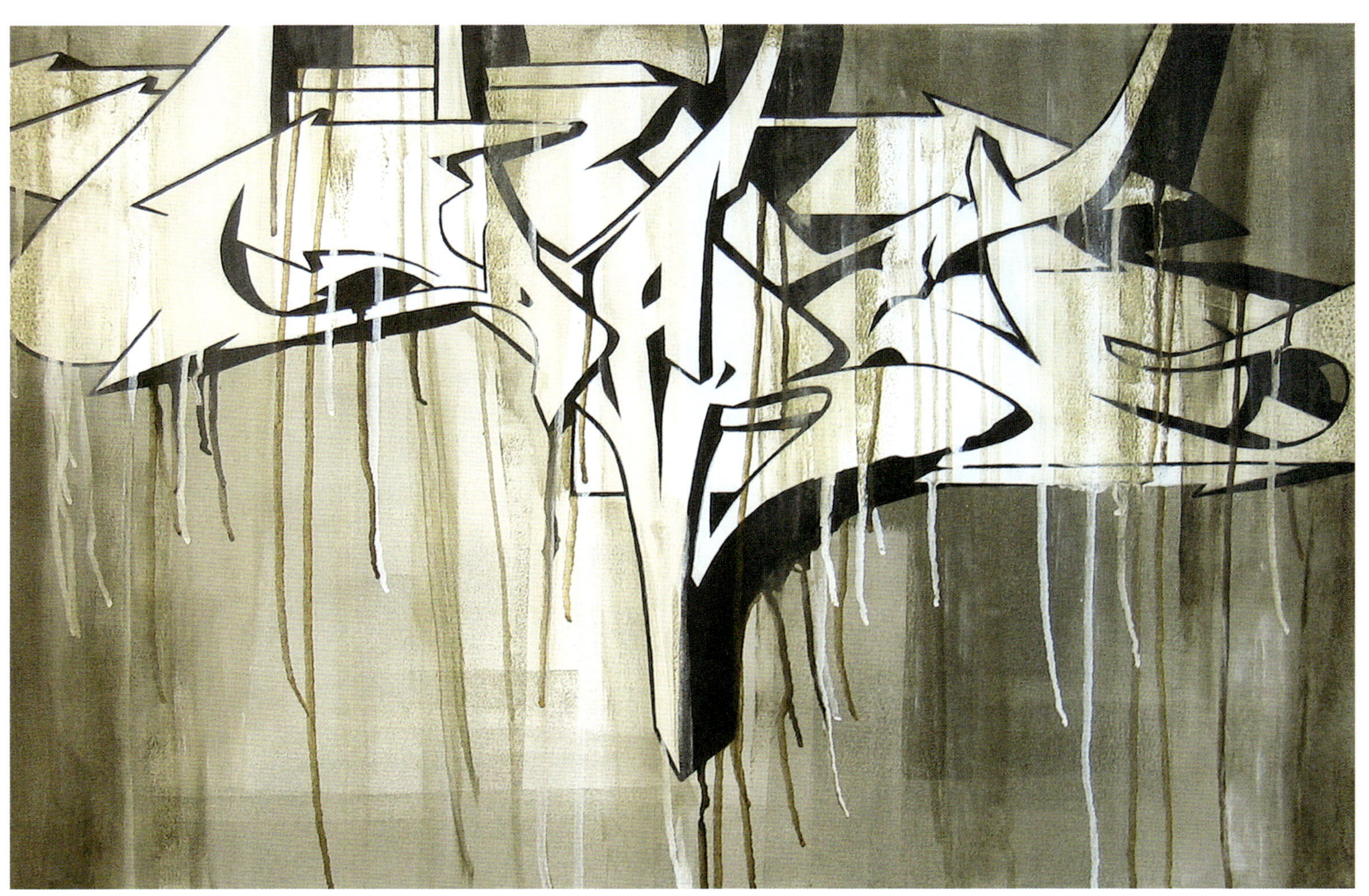

78
Latte, 50 × 75 cm, 2006

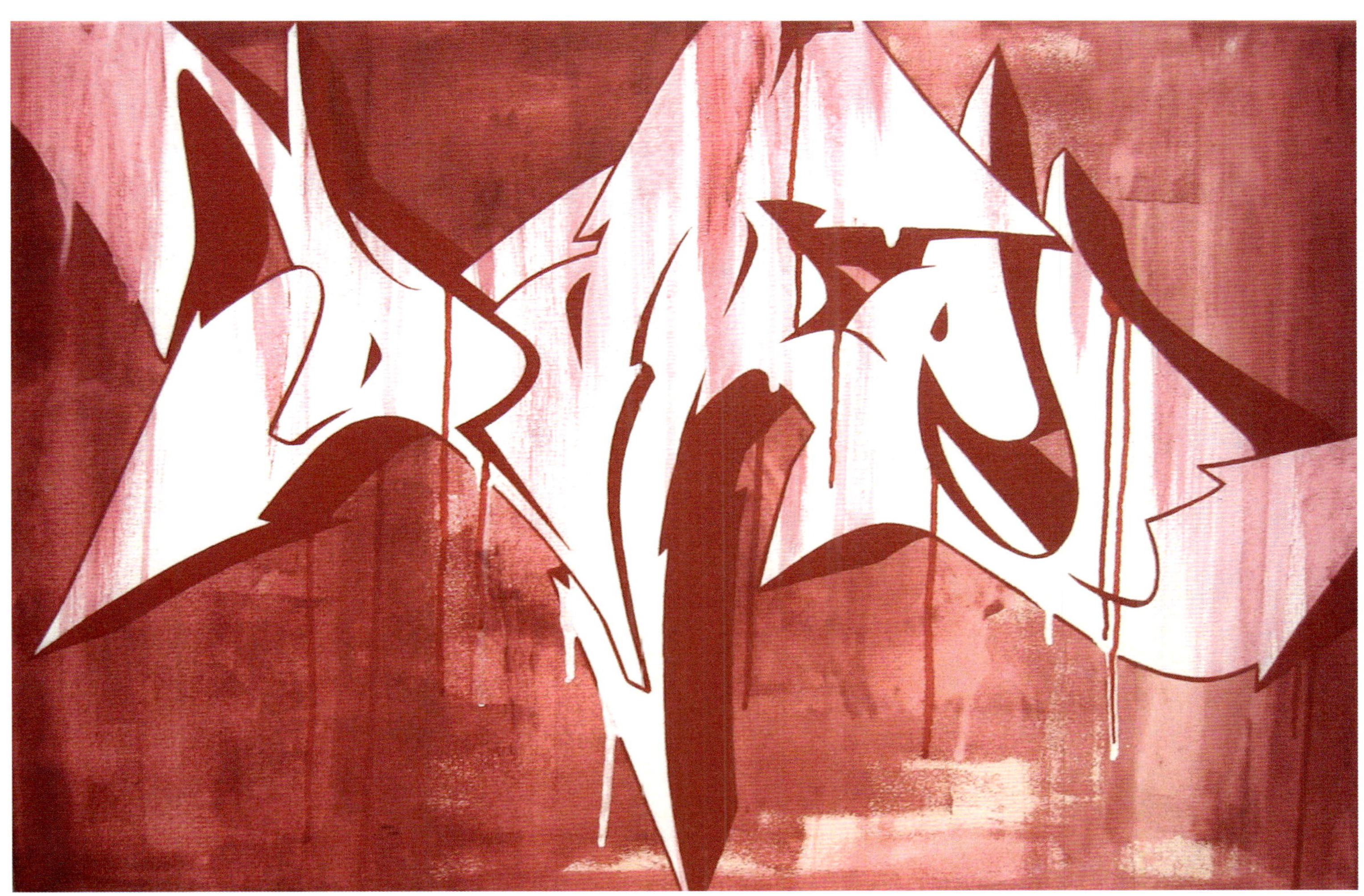

79
Vein, 50 × 75 cm, 2006

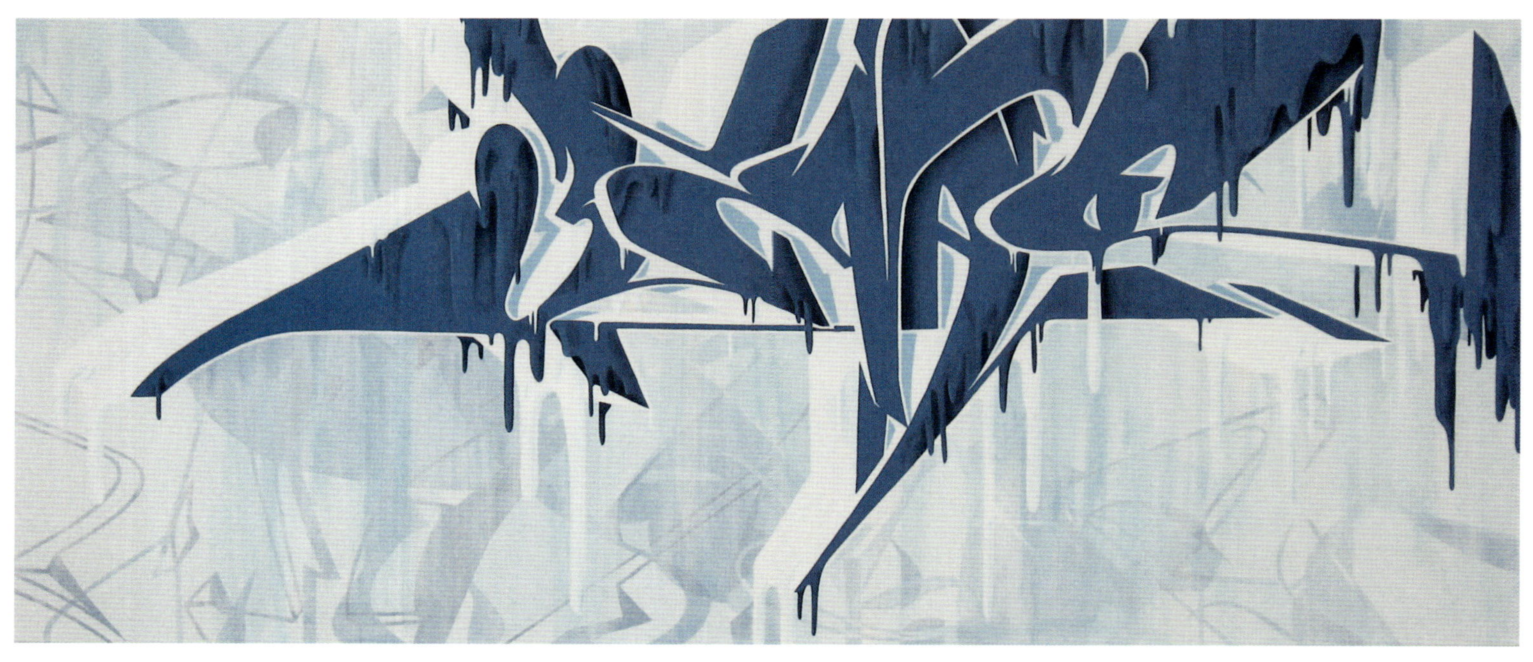

80
Melting thoughts, 60 × 110 cm, 2007

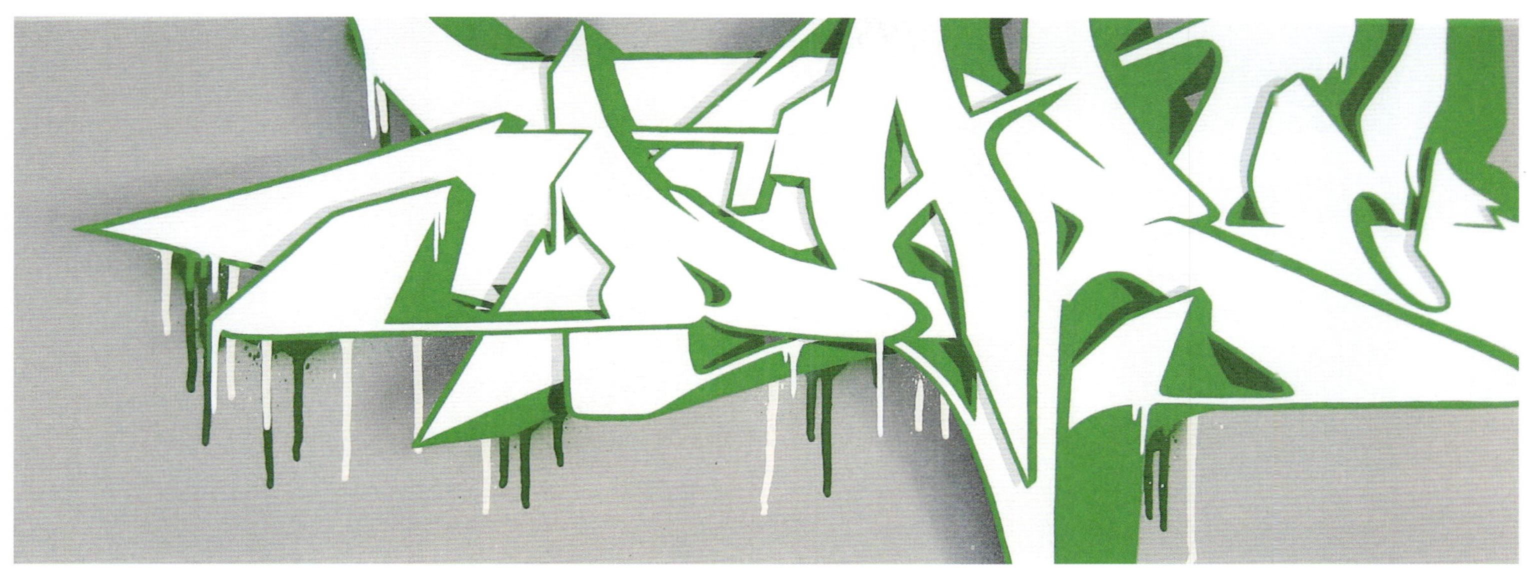

81
Hopefully, 30 × 80 cm, 2007

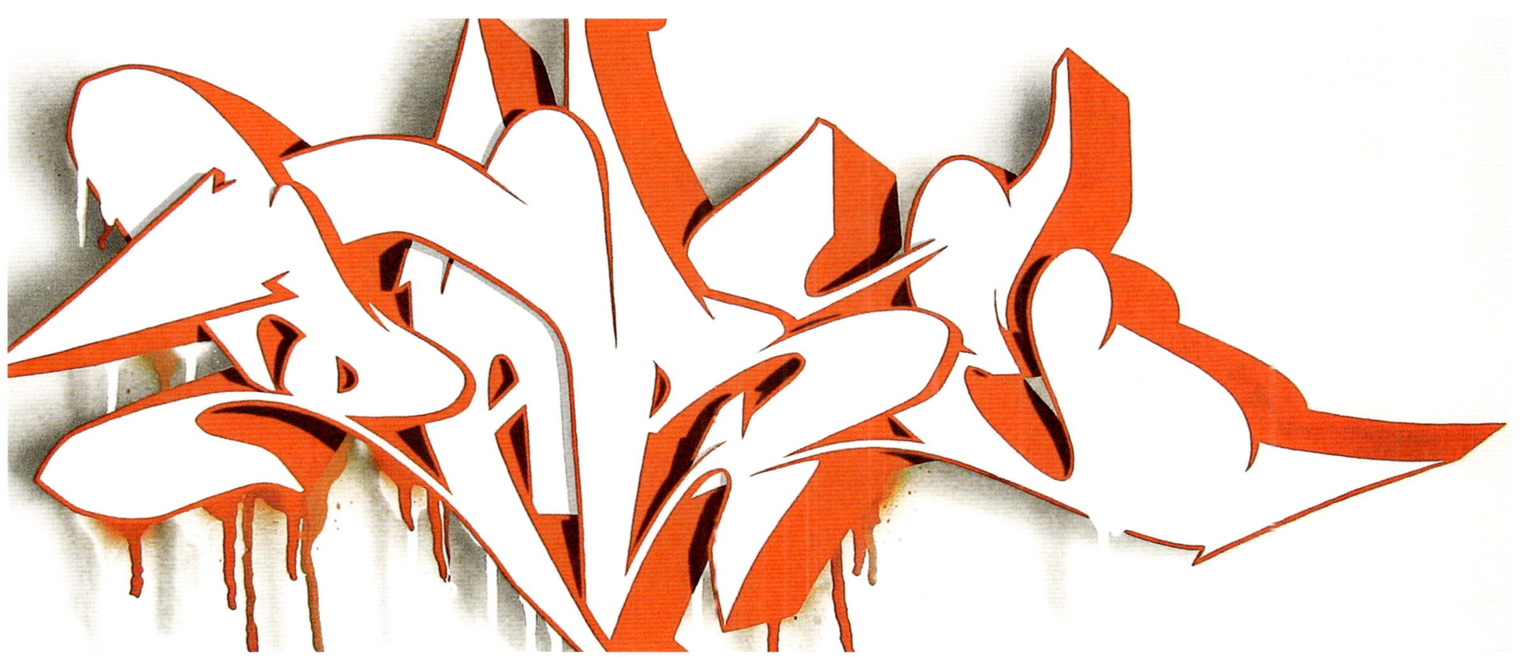

82
Melting orange, 30 × 80 cm, 2007

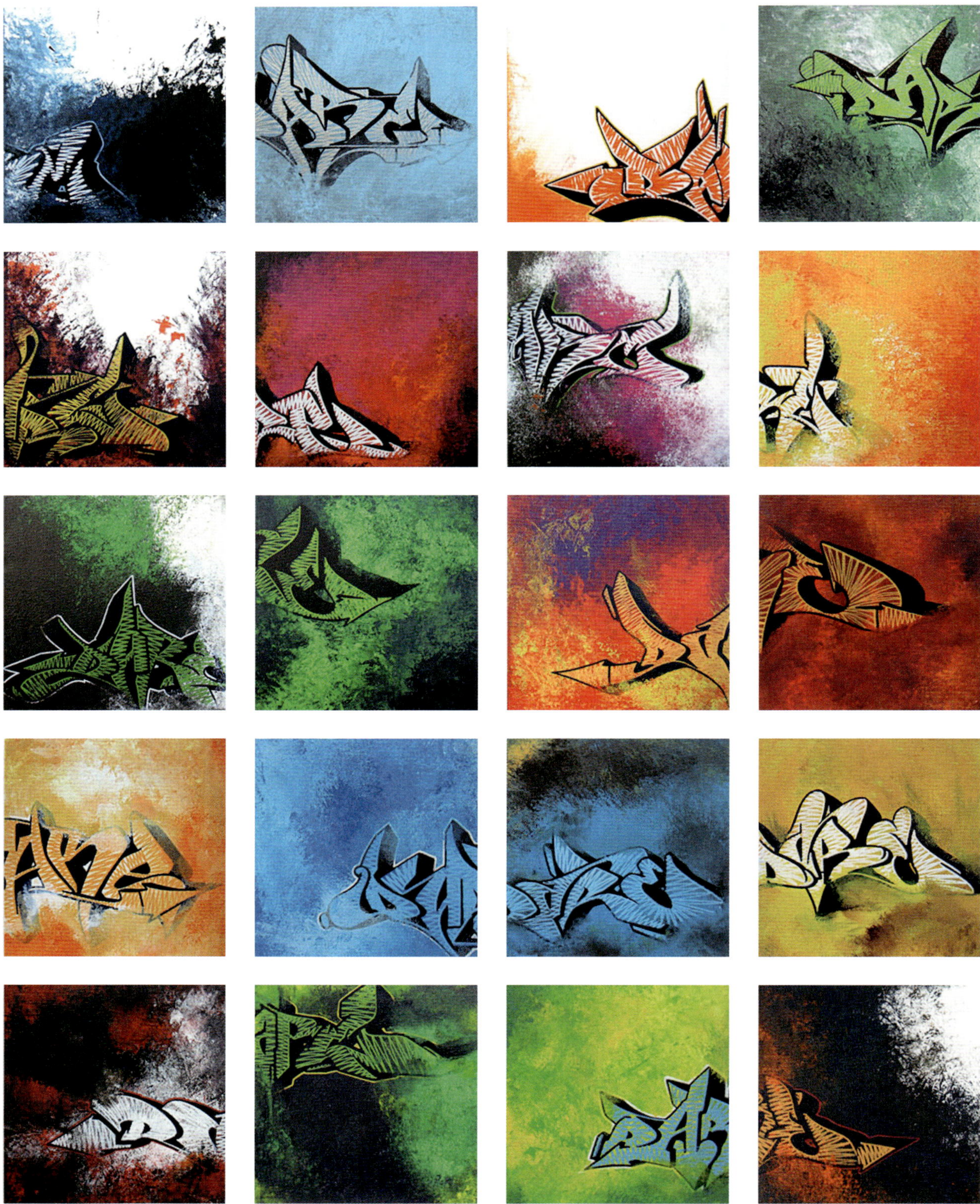

83
Serie *Throw* (insgesamt 20 Exemplare / *20 pieces in total*), jeweils | each 20 × 20 cm, 2005/06

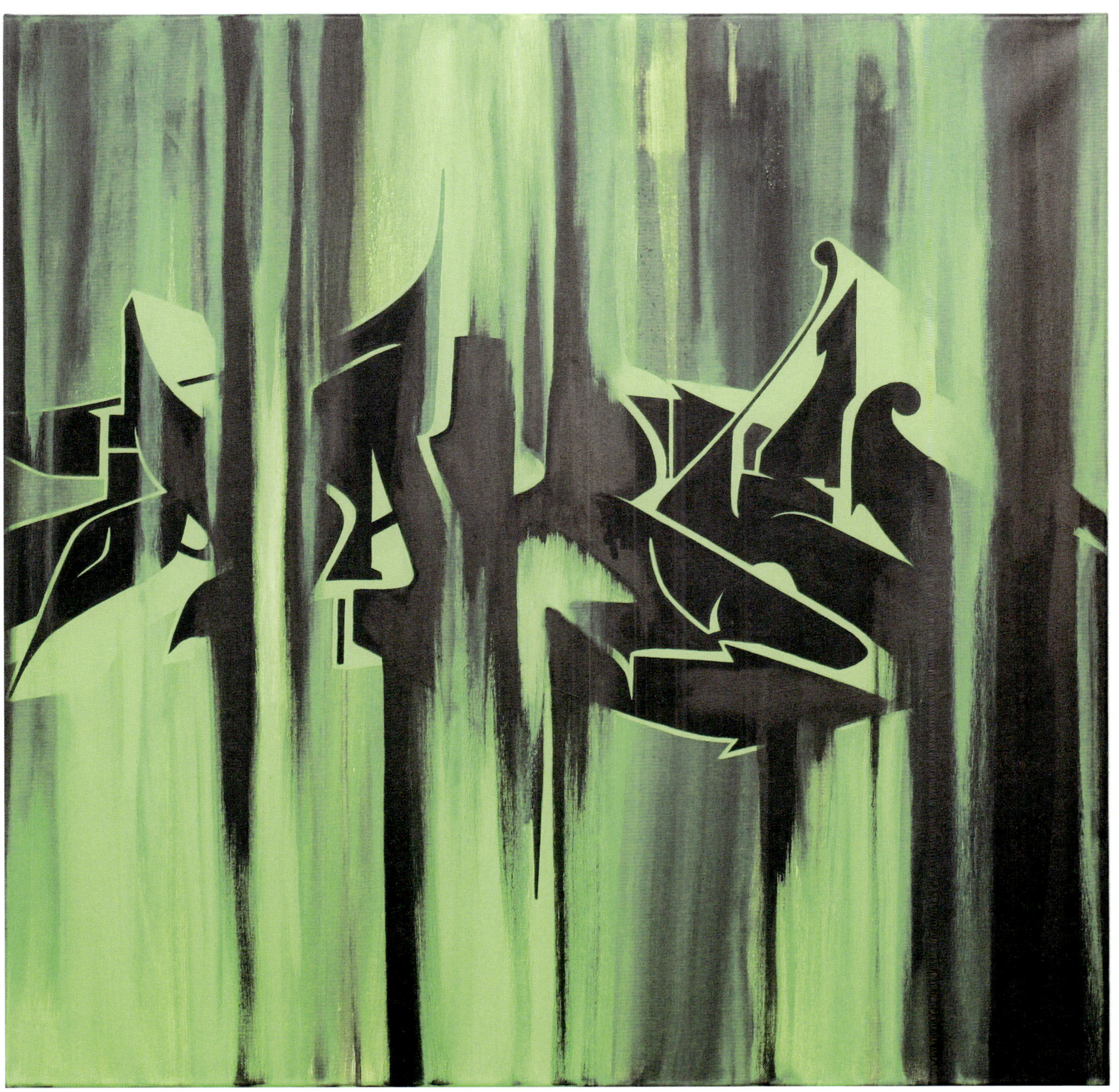

84
Poison, 80 × 80 cm, 2007

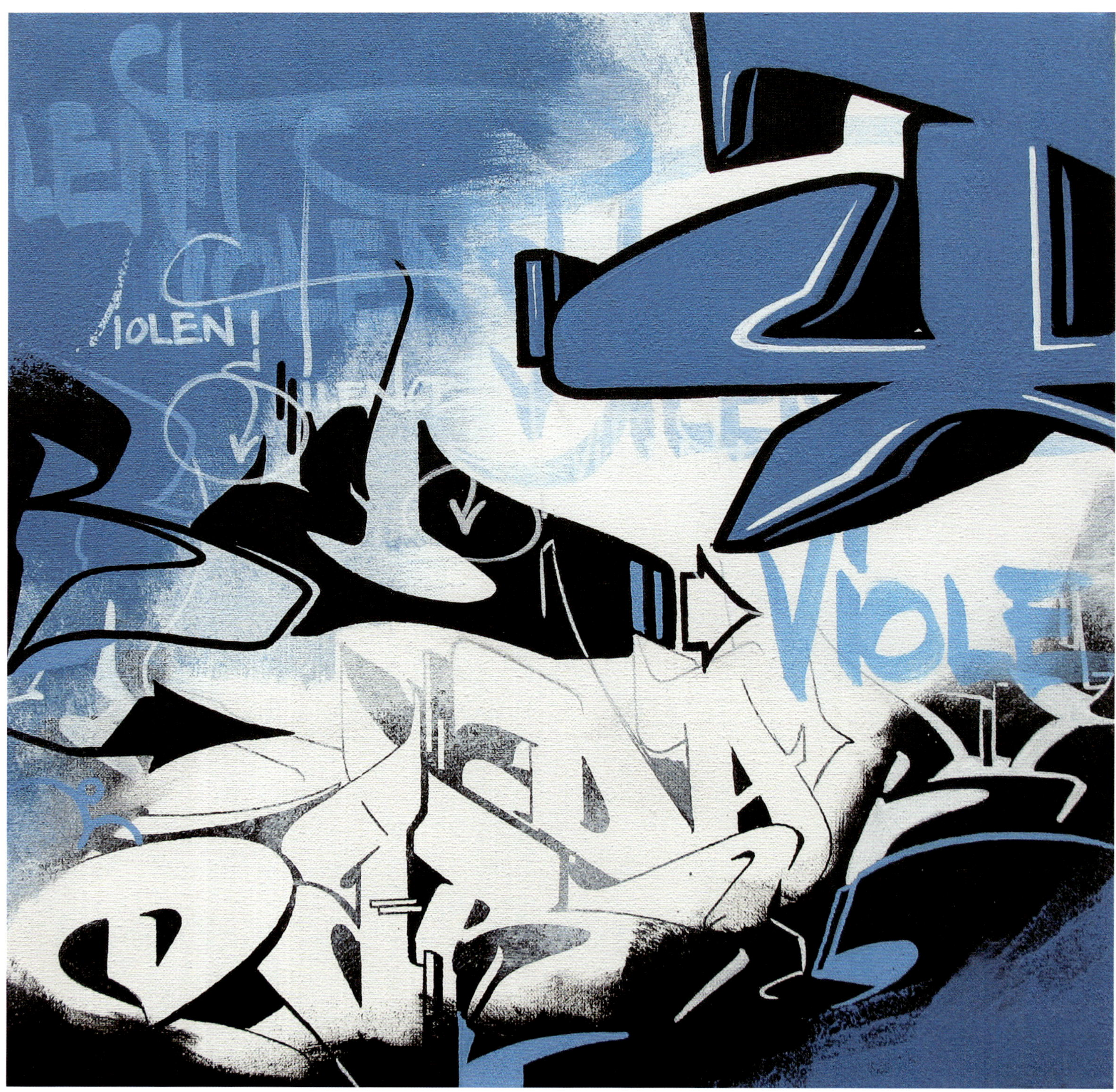

85
Violent silence, 30 × 30 cm, 2008

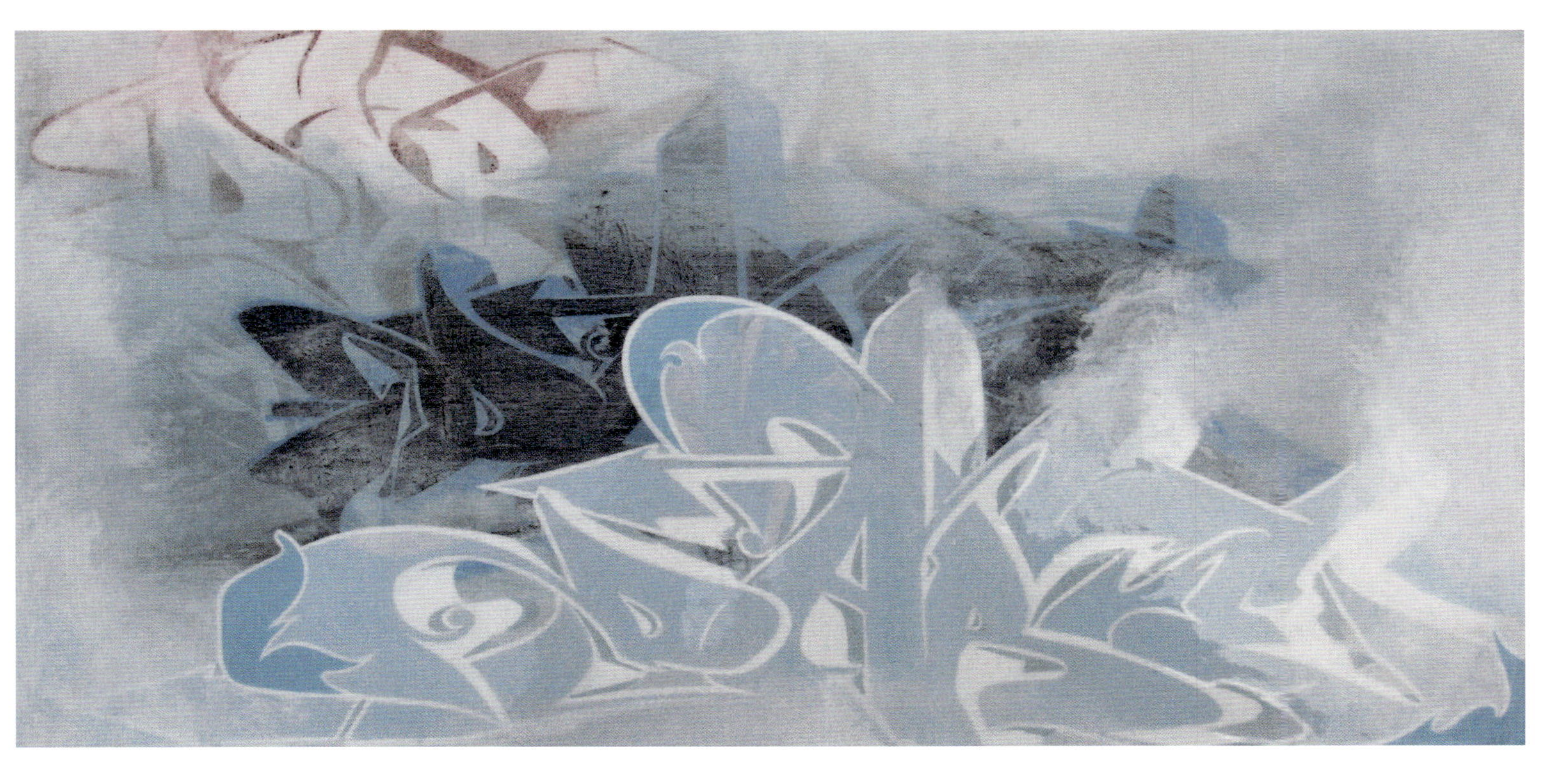

86
Living on the box Nr. 15, 20 × 40 cm, 2009

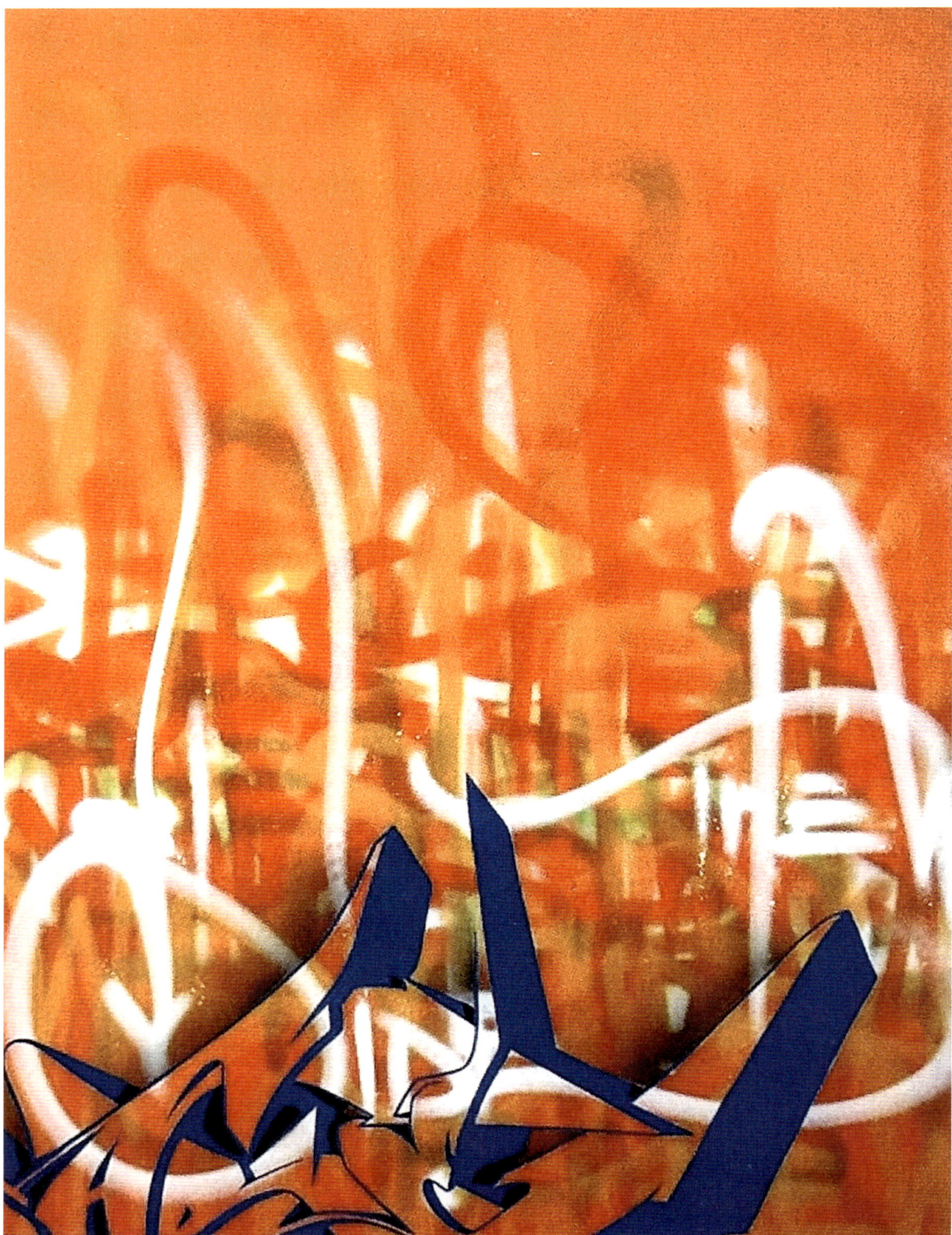

87
Spring marks, 80 × 60 cm, 2008

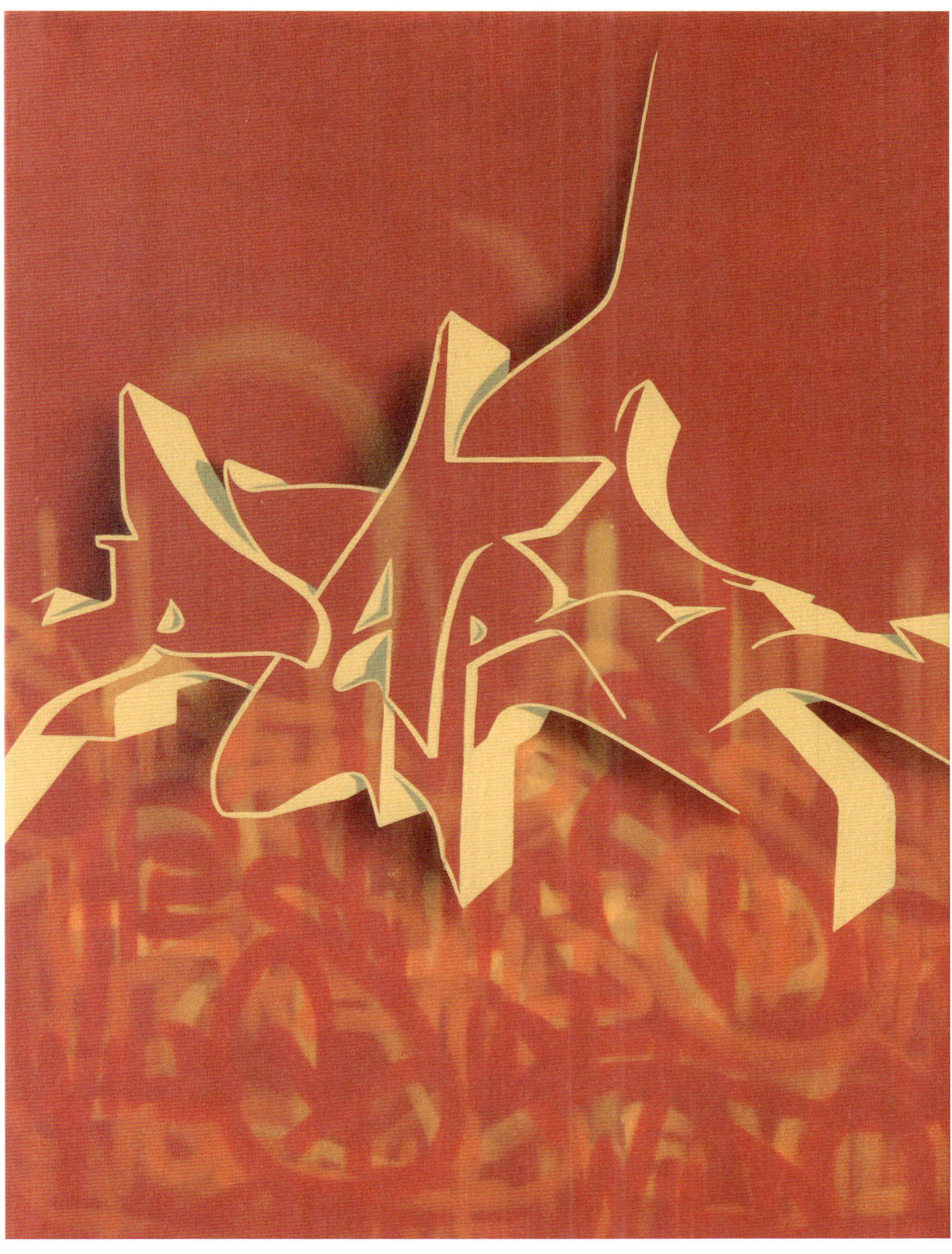

88
Summer marks, 80 × 60 cm, 2008

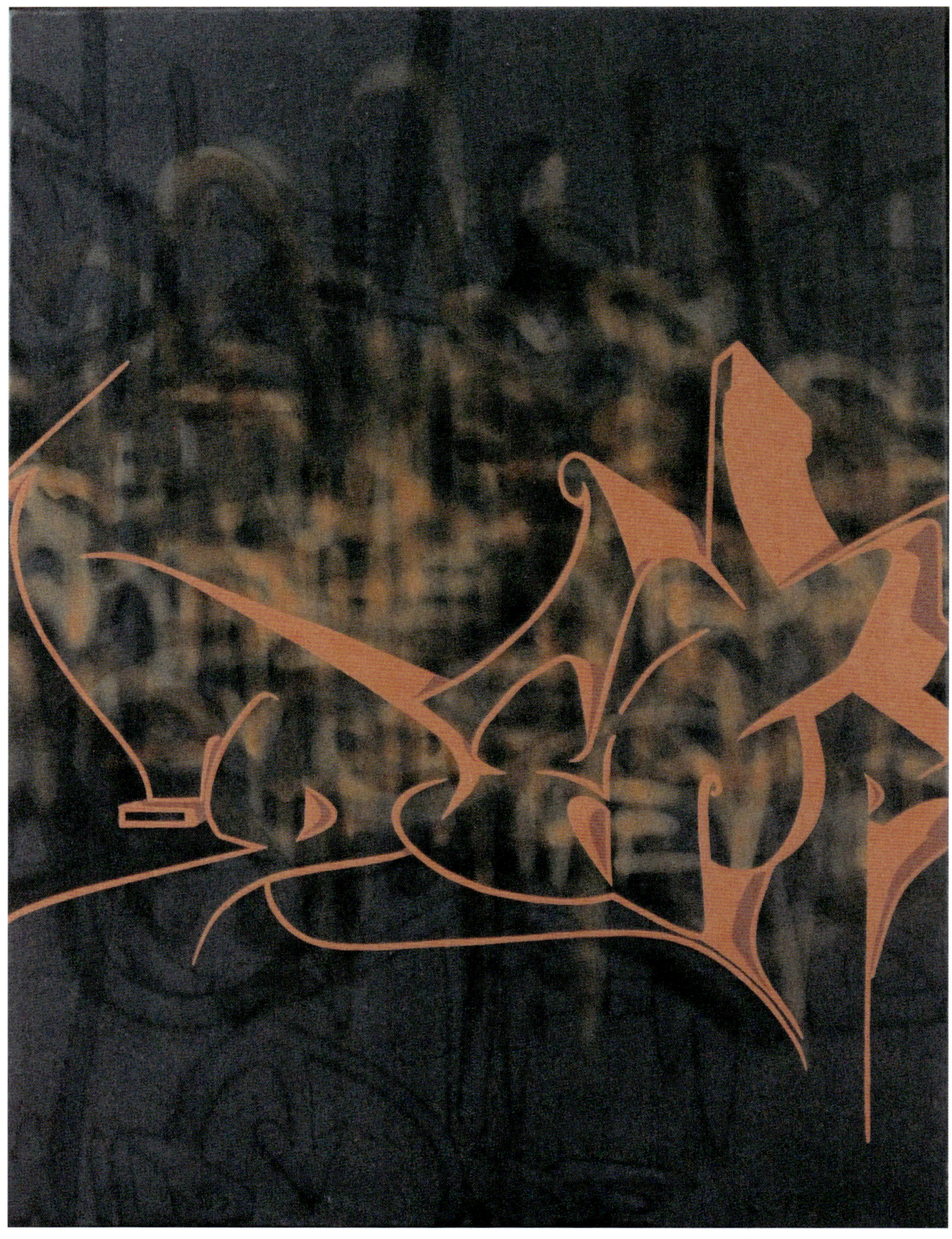

89
Autumn marks, 80 × 60 cm, 2007

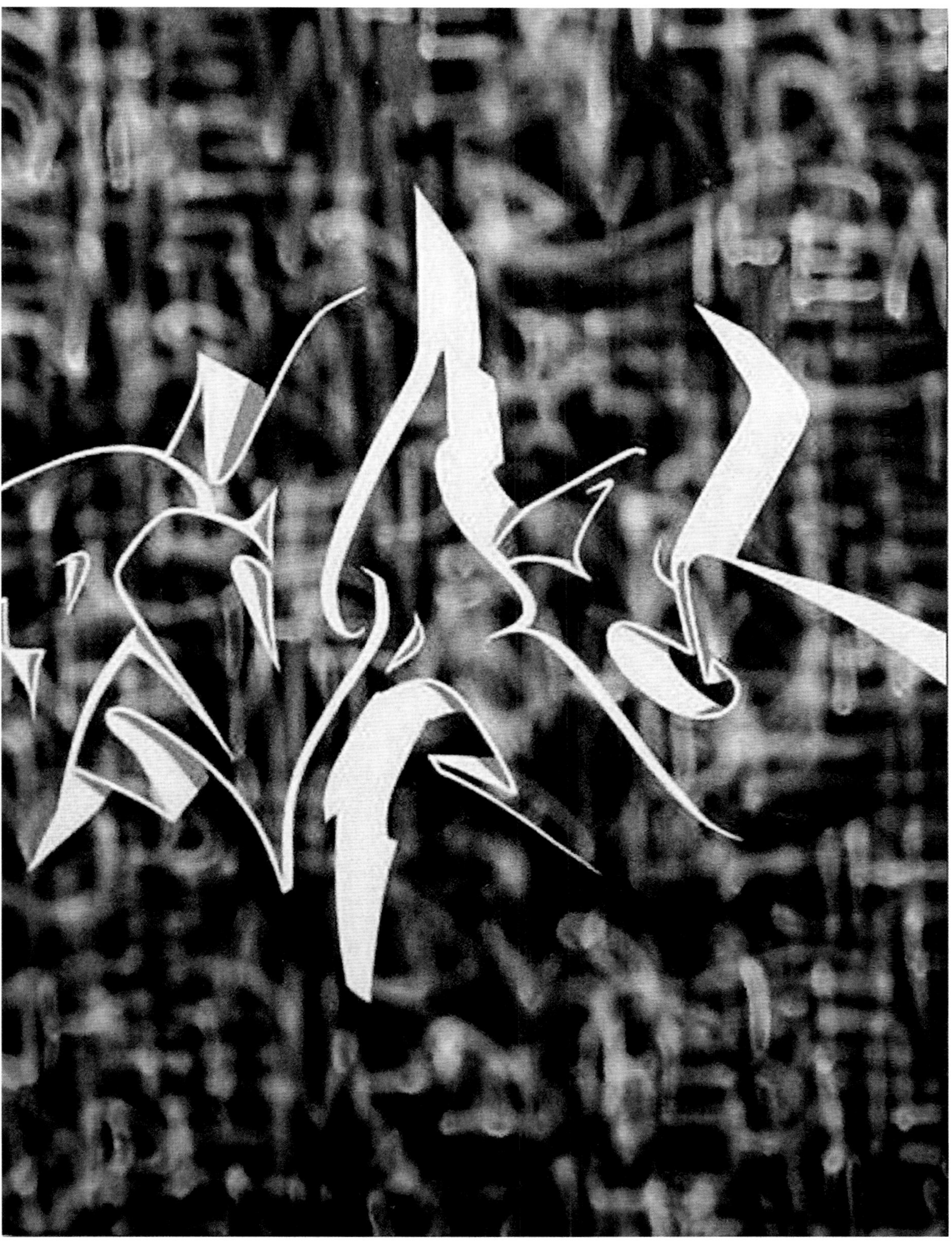

90
Winter marks, 80 × 60 cm, 2007

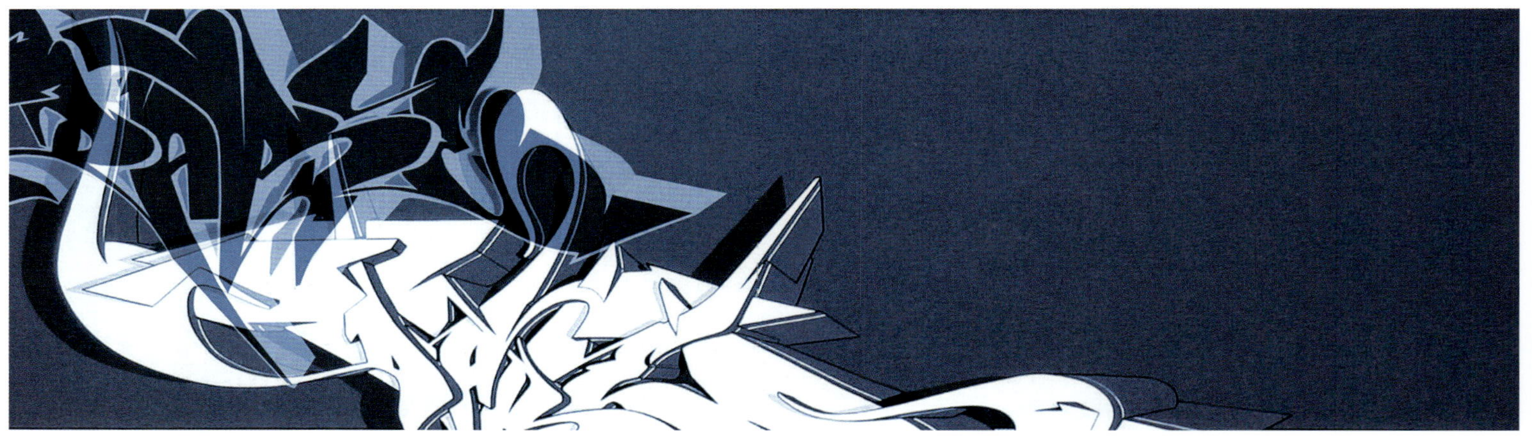

91
Entwurfsskizze für das Sachs-Apartment im Schloss Velden | Design sketch for the Sachs apartment in Velden Castle, 2007

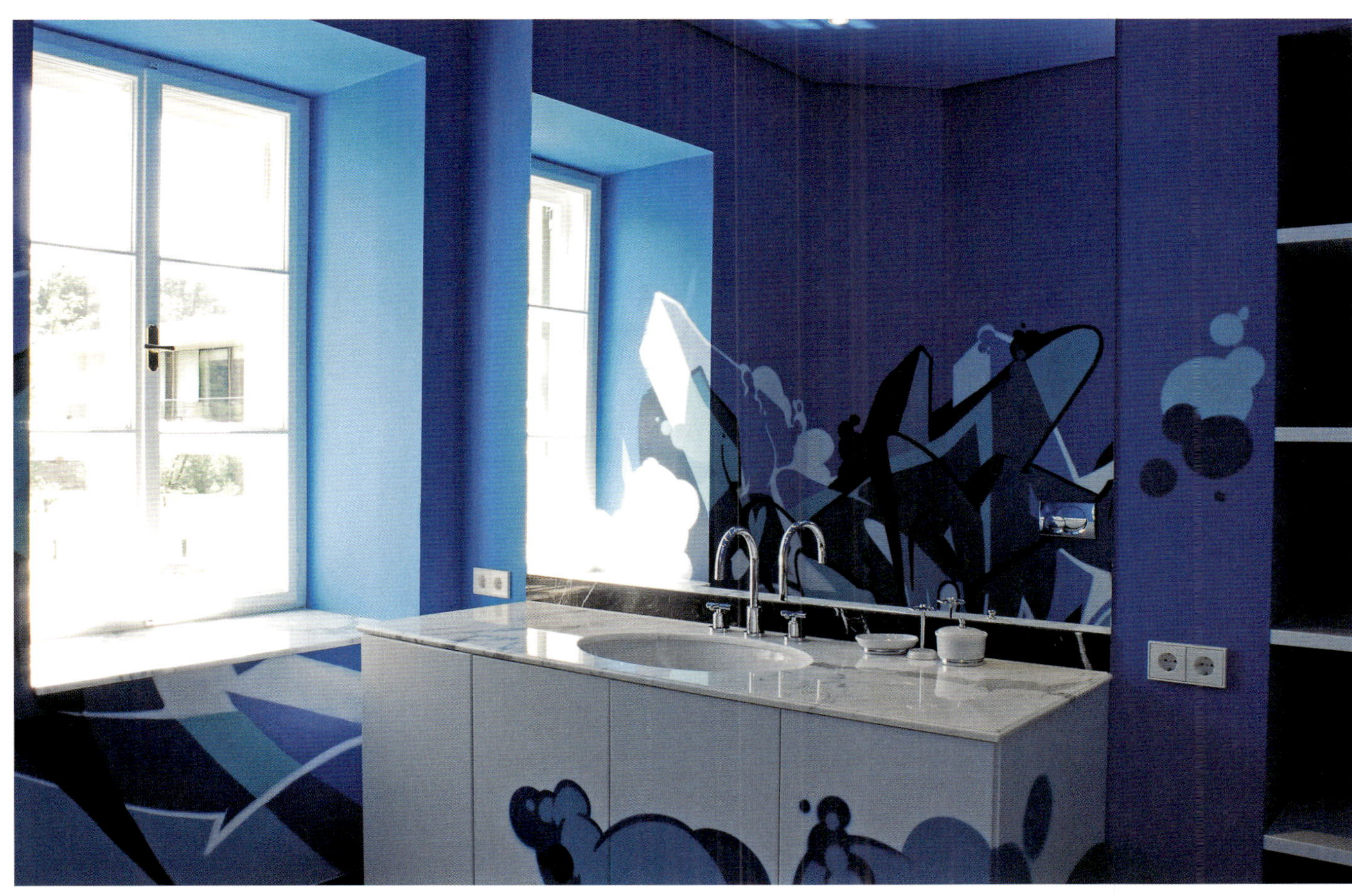

92
Teilansicht Badezimmer im Schloss Velden | Partial view of a bathroom in Velden Castle, 2007

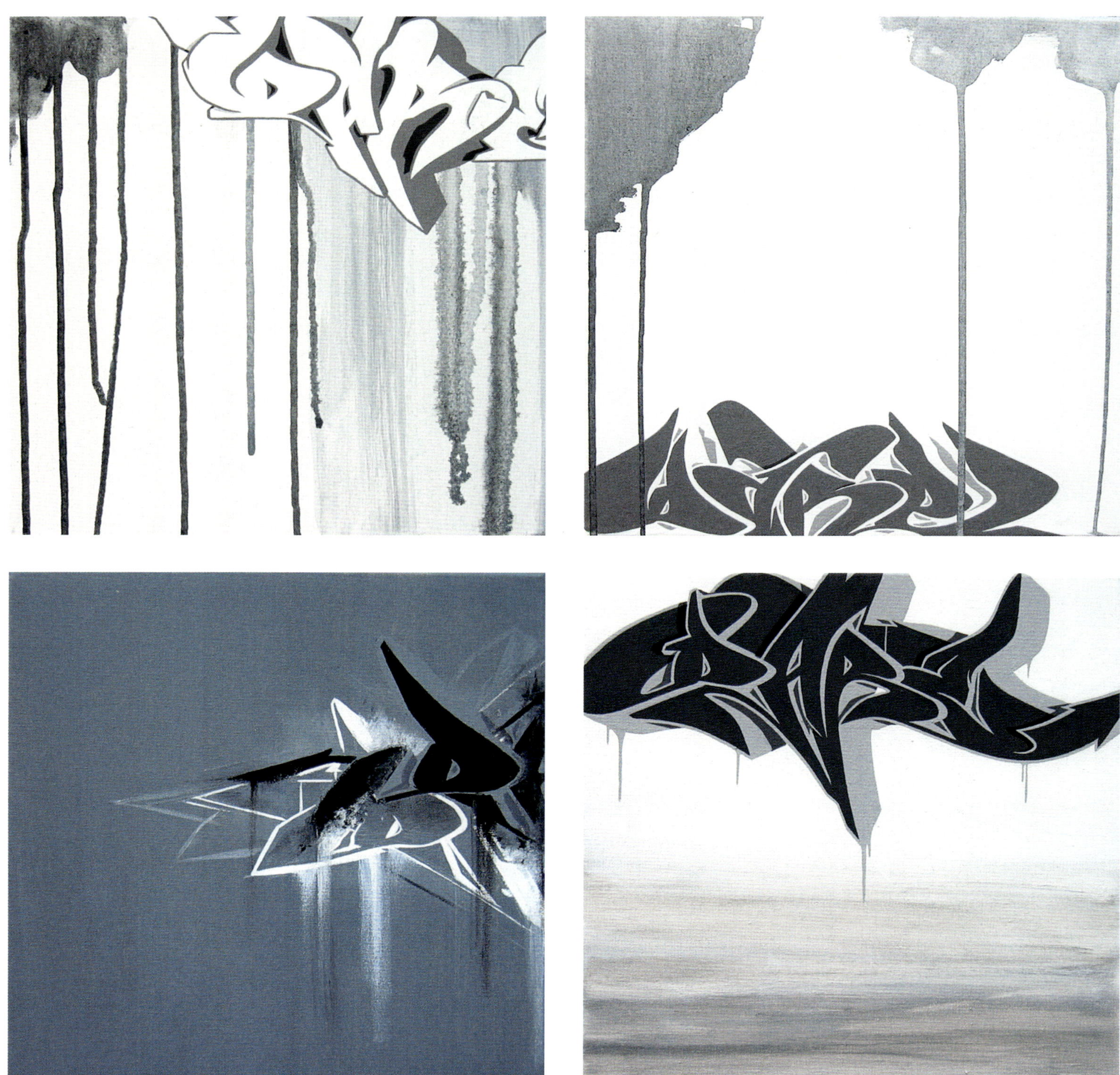

93–120
Serie *Greytones* (Auswahl von 28 der insgesamt 35 Exemplare) | *Greytones* series (selection of twenty-eight of thirty-five in total), jeweils | each 30 × 30 cm, 2006

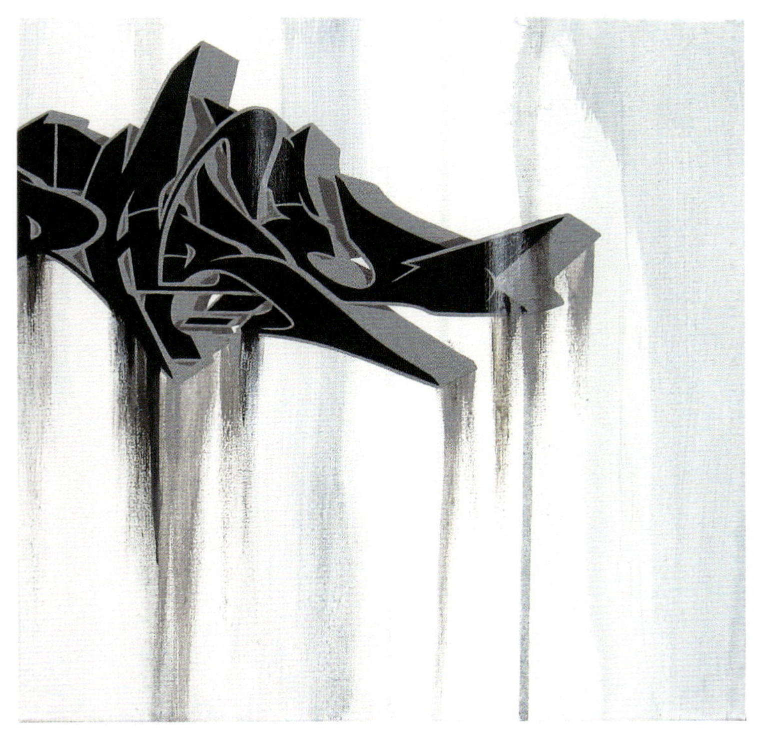
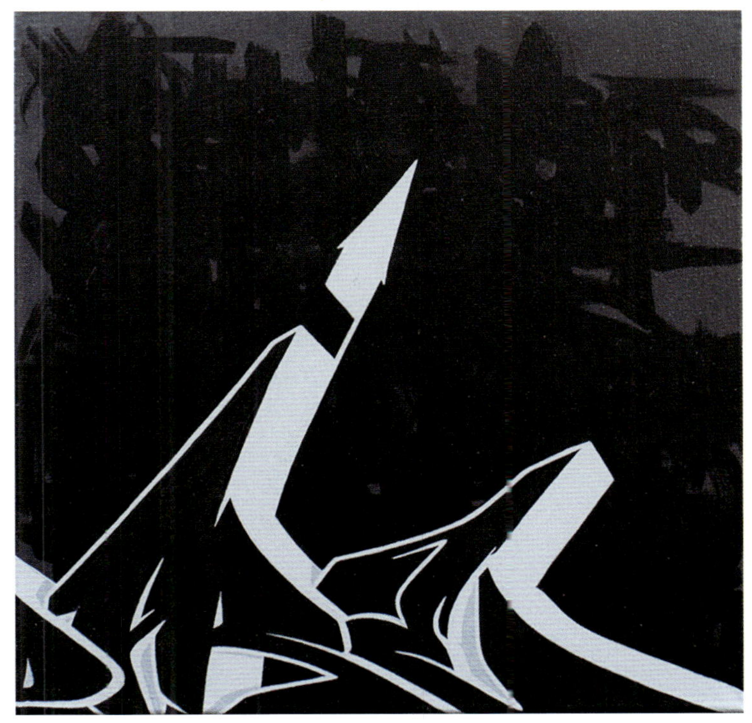
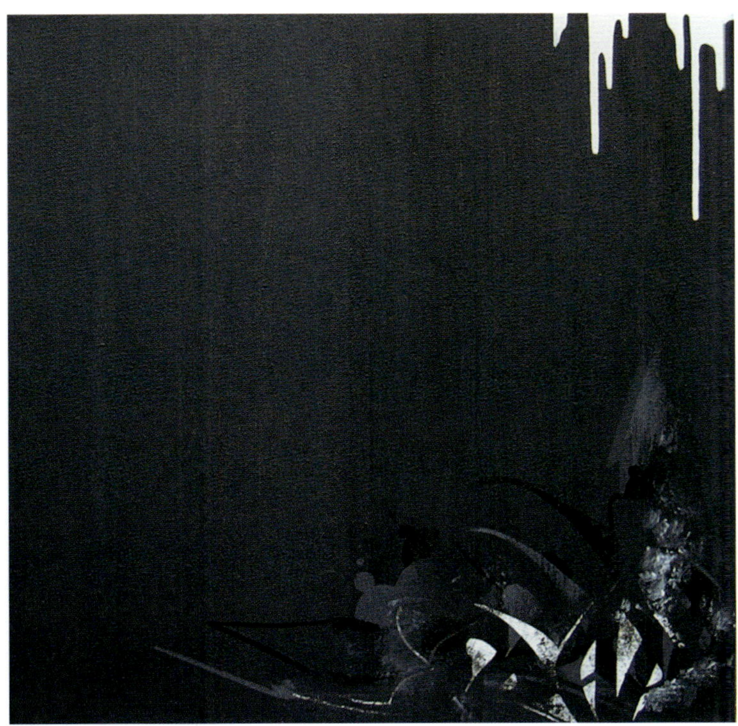
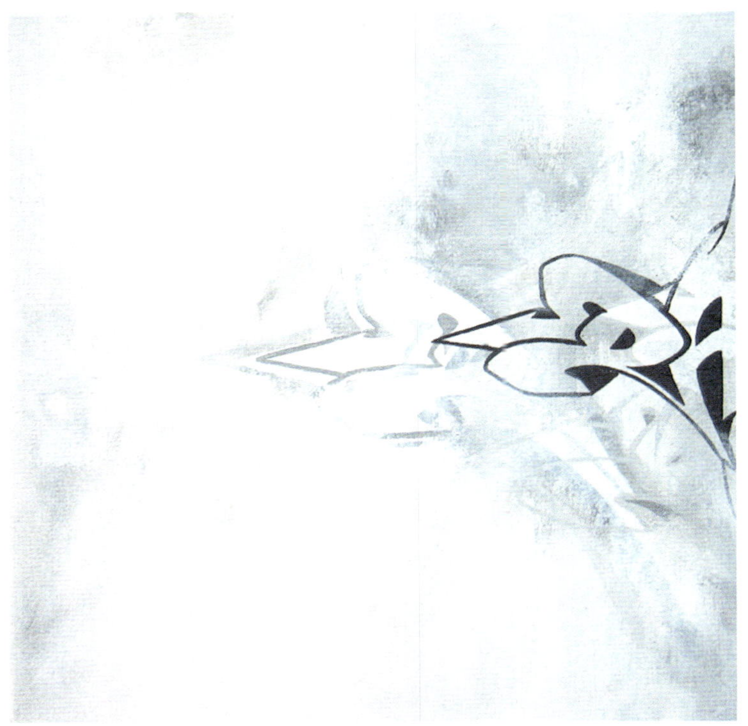

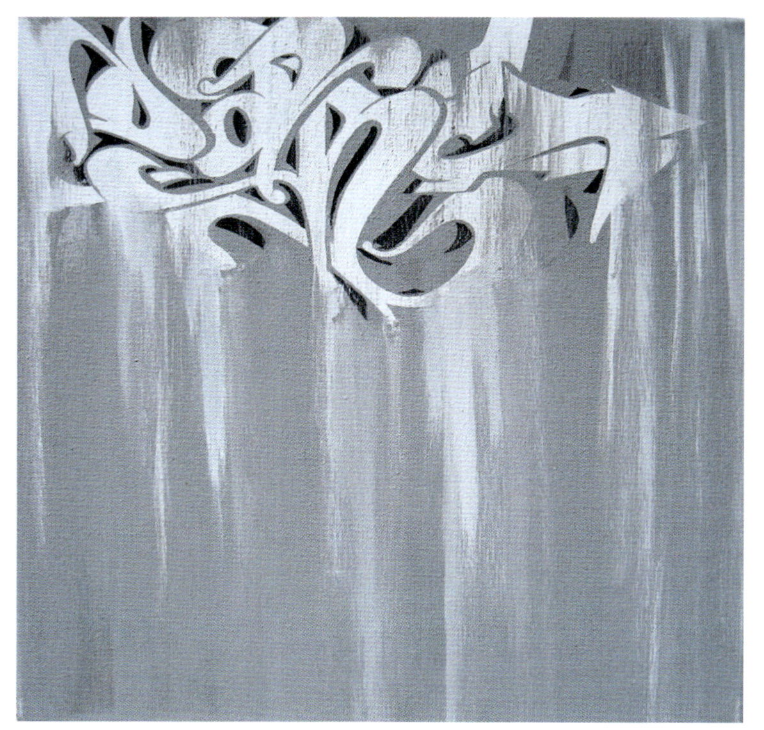
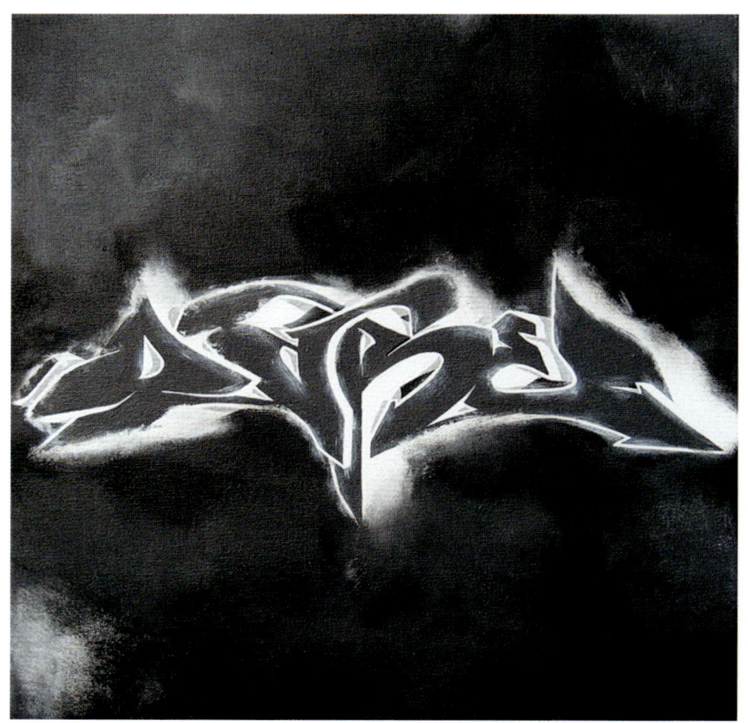
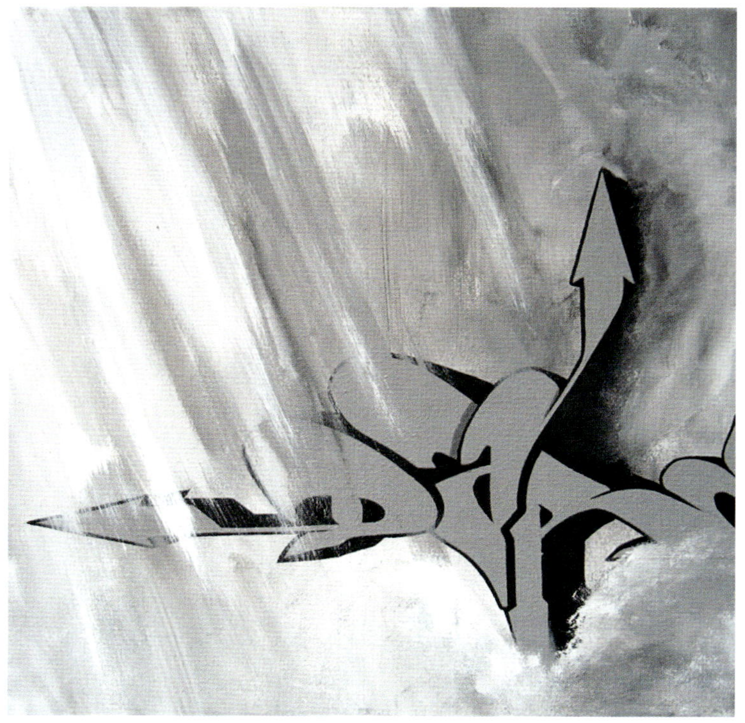
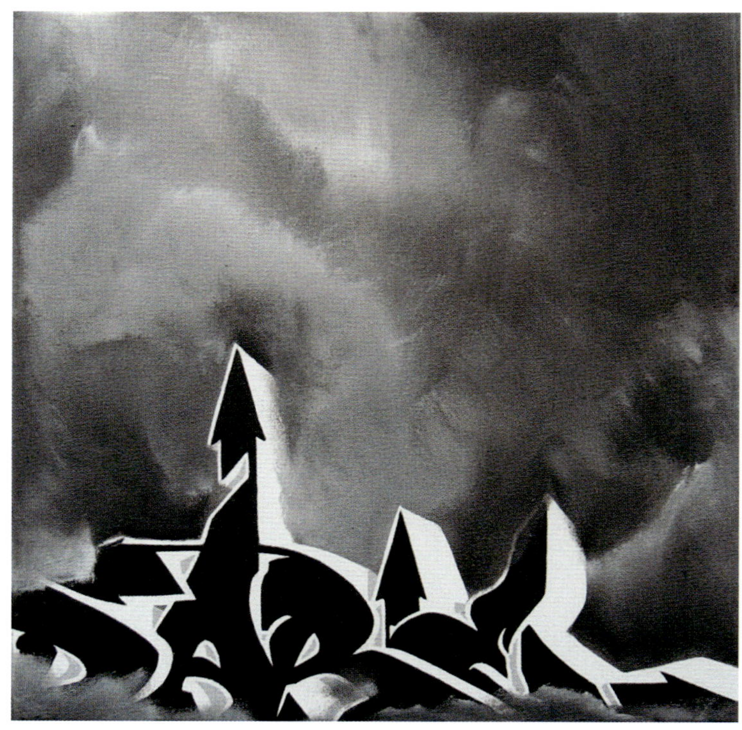

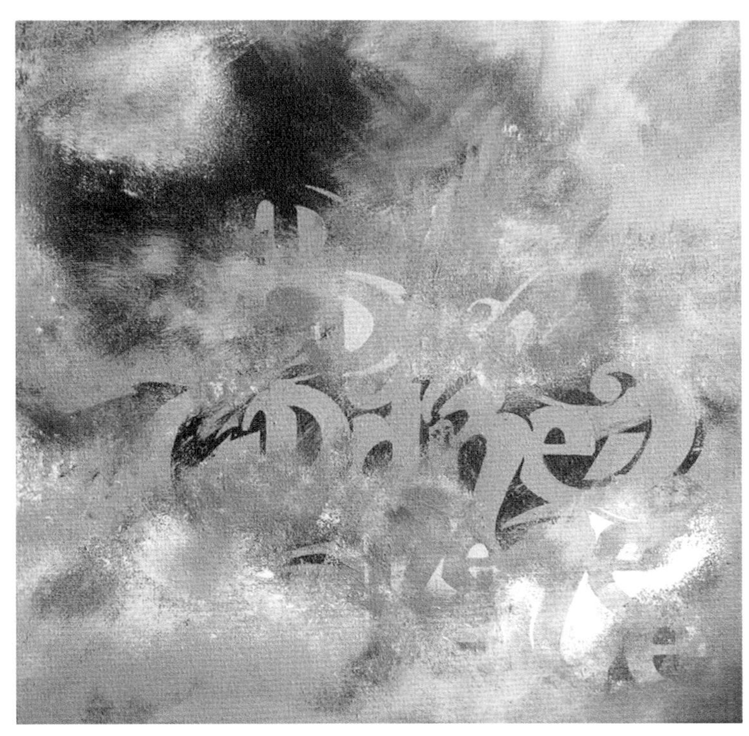
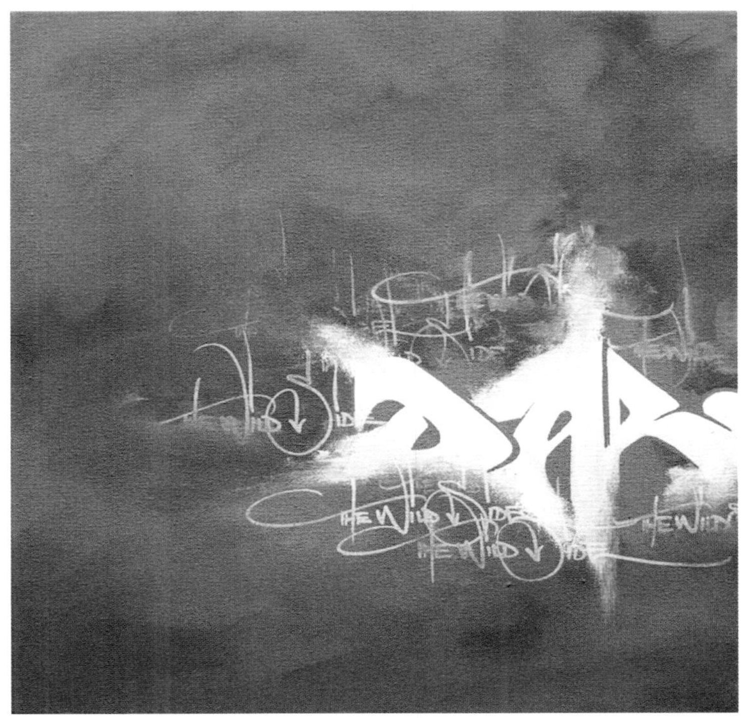
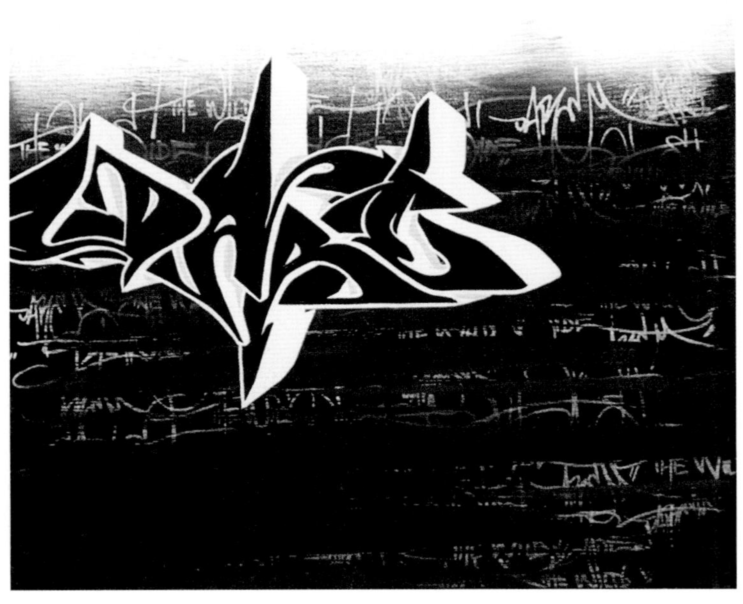
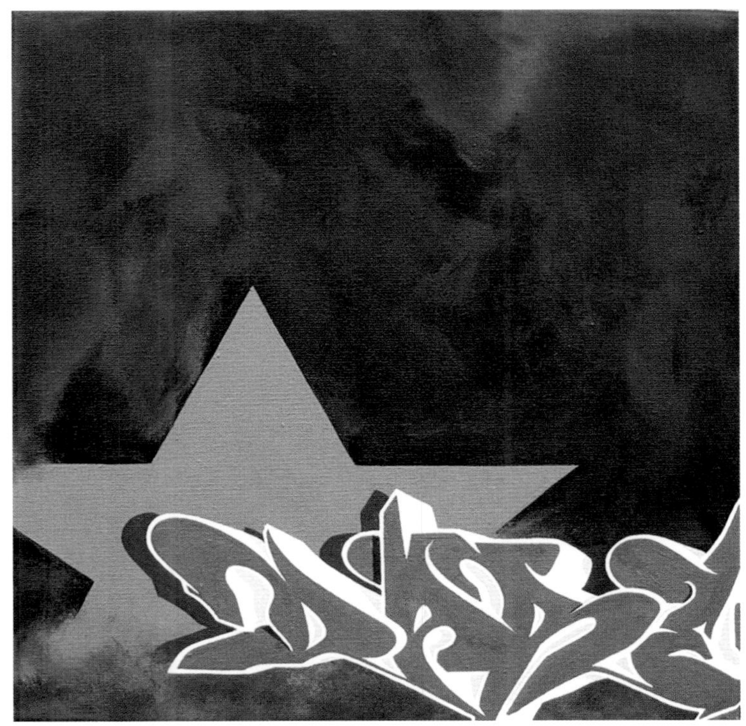

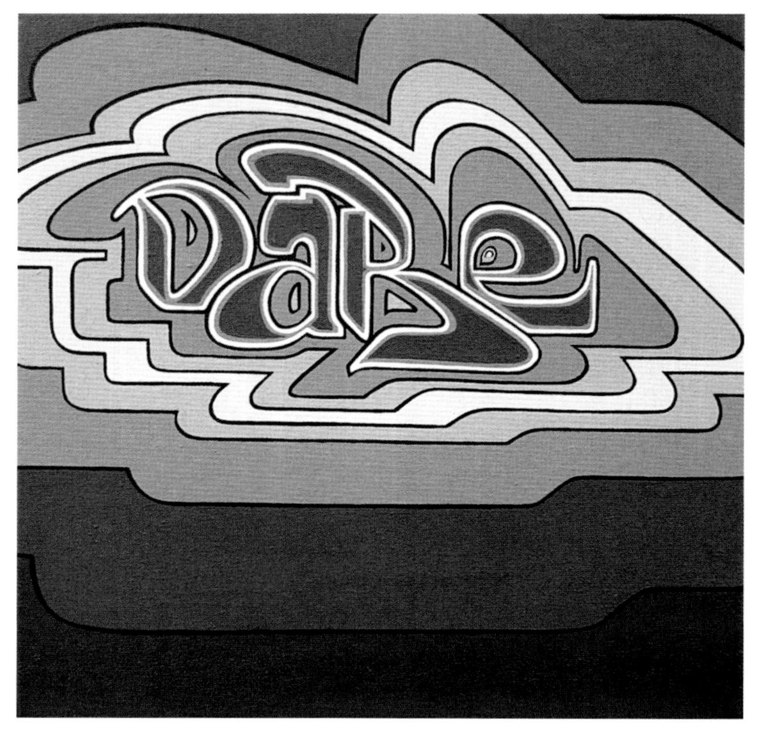
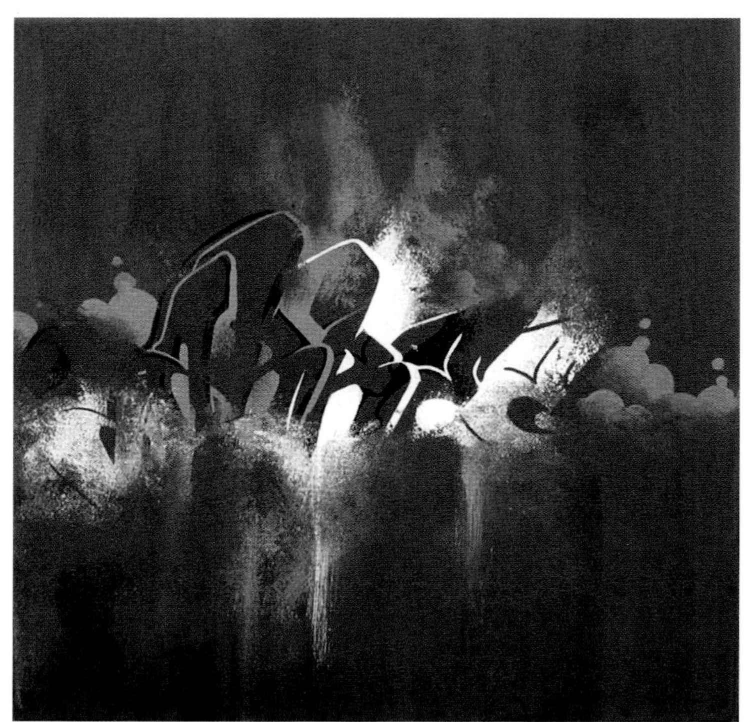
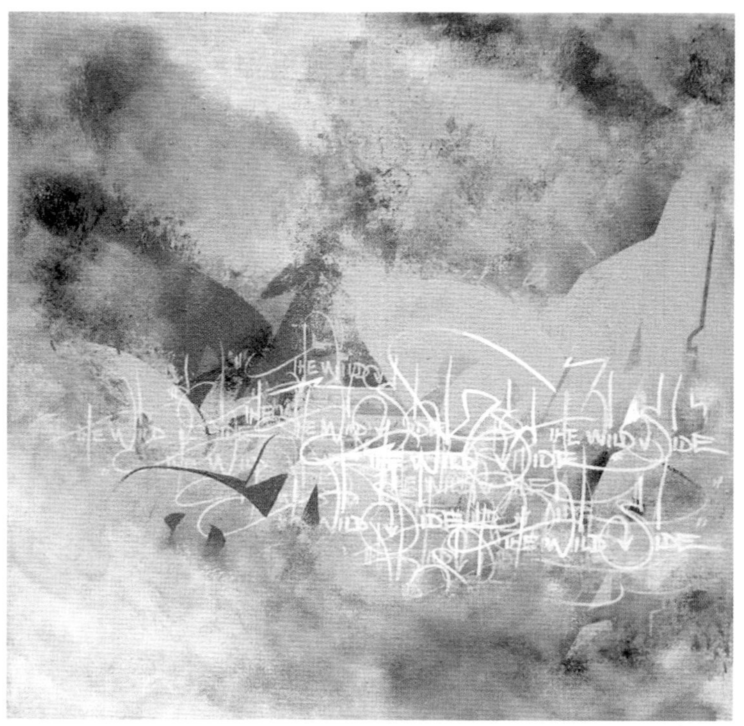
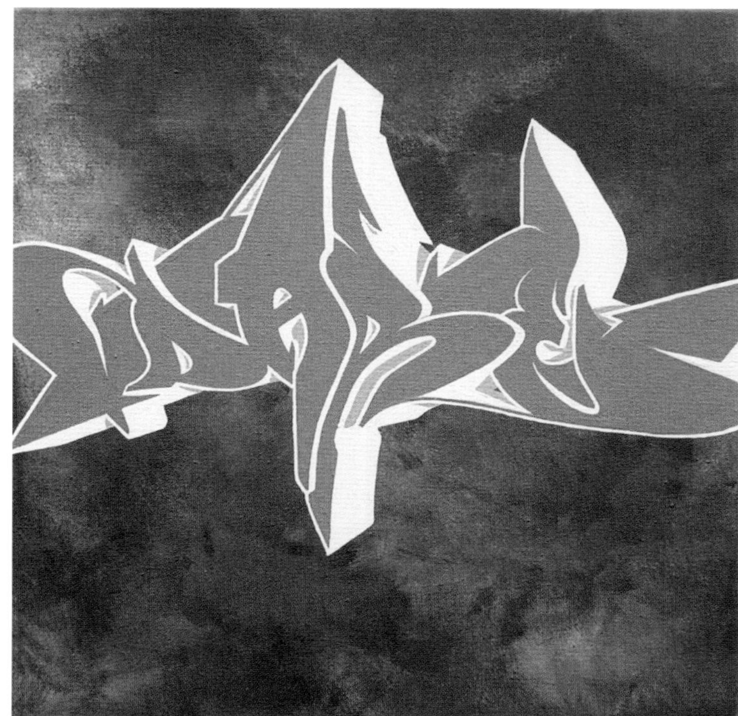

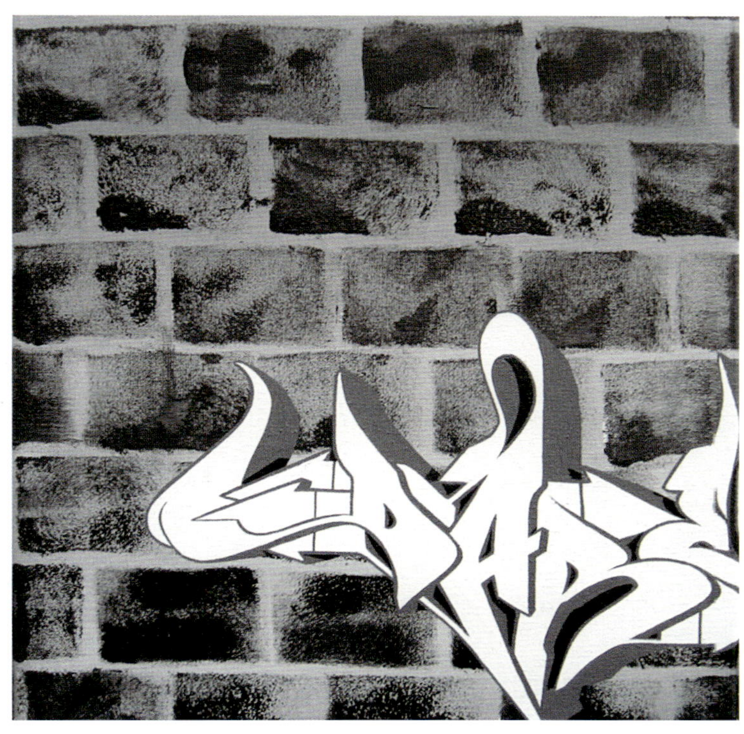
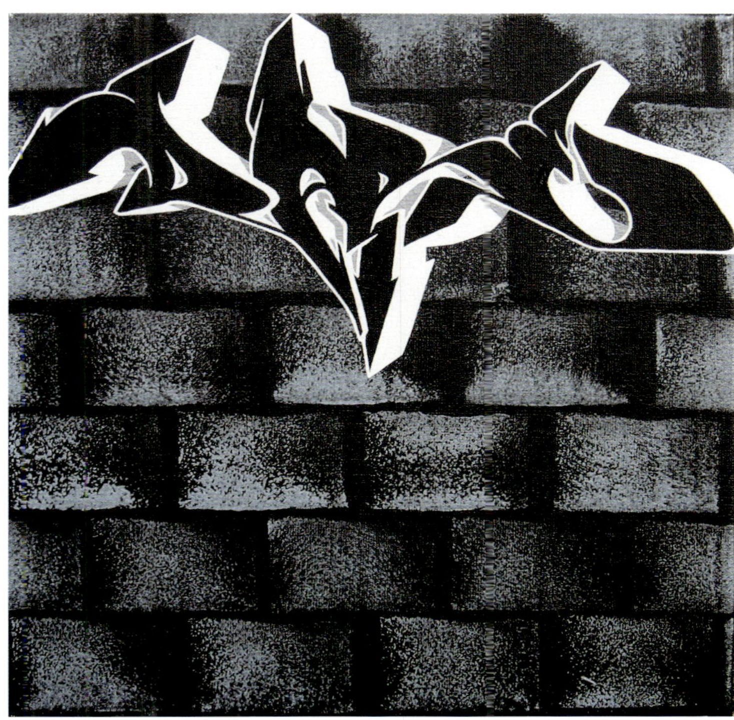
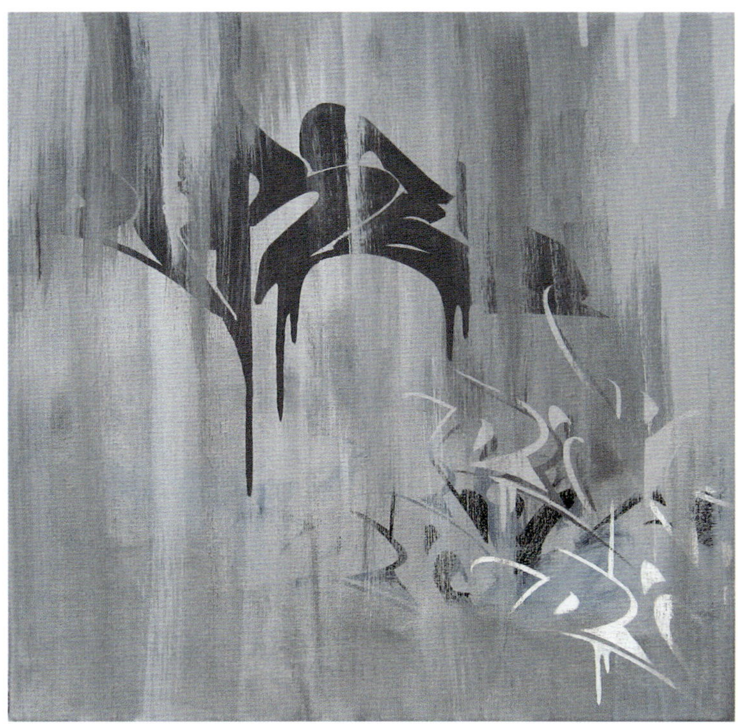
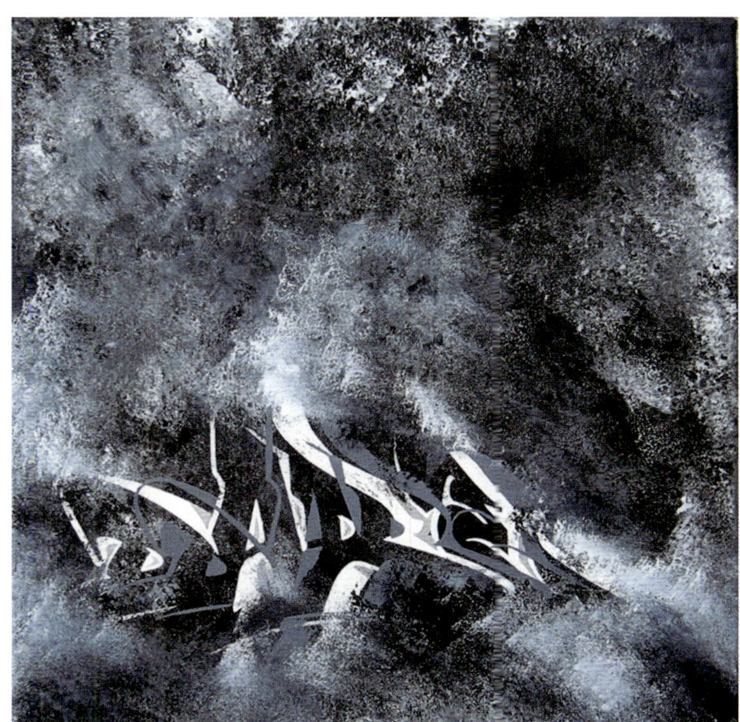

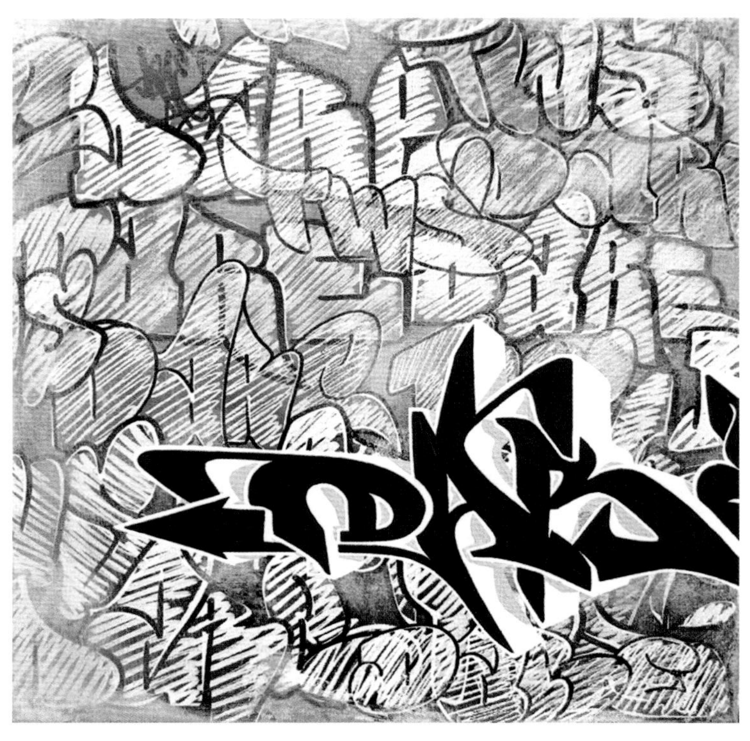
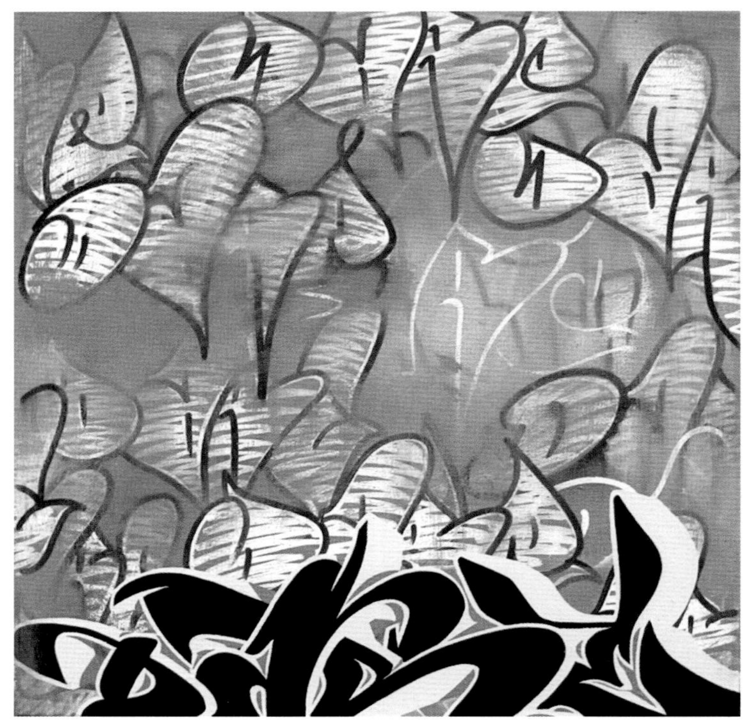
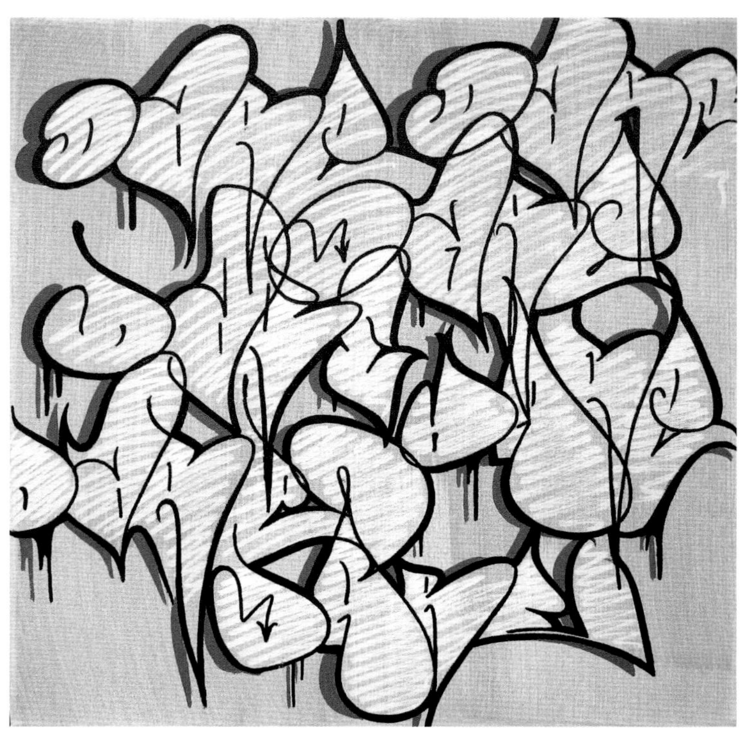
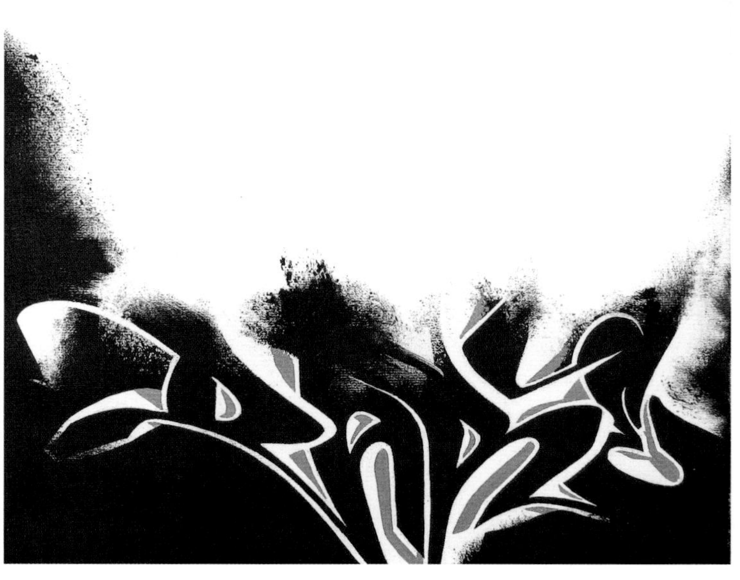

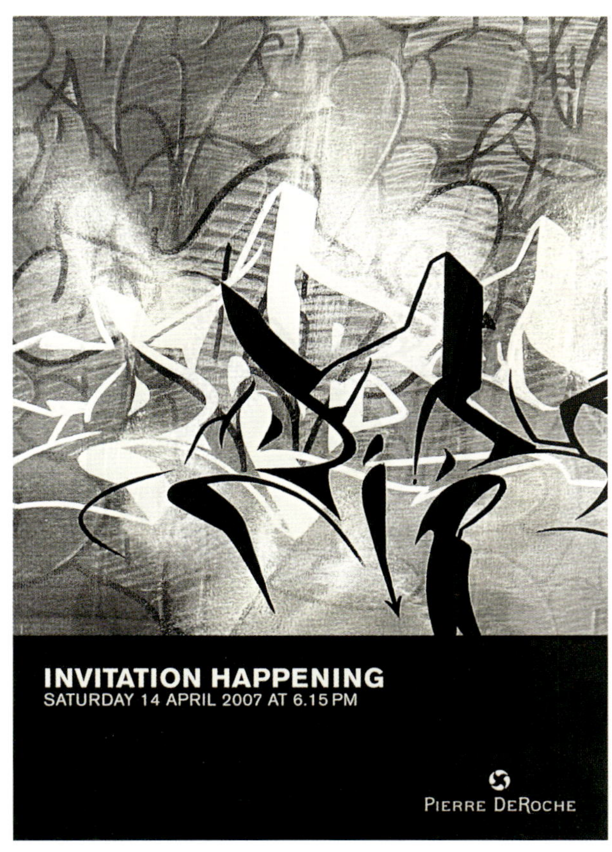

121
Einladung zum Live-Painting mit DARE während der Internationalen
Schmuckmesse *Baselworld* | Invitation to live painting with DARE
during the international jewelry trade fair *Baselworld*, 2007

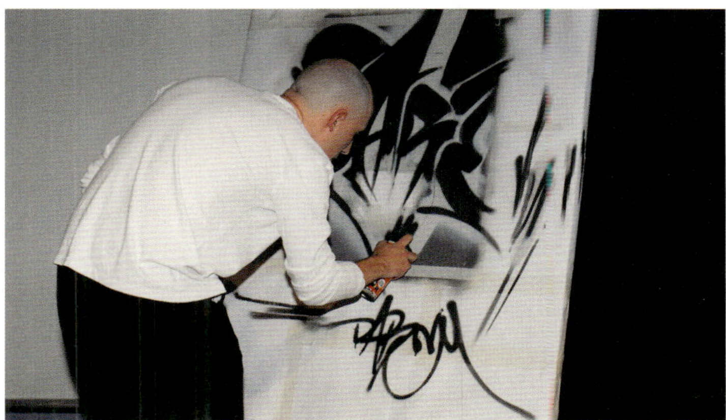

122
DARE beim Live-Painting | DARE during a live painting

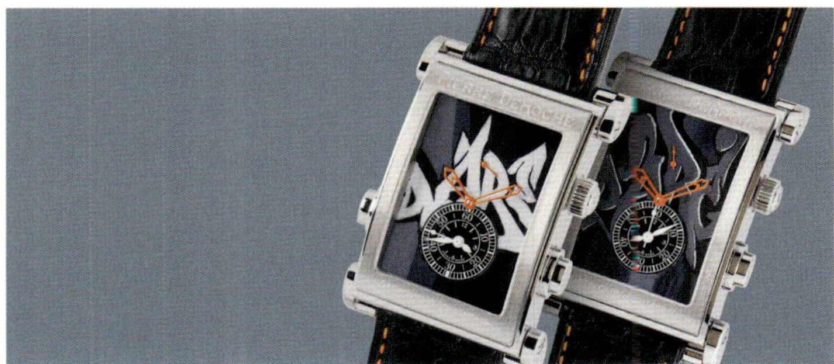

123
Ziffernblattgestaltung von zwei der insgesamt elf *SplitRock-Unikate* der Schweizer
Uhrenmanufaktur Pierre DeRoche | Watch-dial design of two of a total of eleven
SplitRock unique objects for the Swiss watchmaker Pierre DeRoche, 2007

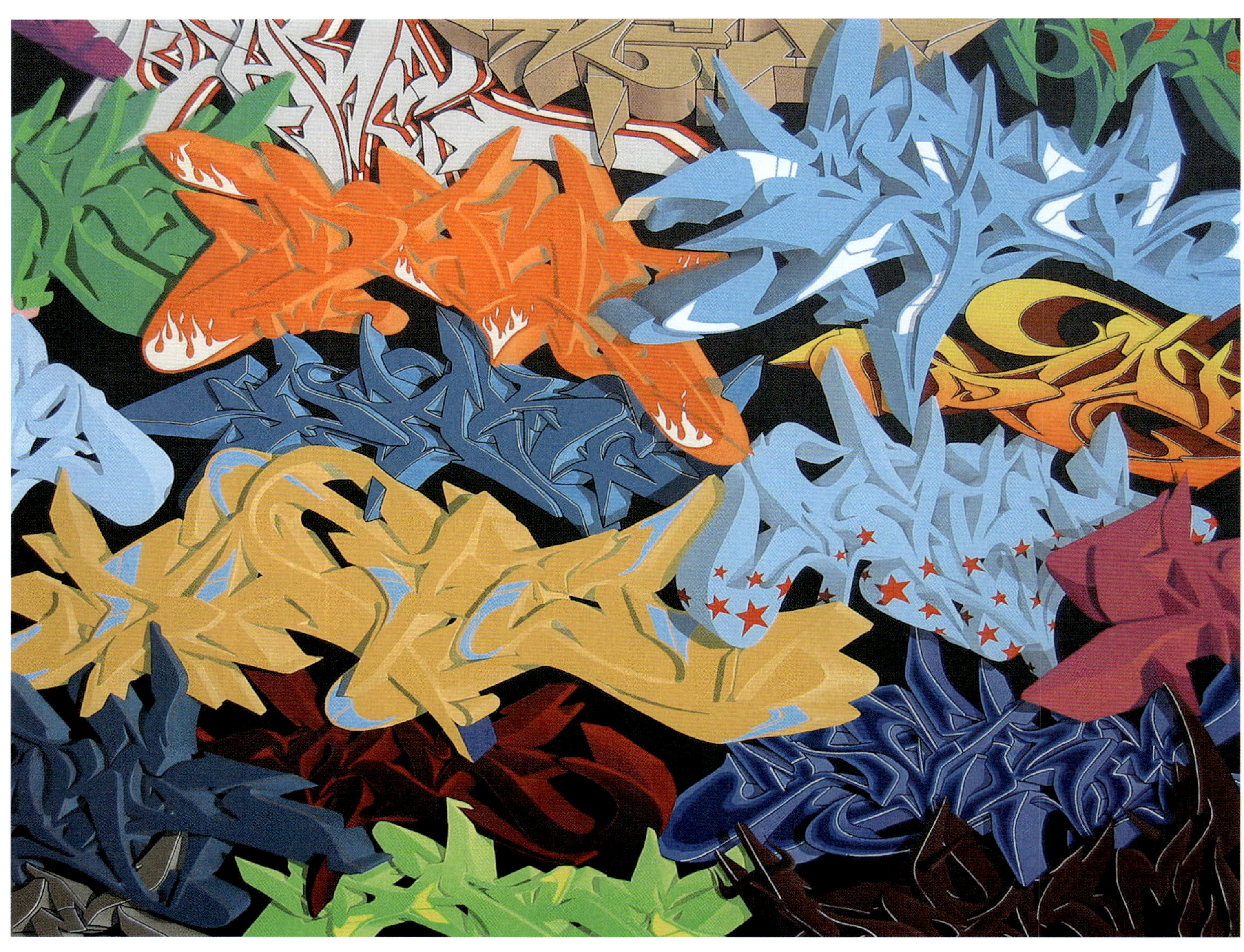

124
Ego, 130 × 150 cm, 2002

DAS ERSTE *EGO* AUS HAMBURG

Die zuletzt in Hamburg präsentierte *Ego*-Leinwand war in doppelter Hinsicht prägend für die weitere Erfolgsgeschichte von Koedings nach der Jahrtausendwende. Zum einen bestätigte sie, dass neunzehn unterschiedlich ausgeführte Aliasnamen auf nicht einmal zwei Quadratmetern Malgrund zusammengedrängt machbar waren, ohne dabei zu verwirren oder zu langweilen; und zum anderen entdeckte der Basler mit dieser Arbeit und weiterführenden Entwürfen die Möglichkeit, sein Pseudonym nicht nur in leselogischer Reihenfolge darstellen zu müssen. Stattdessen konnte er einzelne Lettern auch vollflächig dem Zufallsprinzip folgend einsetzen. Sein Aliasname ließ sich also zu einem lückenlosen Buchstabenteppich verweben, ohne die Erkennbarkeit seiner Handschrift opfern zu müssen. Rückblickend kann man diese Arbeit zu einem seiner ersten Schlüsselwerke auf Leinwand zählen.

Das aus den vier Buchstaben des Künstlerpseudonyms DARE bestehende Wortgeflecht zieht sich als gestalterisches Mittel durch viele Arbeiten von Koedings. Manchmal genügt es sich alleine auf der Leinwand, dann wieder ist der Buchstabenteppich auf gleicher Ebene neben dem eigentlichen, andersfarbigen Namenszug positioniert. Zumeist funktioniert er aber als dezent abgeschwächter oder gar verwaschener Hintergrund, der somit die darübergelegte, dominierende Wortmarke DARE dreidimensional verstärkt. Dieses variable Kompositionsmuster war wunderbar passend, um die Emotionalität respektive Individualität des (un)freiwilligen Einzelgängers, dessen Motto *Einer gegen alle* war, darzustellen.

Bemerkenswert ist, dass von Koeding diese besondere Gestaltungsvariante nie an einer Fassade im Außenbereich realisierte, sondern ausschließlich auf Leinwänden oder anderem Untergrund im Atelier. Offenbar wollte der Künstler diese mit vergleichsweise aufwendiger Arbeitstechnik verbundenen Kompositionen nicht dem Risiko aussetzen, bereits nach nur kurzer Zeit einer Fassadenreinigung oder einem konkurrierenden Graffiti zum Opfer zu fallen.

Zu den wenigen Ausnahmen, die außerhalb des eigenen Studios entstanden sind, gehören eine Arbeit im Museum der bildenden Künste Leipzig sowie die im Jahr zuvor gemalte große *Ego*-Studiowand, die von Koeding im Auftrag von Gunter

THE FIRST *EGO* FROM HAMBURG

The *Ego* canvas most recently presented in Hamburg was crucial in two ways to the history of the artist's continued success after the turn of the millennium. First, it confirmed that it was possible to render his alias in nineteen different ways, squeezed together on a support less than two square meters, without becoming confusing or boring. Second, with this work and subsequent designs, the artist from Basel discovered that he did not have to write his pseudonym following the logic of the direction of reading but could instead employ the principle of chance to single letters filling the canvas. His alias could then be woven into a seamless tapestry of letters without sacrificing the recognizability of his signature. In retrospect, this work can be seen as one of his first major works on canvas.

The weave of words composed of the four letters of the artist's name DARE is a device that runs through many of von Koeding's works. Sometimes, it alone suffices on the canvas; then again, the tapestry of letters is on the same level as the name itself in a different color. Usually, however, it functions as a discreetly toned- or even watered-down background, which thus reinforces in three dimensions the word mark DARE that dominates above it. This variable compositional pattern was wonderfully suited to rendering the emotionality or individuality of the (in)voluntary loner whose motto was *One against All*.

It is noteworthy that von Koeding never used this particular variant outdoors on a façade but only on canvases or other supports in the studio. Apparently, the artist did not want to risk these compositions based on a comparatively labor-intensive technique falling victim to a façade cleaning or competing graffiti.

The few exceptions produced outside his own studio include a work in the Museum der bildenden Künste in Leipzig and the large *Ego* studio wall that painted one year earlier to a commission from Gunter Sachs directly in the latter's apartment in Velden Castle on Lake Wörther. This interior design was realized with his

Sachs direkt vor Ort in dessen Apartment im Schloss Velden am Wörthersee schuf. Dieses gemeinsam mit seinem Kollegen TOAST realisierte Innendesign, das 2007 in einem Mix aus figurativen Elementen und Buchstabenkonglomeraten über eine Gesamtwohnfläche von rund 200 Quadratmetern hinweg entstand, beschrieb der US-amerikanische Künstler Erni Vales als „Eine der besten Wohninstallationen, die ich je gesehen habe, und die Kunst fügt sich organisch in den Raum ein."[19]

colleague TOAST in 2007 in a mix of figurative elements and conglomerates of letters throughout the residence of around 200 square meters; the American artist Erni Vales described it as "one of the best residential installations I have ever seen and the art works organically with the space."[19]

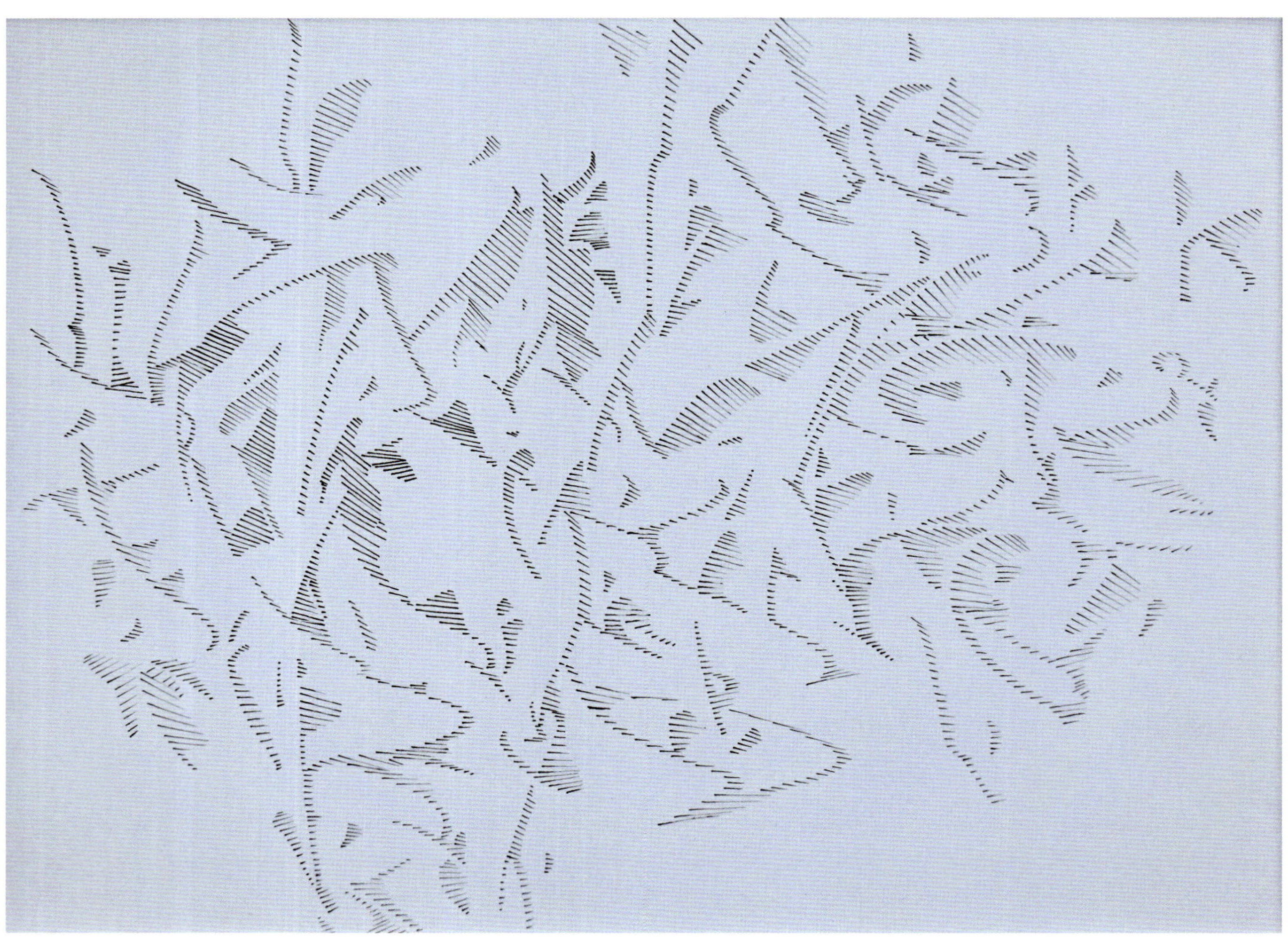

125
Ego-Sketch als Vorstudie | *Ego-sketch* as preliminary study, 33 × 47 cm, 2004

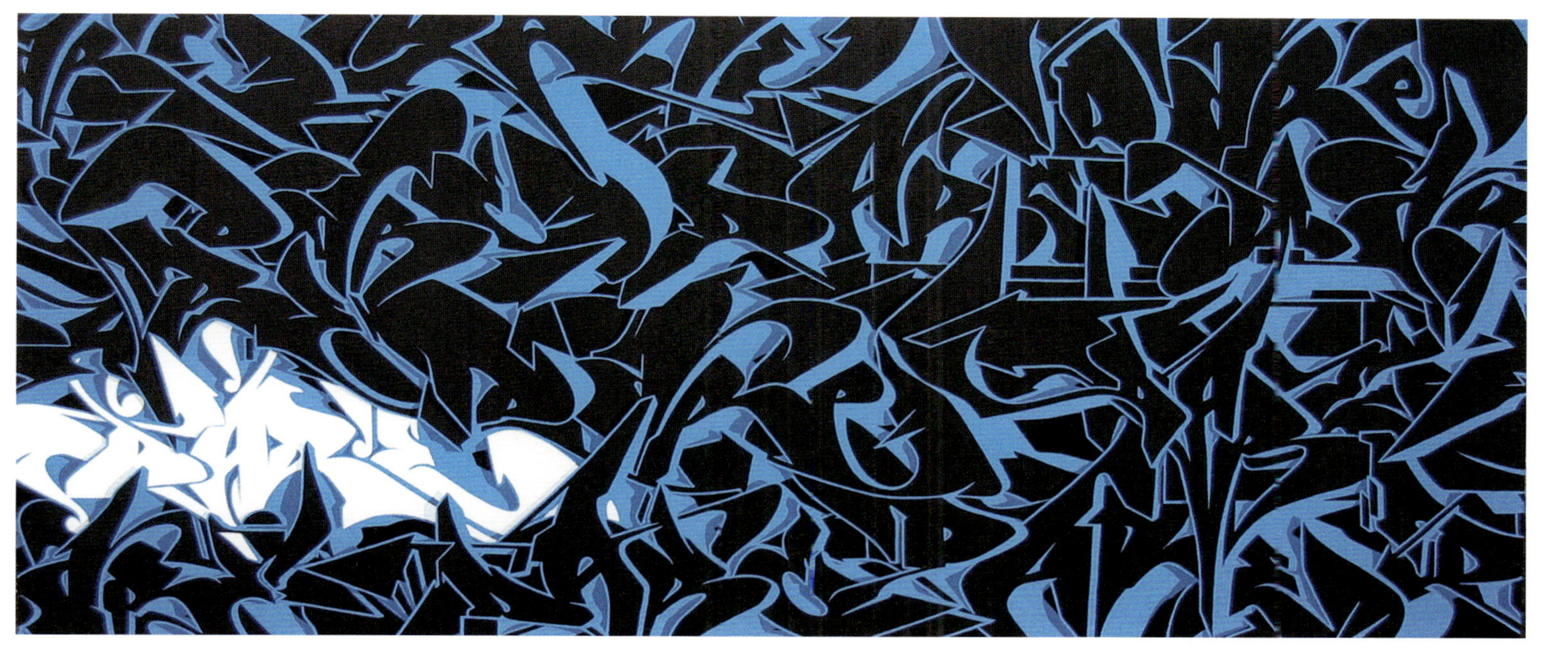

126
Alone, 60 × 140 cm, 2005

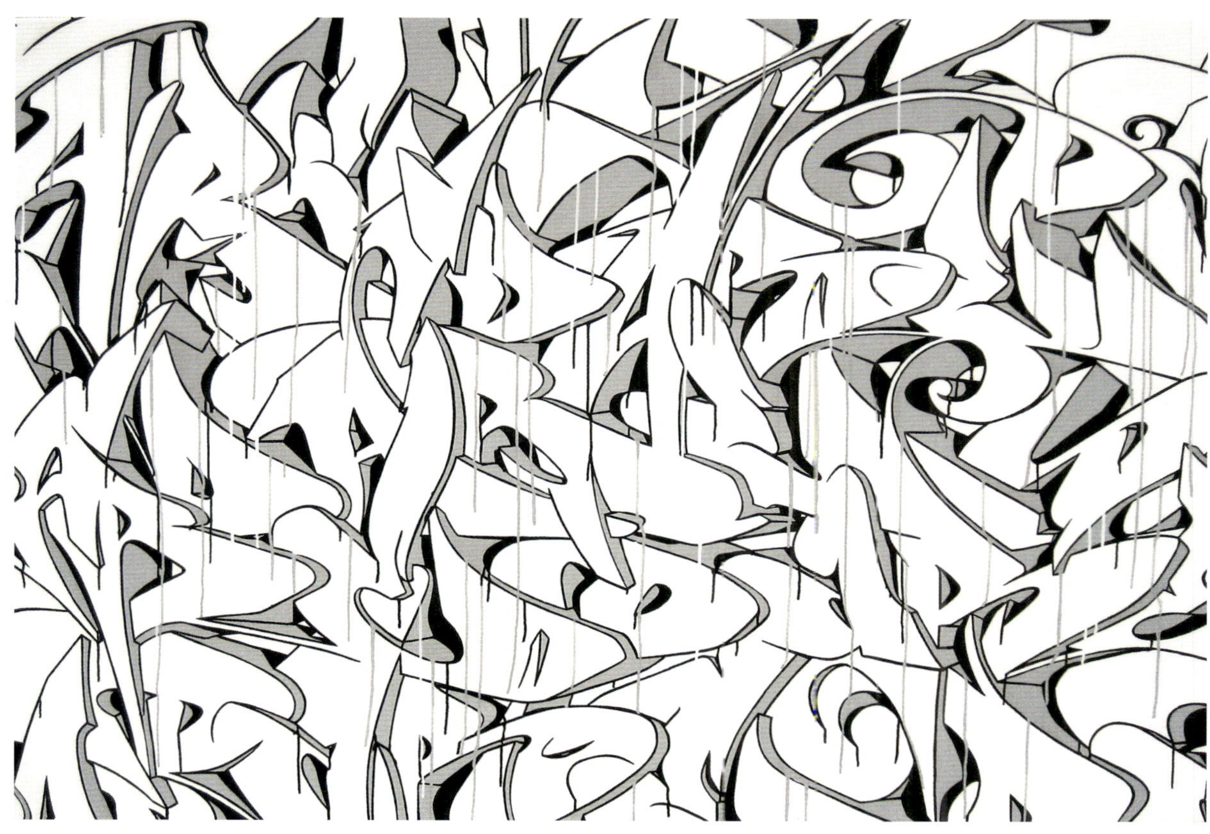

127
Egorcin, 130 × 190 cm, 2007

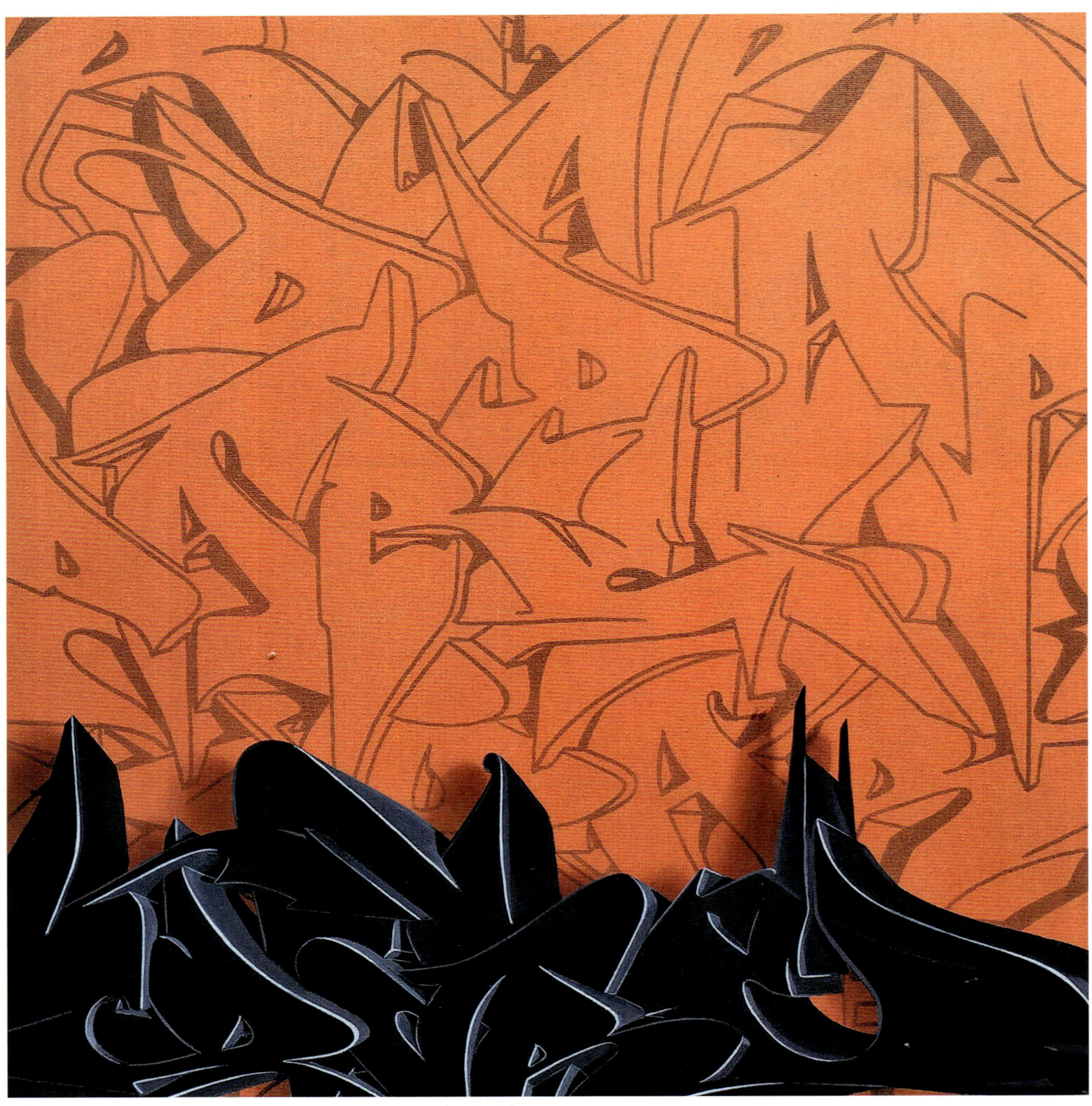

128
Black sheep, 50 × 50 cm, 2009

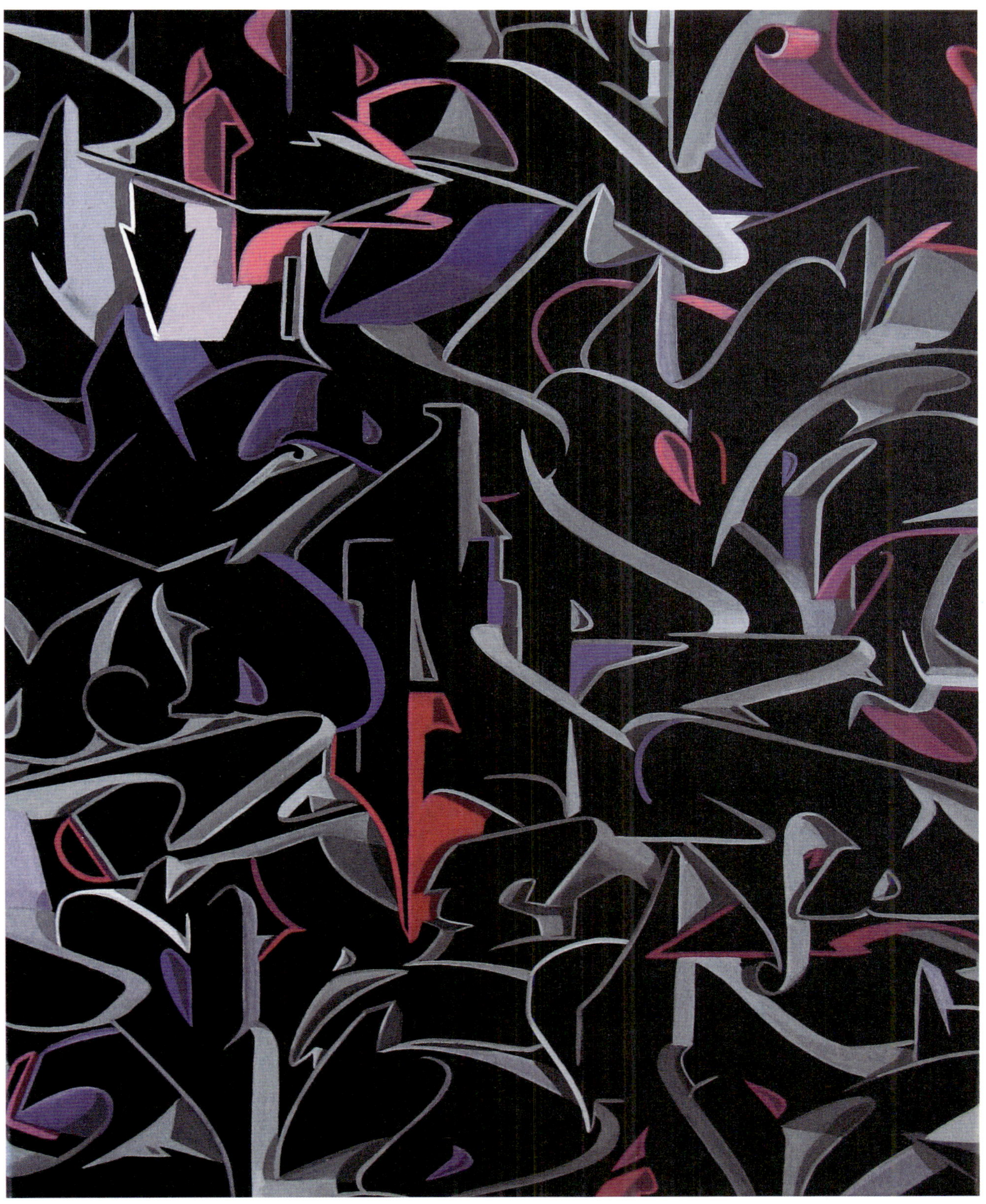

129
Miami ego, 50 × 40 cm, 2009

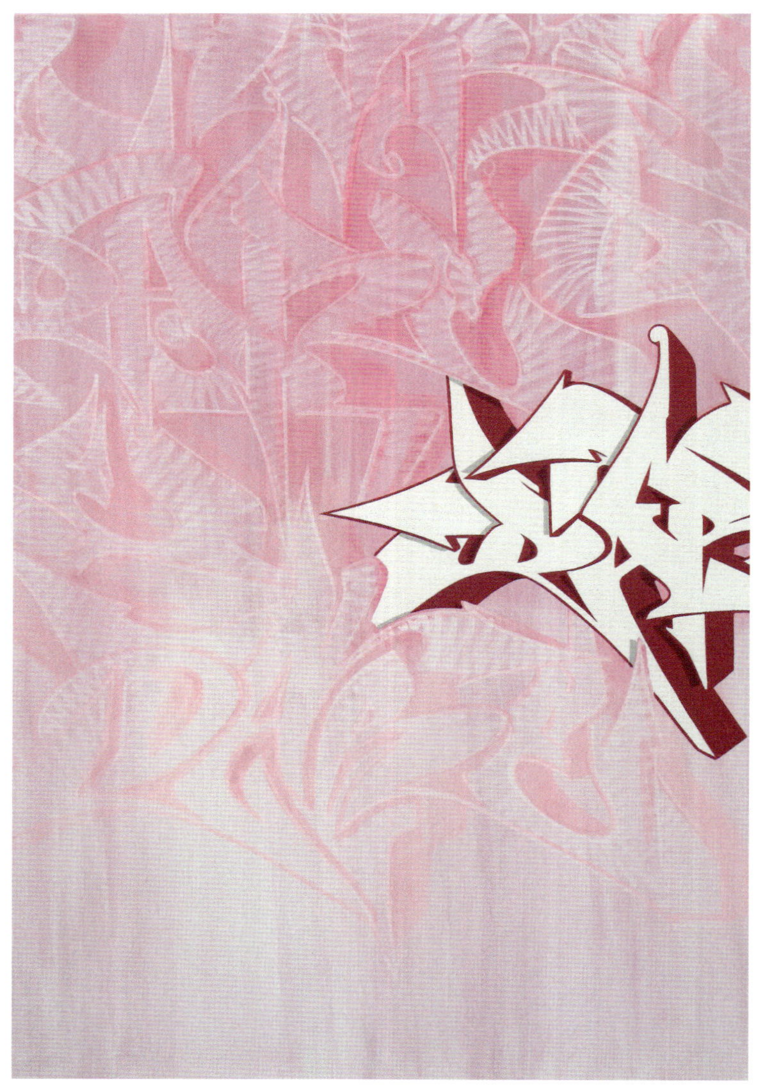

130
Playin' rose, 120 × 80 cm, 2009

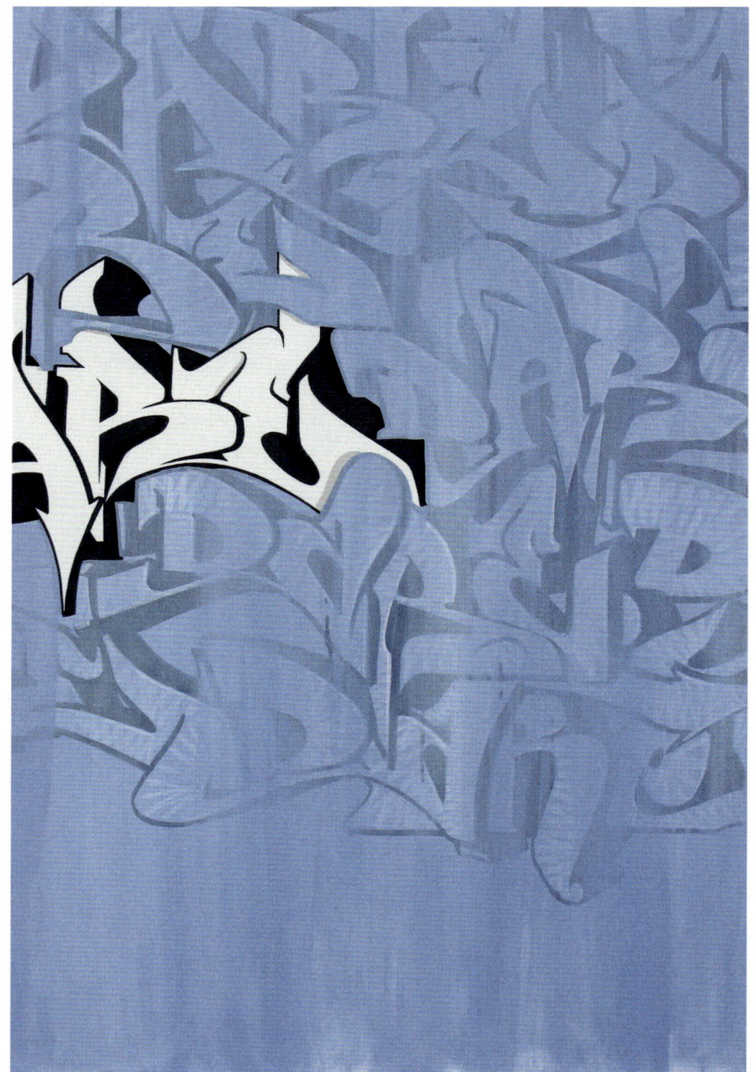

131
Playin' blue, 120 × 80 cm, 2009

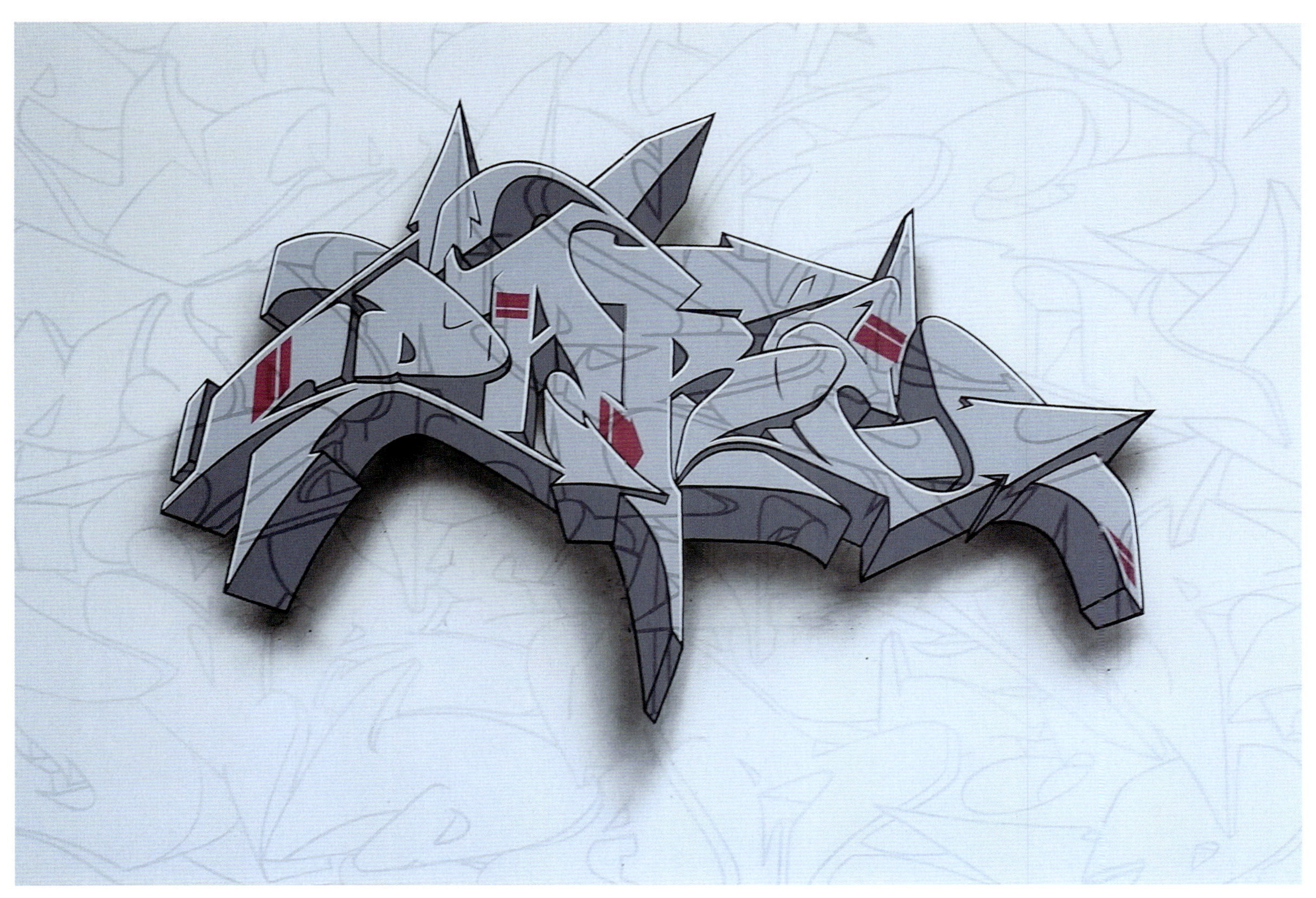

132
Out of ego, 80 × 120 cm, 2009

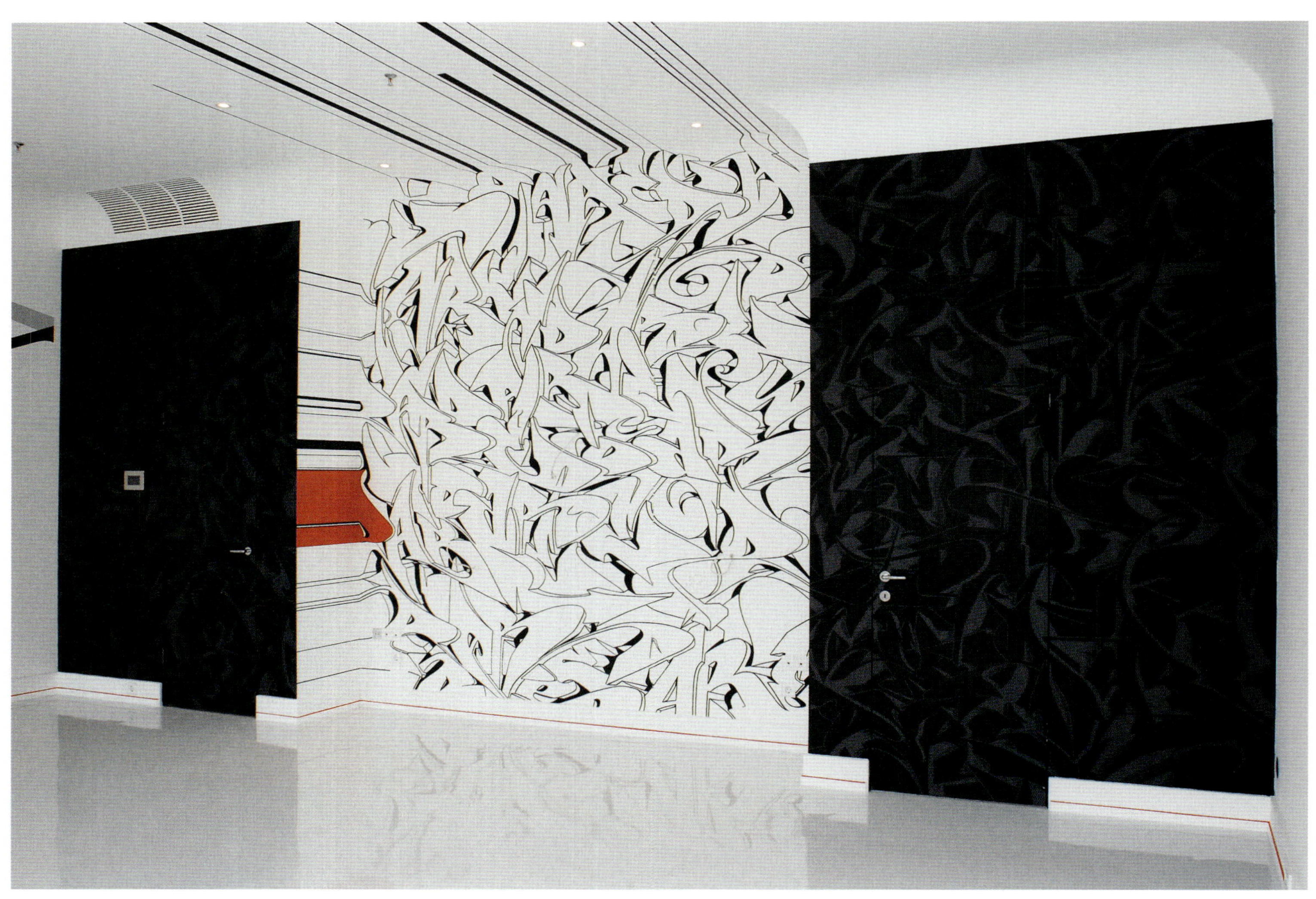

133
Wand im Sachs-Apartment | Wall of the Sachs apartment in Velden Castle, 2007

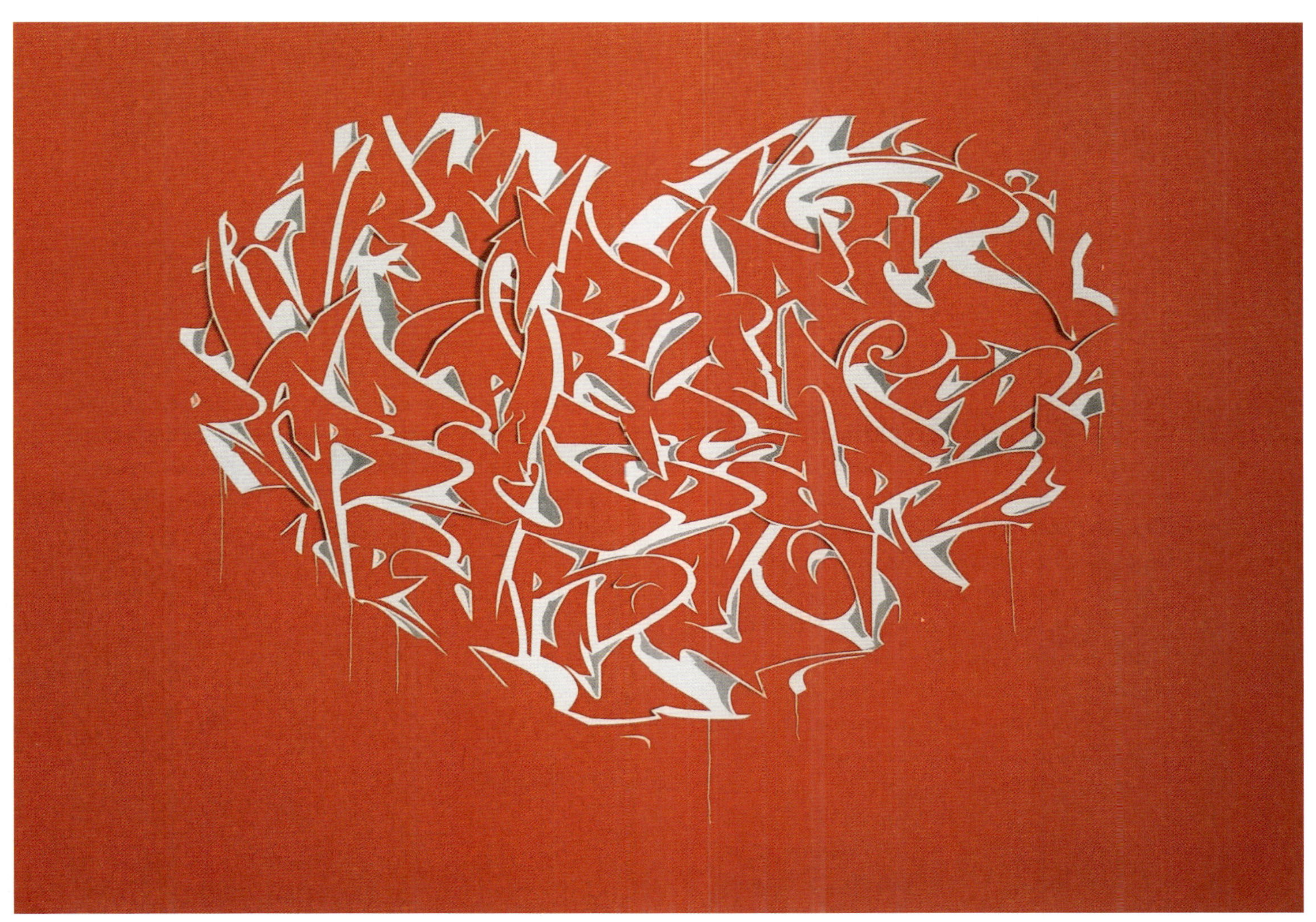

134
My pulse, 400 × 600 cm, Museum der bildenden Künste Leipzig, 2008

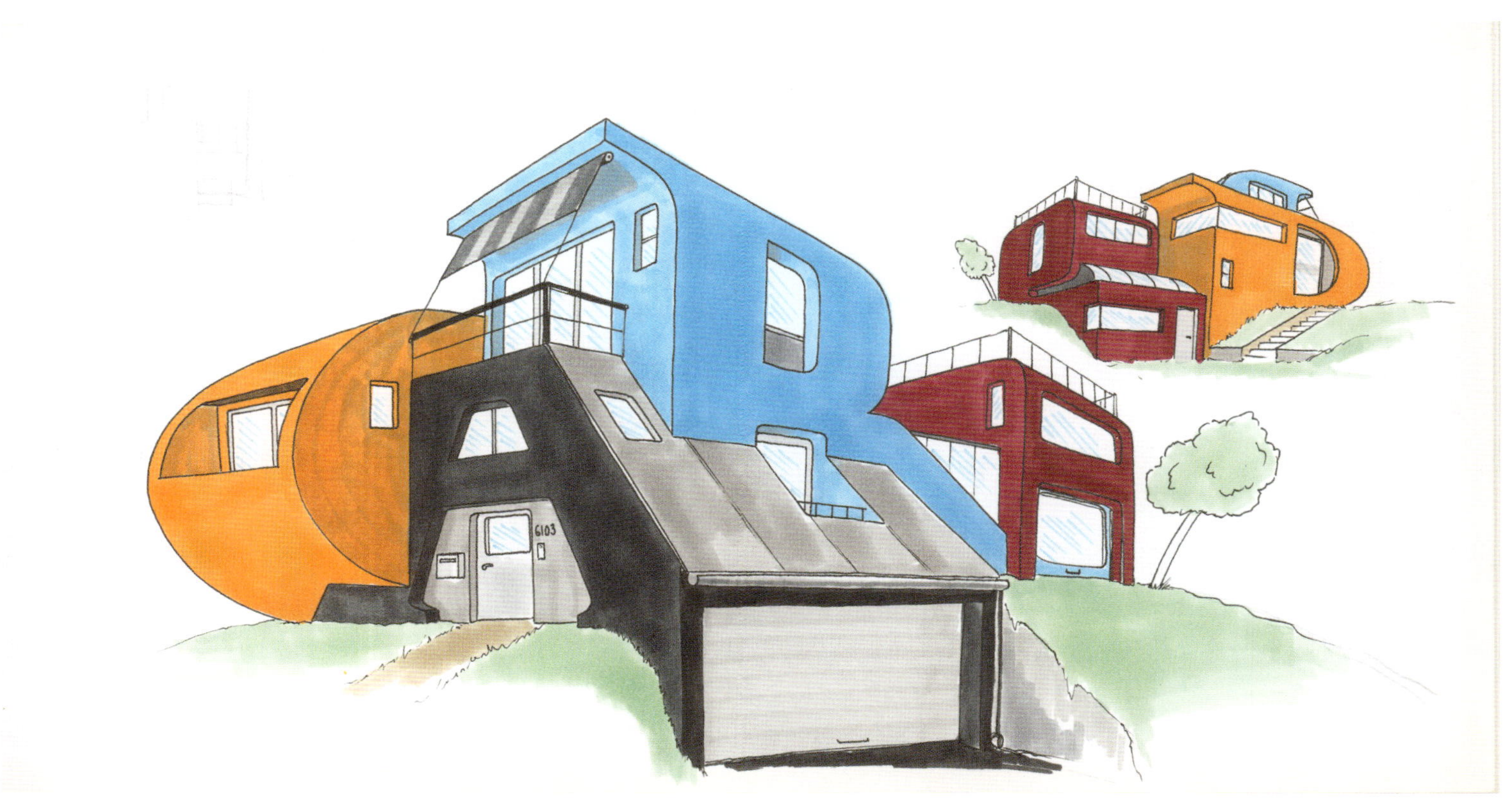

135
House of DARE, 21 × 39 cm, 2003, Skizzen- und Gästebuch | sketch- and guest book, 2002/03

DAS *HOUSE OF DARE* ALS LANDMARKE

Die Skizze vom *House of DARE* entstand zum Jahresbeginn 2003, wenige Monate nach der letzten *Urban Discipline* als Auftakt einer Reihe von Arbeiten, die sich in unregelmäßigen Zeitabständen wiederkehrend mit dem Thema Architektur und Städtebau auseinandersetzten. Der Entwurf, den von Koeding aus zwei genau entgegengesetzten Perspektiven am Dreikönigstag in sein Skizzenbuch zeichnete, lässt bezüglich der Buchstabenanordnung und ihrer unterschiedlichen Farbgebung viele Interpretationsmöglichkeiten zu. Offensichtlich für den Betrachter ist aufgrund der vertikal gestaffelten Baukörper allerdings die Assoziation mit einer Burg als markantes, freistehendes Anwesen und von Weitem erkennbar, zugleich als Ausgangspunkt und Zufluchtsort gedacht, der sowohl eine machtvolle als auch schützende Attitüde vermittelt. Es liegt nahe anzunehmen, dass von Koeding genau in einem solchen Domizil hätte wohnen wollen.

Bemerkenswert bei dem Entwurf aus beiderseits stark verzerrter Perspektive ist dessen tatsächliche Eignung als Basis einer weiterführenden, maßstabsgerechten und damit auch realisierbaren Planung. Wenn sich also jemals so etwas wie eine lesbare *Buchstaben-Architektur* in der Realität durchsetzen sollte, dann hätte sie wohl der Basler Graffiti-Sprayer mit dieser Zeichnung seines persönlichen Wunschhauses erfunden.

Weitaus weniger Realitätsbezug als das *House of DARE* besitzen die vier Darstellungen futuristisch anmutender Hochhaussilhouetten aus den Folgejahren, die nicht skizziert, sondern weitaus aufwendiger und jeweils paarweise auf Leinwand umgesetzt sind. Der von Koeding offenbar so empfundene Kontrast einer Großstadt zwischen Tag und Nacht im Bilderduo *Darecity* und *Dareville* wirkt mit den zu Buchstaben gebogenen Wolkenkratzern und einer im hoch verdichteten Großstadtdschungel verschwindenden Straße geheimnisvoll. Bei dem Bildpaar *Urban Dare I* und *Urban Dare II*, das einen weit geringeren Detaillierungsgrad aufweist, verwandelt sich die ohnehin schon schlichte Stadtlandschaft in eine noch schmucklosere, durchweg betongrau gehaltene City. Diese steht als lebensfeindlich wirkende Ruine für die Tristesse menschenleerer, sterbender Innenstädte. Auch hier fehlt jeglicher Hinweis auf Natur oder gar menschliche Existenz, nirgendwo ist eine einzige Pflanze zu entdecken. Im Gegensatz zum *House of DARE* bleibt die Farbe Grün völlig ausgespart.

THE *HOUSE OF DARE* AS LANDMARK

The sketch for *House of DARE* was made at the beginning of the year 2003, a few months after the final *Urban Discipline*, as the prelude to a series of works at irregular intervals addressing the themes of architecture and urban planning. The plan that von Koeding drew in his sketchbook on the Feast of the Epiphany from two precisely opposite perspectives is open to many possible interpretations in terms of the arrangement of the letters and their different colors. For the viewer, the association of the vertically terraced volume of the building with a fortress is clear: a striking, freestanding manor that is recognizable from afar and conceived as a starting point and refuge at the same time, conveying both a powerful and protective manner. It is reasonable to assume that von Koeding would have liked to live in just such a residence.

The design has perspectives that are highly distorted from both sides and is striking for being used as the basis for an ongoing planning that is true to scale and hence implementable. If something like this legible *letter architecture* could be made reality, then the graffiti artist from Basel had presumably invented his personal dream house with this drawing.

Four silhouettes of futuristic-looking high-rises from the years that followed have much less connection to reality than *House of DARE*; they are not sketched but rendered on canvas in pairs with far more elaborate technique. In the paintings *Darecity* and *Dareville*, von Koeding depicted a contrast he clearly felt between the metropolis by day and at night, full of mystery with skyscrapers bent into letters and a street that vanishes in the dense jungle of the city. The pendants *Urban Dare I* and *Urban Dare II*, which are far less detailed, transform the already rather simple cityscape into an even less adorned city in concrete gray. This ruin that seems hostile to life stands for the sadness of abandoned, dying inner cities. Here too there are no references to nature or even human existence, not a single plant to be discovered. In contrast to the *House of DARE*, the color green is left out entirely.

Im größten Format dieser Motivserie scheint beim *My ville* als vergleichsweise bunt angelegte Einzelarbeit die Welt wieder in Ordnung zu sein. Das liegt womöglich auch daran, dass die Namen einiger Weggefährten von Koedings wie ein Suchspiel an den Gebäudefassaden versteckt sind. Individualität und Vielseitigkeit statt Monotonie werden zudem durch verschiedene Variationen von Baukörperformen zum Ausdruck gebracht. Diese Arbeit diente als Vorlage für den Gestaltungsentwurf eines Besprechungszimmers für einen Industrieanlagenhersteller, der allerdings nicht realisiert wurde.

Nach den Arbeiten zum Wunschhaus und zu futuristischen Skylines, denen allesamt die vier Buchstaben seines Aliasnamens zugrunde liegen, fand von Koedings bildliche Auseinandersetzung mit der Formensprache des urbanen Raumes zuletzt noch aus der Vogelperspektive statt. Von oben, wie auf einen Stadtplan hinabschauend, entdeckte der Künstler das urbane Wegenetz als potenzielle Inspirationsquelle. Die Idee bestand darin, die zumindest in den USA meist streng gerasterten Straßenlinien mit geschwungener Linienführung zu verändern. Während bei *District A* in drei Schichten zunächst ein scheinbar unbearbeitetes Straßenraster, dann ein schwungvolles Pseudonym und zuletzt noch ein typografisch streng ausgeführter, dominierender Großbuchstabe A in Grün aufeinandergelegt sind, ist in den beiden Umsetzungsvarianten von *Plan D*[20] der Aliasname bereits integrierter Bestandteil des Stadtplans. Die bildhafte Manipulation – oder vielleicht sogar Korrektur? – des städtischen Wegenetzes mit dem Pseudonym DARE wirkt wie das Resultat eines kraftvoll aufgedrückten Signetstempels, der bei den hier genannten Beispielen erst bei größerem Abstand zu entziffern ist. Bei diesen Arbeiten fallen der Grünflächenanteil und dessen räumliche Zuordnung ebenso auf wie die versteckten kleinen Ovale; diese können als Hinweis auf ein Stadion und damit die Fußballleidenschaft des Künstlers gesehen werden. Offenbar suchte von Koeding mit den ihm zur Verfügung stehenden malerischen Mitteln der urbanen Anonymität entgegenzutreten, um sich selbst *seinen* Plan beziehungsweise seinen persönlichen Platz in vertrauter Umgebung mit Grünanlagen und Wasserflächen zu verschaffen.

Beeindruckend ist daher sein Resümee im letzten Ausstellungsjahr 2009: „Als Graffiti-Writer habe ich schon immer mit Stadtplänen zu tun gehabt, um in der Fremde die besten Hot-Spots zu finden. Kurios daran ist, dass ich bisher nie einen Plan

In the largest format in this series of motifs, *My ville*, a comparatively colorful unique work, the world seems to be back in order. That is perhaps in part because the names of several of von Koeding's colleagues are hidden on building façades as if in a word-search puzzle. Individuality and diversity rather than monotony are also expressed in the varied forms of the building volumes. This work served as a model for a design sketch for a meeting room for an industrial plant manufacturer, but it was never realized.

After these works on his dream house and on futuristic skylines, all of which were based on the four letters of his alias, von Koeding's visual engagement with the formal language of urban space continued from a bird's eye view. From above, as if looking down at a map, the artist discovered the urban street network as a potential source of inspiration. The idea was to change the lines of streets, which in the United States at least are strict grids, into curved lines. Whereas *District A* at first appears to superimpose three layers of an unmodified street grid, then a curving pseudonym, and finally a typographically austere, dominant capital A in green, his alias is already integrated as a component of the map in both variants of *Plan D*.[20] The visual manipulation—or perhaps even correction?—of the urban street network with the pseudonym DARE looks like the result of a forcefully applied signet stamp, which in the examples named here can only be decoded at a greater distance. In these works, one is struck by the percentage of greenspace and its arrangement as well as by small, hidden ovals, which could be seen as a stadium and hence as a reference to the artist's passion for soccer. Von Koeding was clearly trying to use the artistic means available to him to counter urban anonymity in order to create *his* map or his personal place in familiar surroundings with greenspaces and bodies of water.

This makes his summary in the final year of his exhibitions, 2009, impressive: "As a graffiti writer, I have always had to deal with maps to find the best hot spots in unfamiliar cities. The curious thing about it is that I had until now I had never had a plan where things would go

hatte, wohin es mit mir selber gehen würde. Ich hatte niemals einen Plan A, geschweige denn einen Plan B. Dennoch kann ich voller Stolz behaupten: Ich hatte immer einen Plan D, einen Plan DARE."[21]

Vor dem Hintergrund des in der Graffiti-Szene weit verbreiteten Mottos *Reclaim the City* ist es rückblickend nicht überraschend, dass sich von Koeding in seinem Atelier Gedanken zum Wunschhaus machte (*Wo komme ich her?*) und sich darüber hinaus mit Fragen wie *Wem gehört die Stadt?* und *Wo will ich eigentlich hin?* auseinandersetzte. Es mag eine gewisse Ironie darin liegen, dass er zu Beginn seiner Graffiti-Karriere im urbanen Raum die anfängertypische Phase der Reviermarkierungen mit Marker und gekritzelten kleinen Tags, die oft mit Jugendgang-Allüren in Verbindung stehen, weitgehend übersprungen hatte. Nun aber im fortgeschrittenen Stadium seiner Karriere ordnete er zumindest auf der Leinwand gleich die komplette Skyline und das Verkehrsnetz ganzer Städte seinem Pseudonym malerisch dominant unter und demonstrierte damit augenzwinkernd den räumlichen Machtanspruch eines Sprayers.

with me. I never had a Plan A much less a Plan B. Nevertheless, I can assert with great pride: I always had a Plan D, a Plan DARE."[21]

Against the backdrop of the motto *Reclaim the City*, which is widespread on the graffiti scene, in retrospect it is not surprising that in his studio von Koeding thought about his dream house (*Where I am from?*) and also questions such as *To whom does the city belong?* and *Where do I really want to go?* There may be a certain irony that in the beginning of his graffiti career he had larger skipped over the phase of marking territory that is typical of the beginner as well as scribbled small tags, which are often connected to the allure of youth gangs. Now, however, in an advanced stage of his career, he subordinated, at least on canvas, the complete skyline and street network of entire cities to his artistically dominant pseudonym and thus demonstrated with a wink of the eye a writer's claim to power over a space.

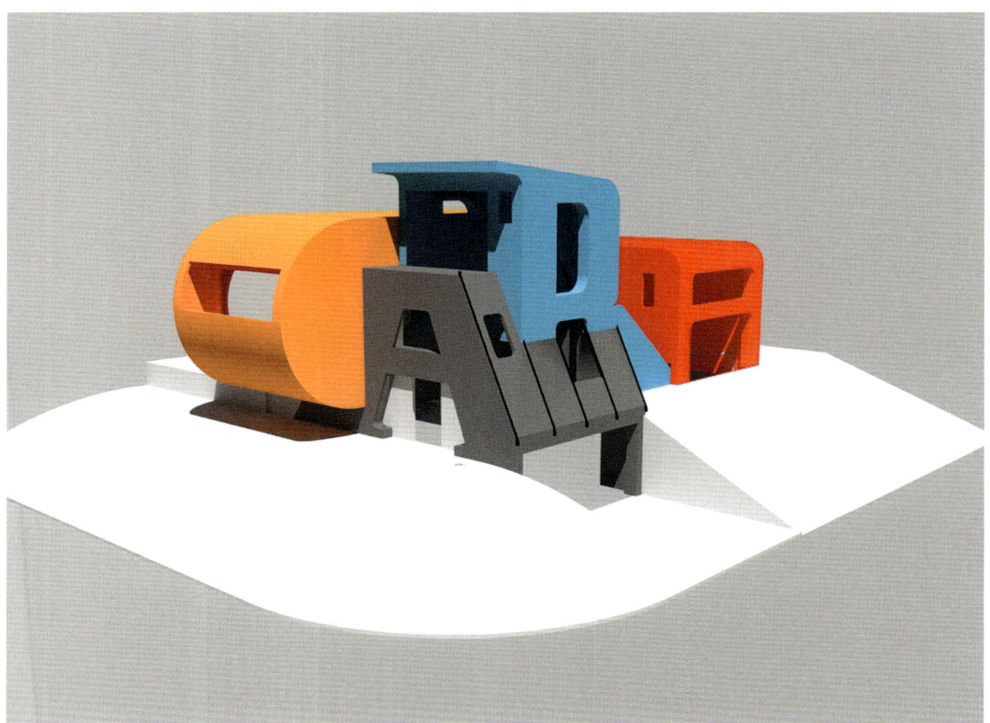

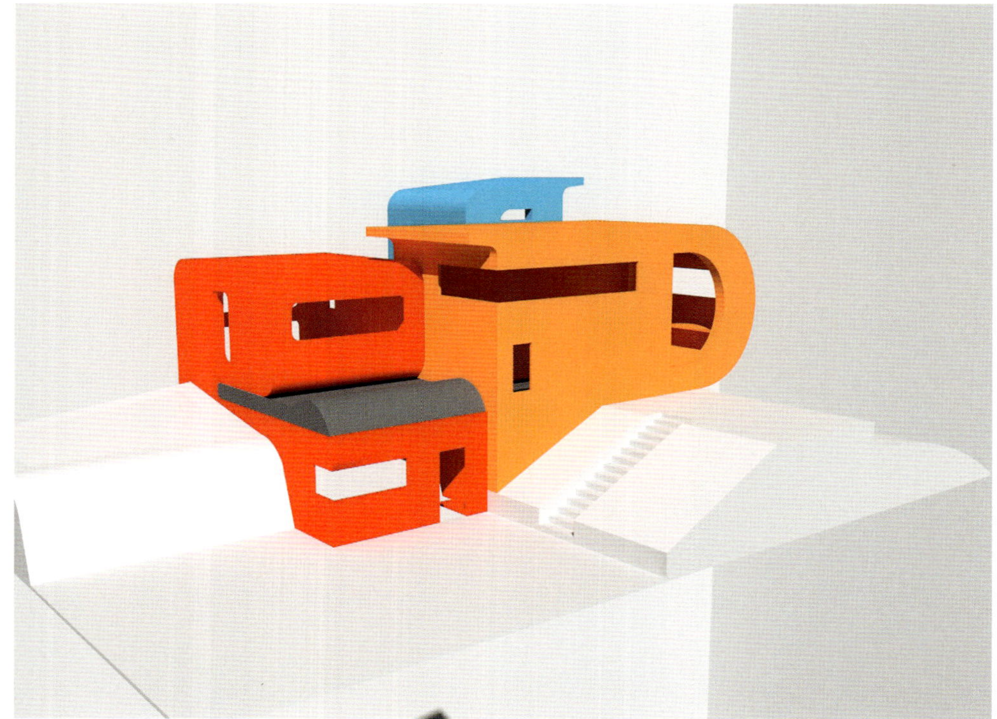

136+137
House of DARE CAD-Umsetzung |
CAD rendering, 2021

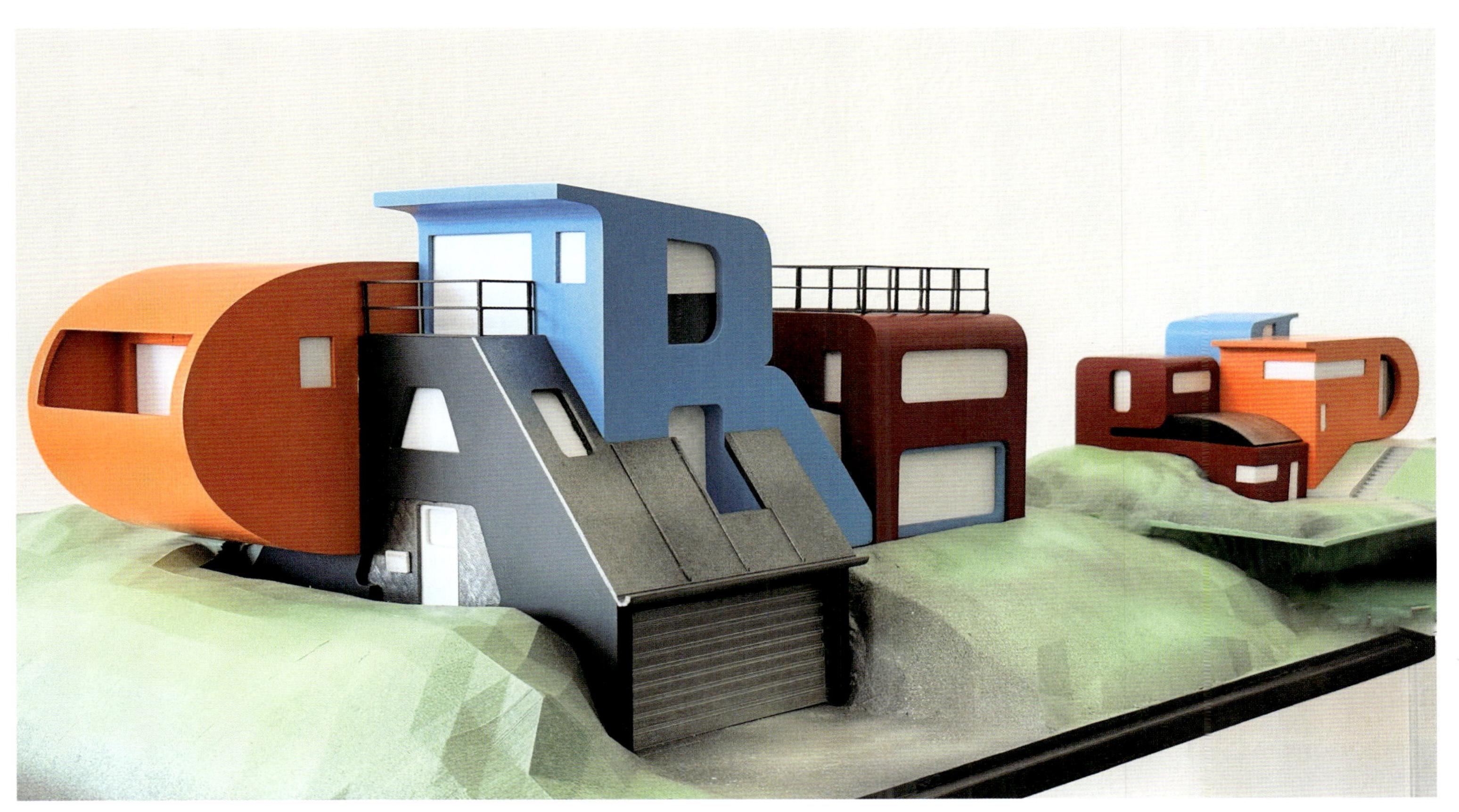

138
Modelle vom *House of DARE*, M. 1:50 (vorne) und M. 1:100 | Models of House of DARE, scale 1:50 (front) and scale 1:100

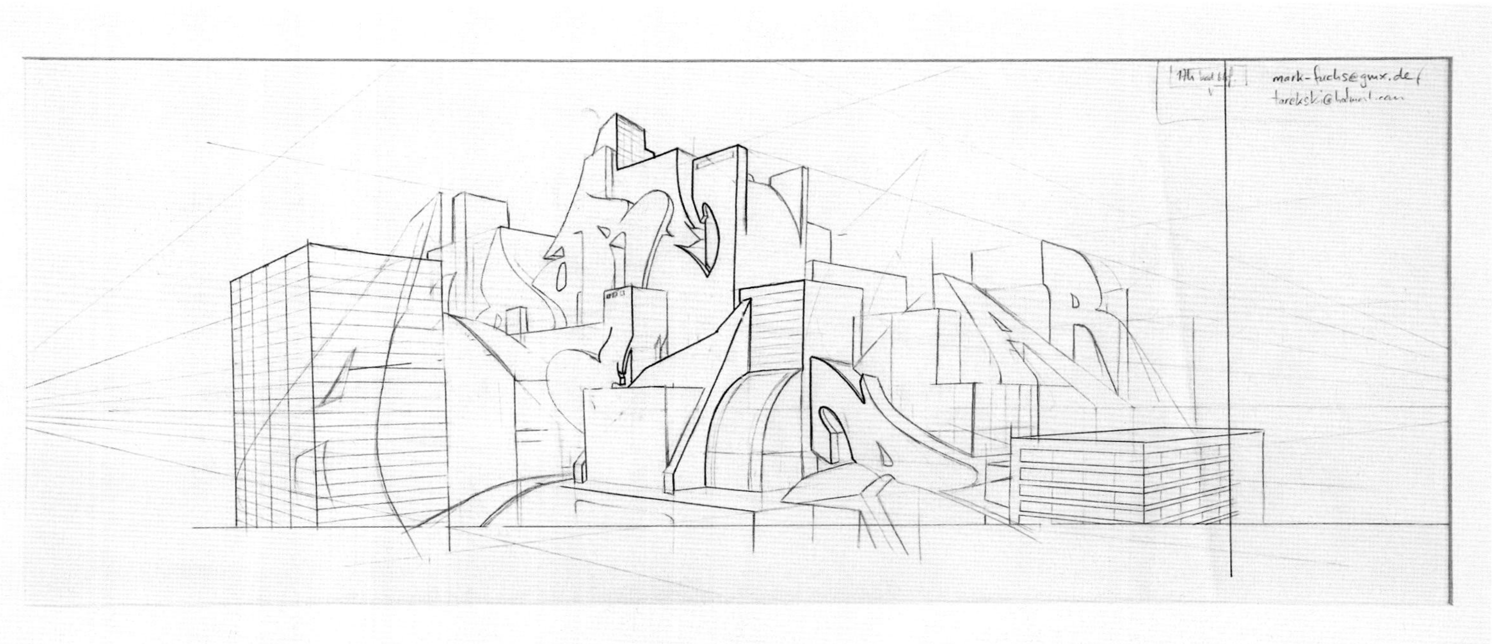

139
Skizze | Sketch *Bad. Bhf.*, 20 × 50 cm, 2006

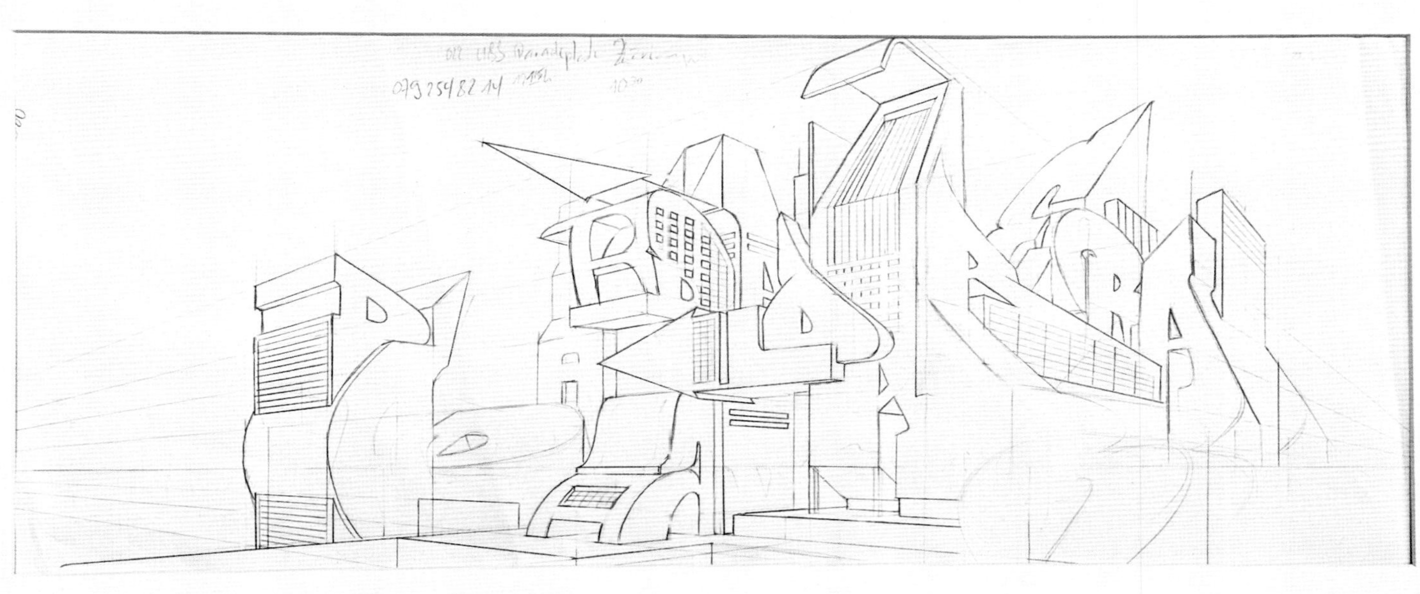

140
Skizze | Sketch *Zürich*, 20 × 50 cm, 2006

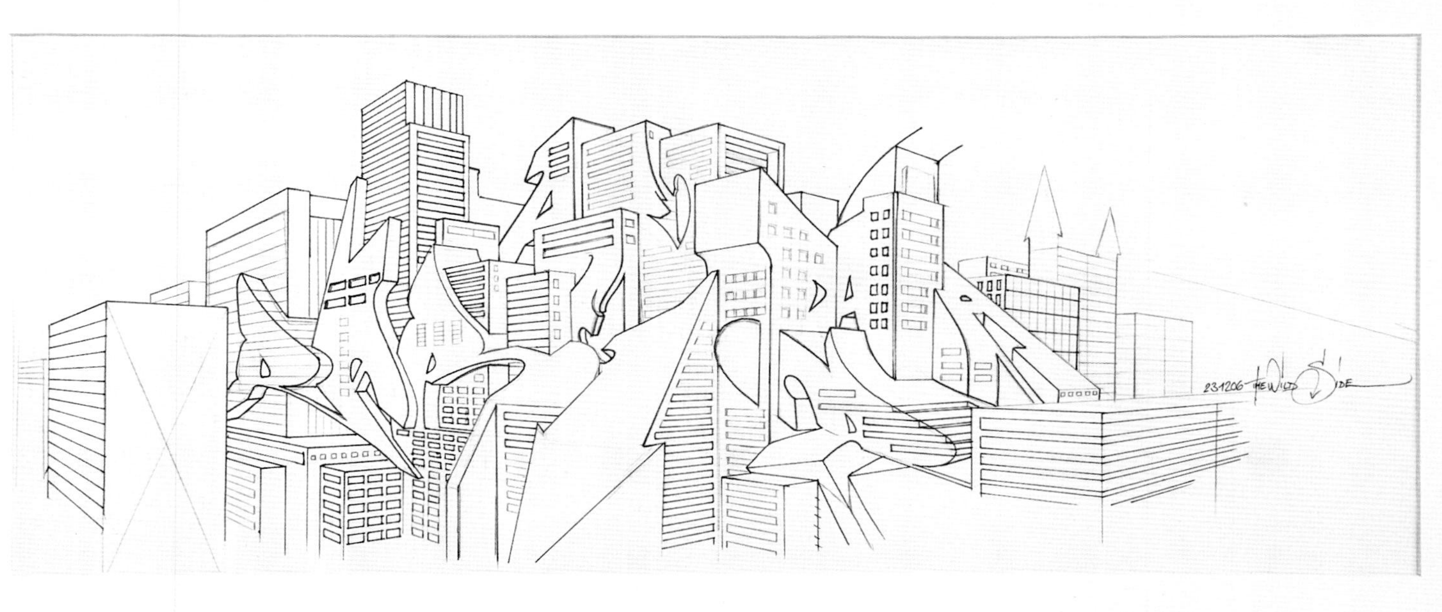

141
Skizze | Sketch *231206*, 20 × 50 cm, 2006

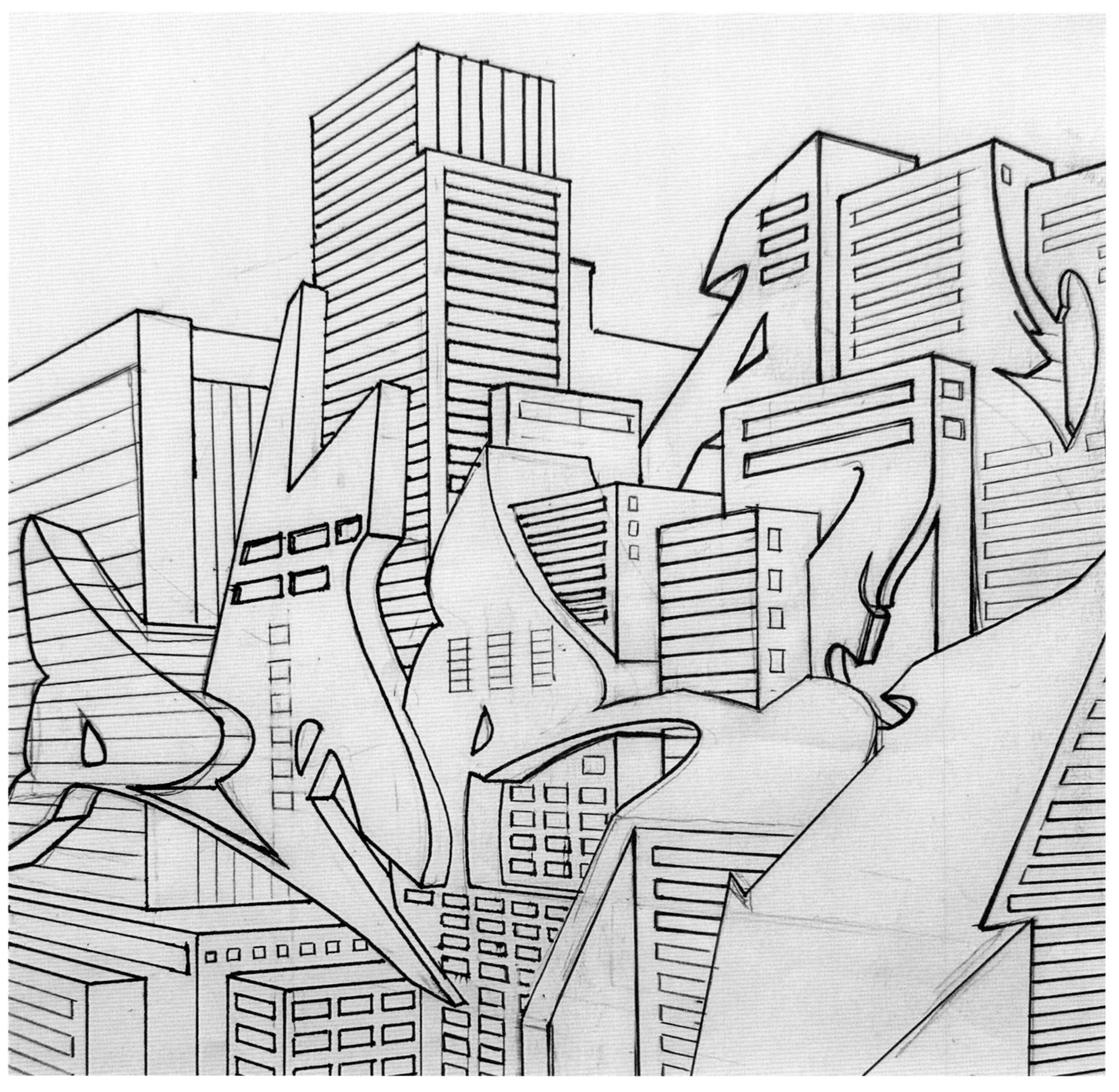

142
Skizze | Sketch *231206*, Ausschnitt | detail, 20 × 50 cm, 2006

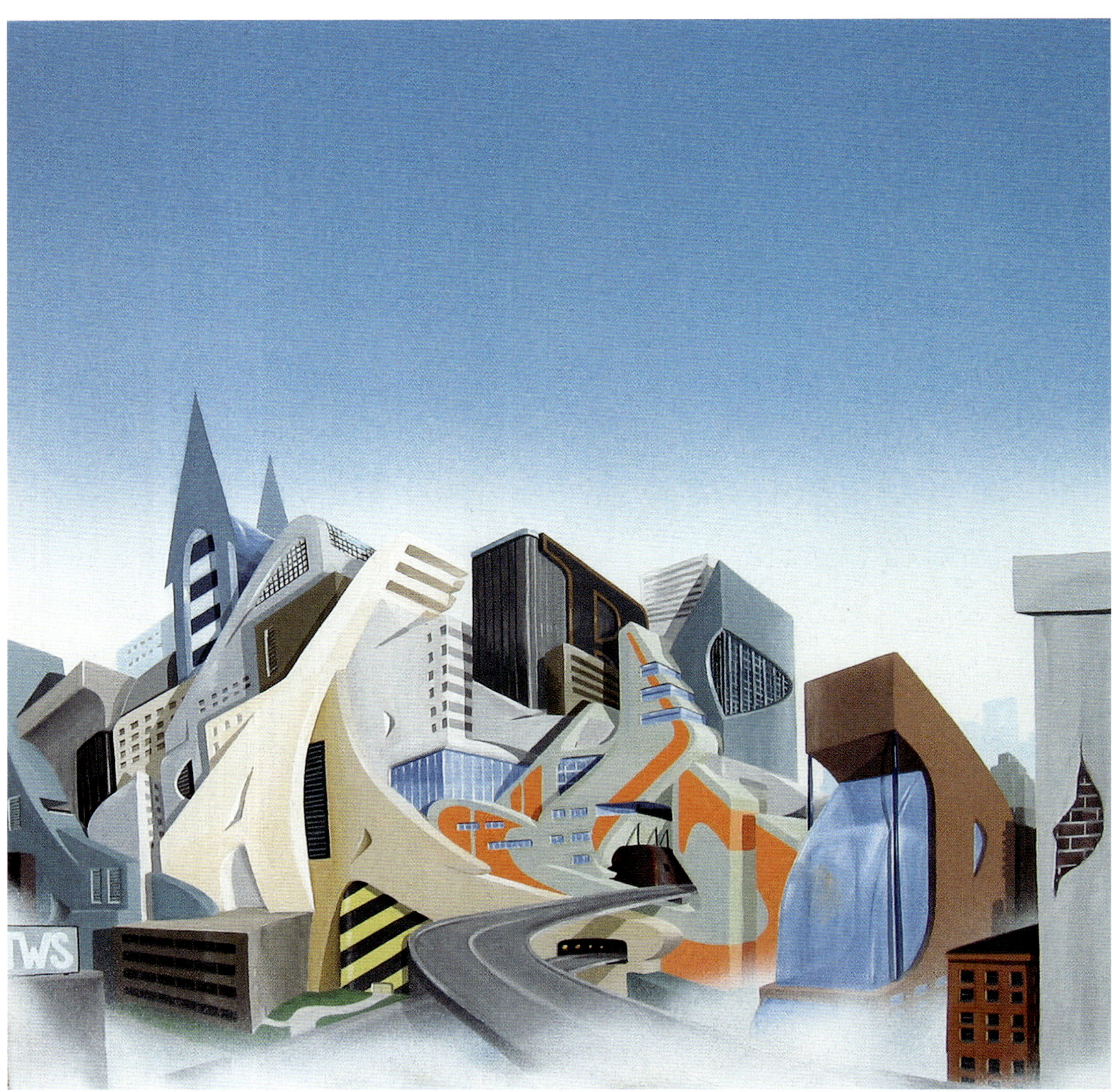

143
Dareville, 60 × 60 cm, 2006

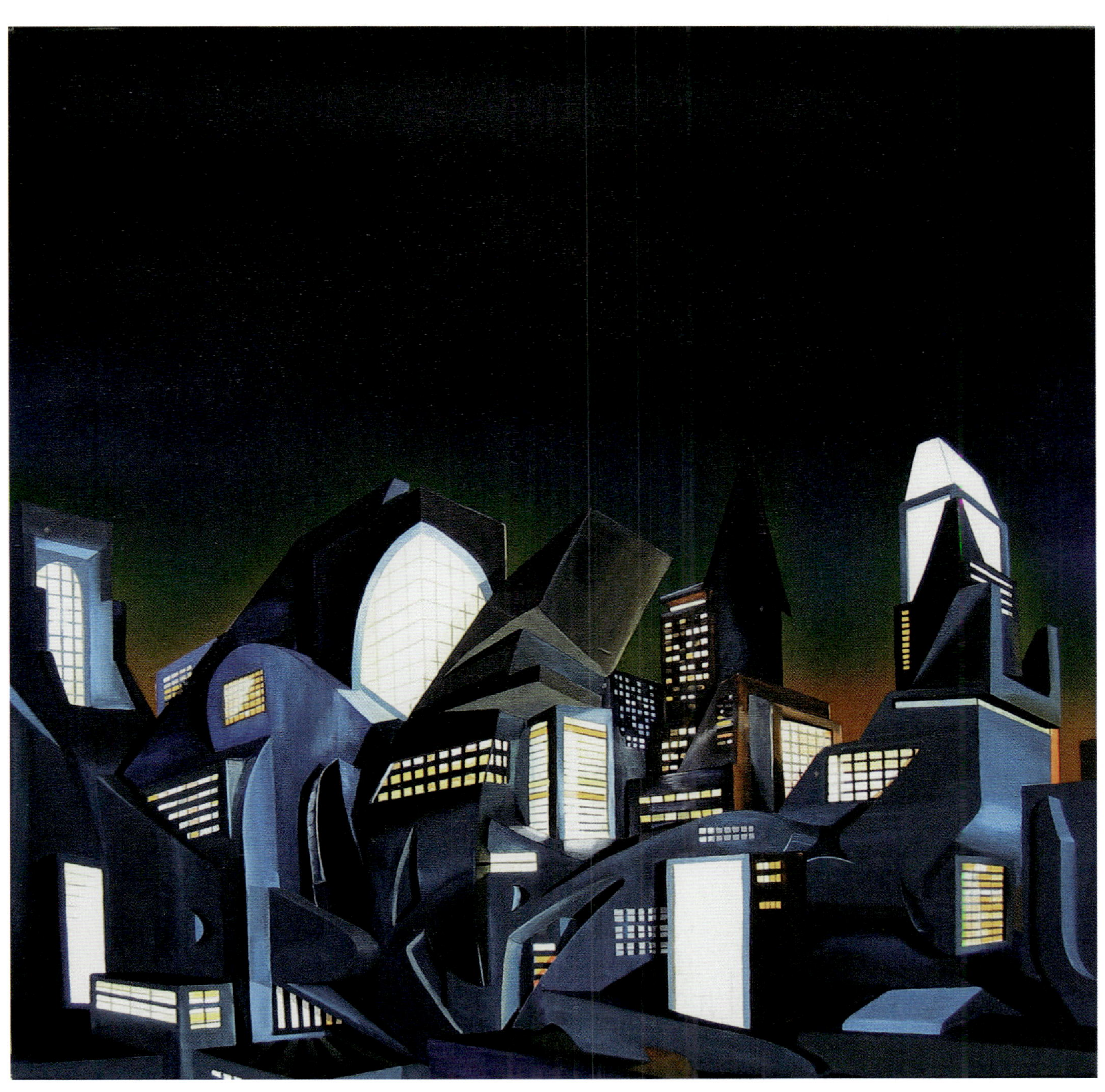

144
Darecity, 60 × 60 cm, 2006

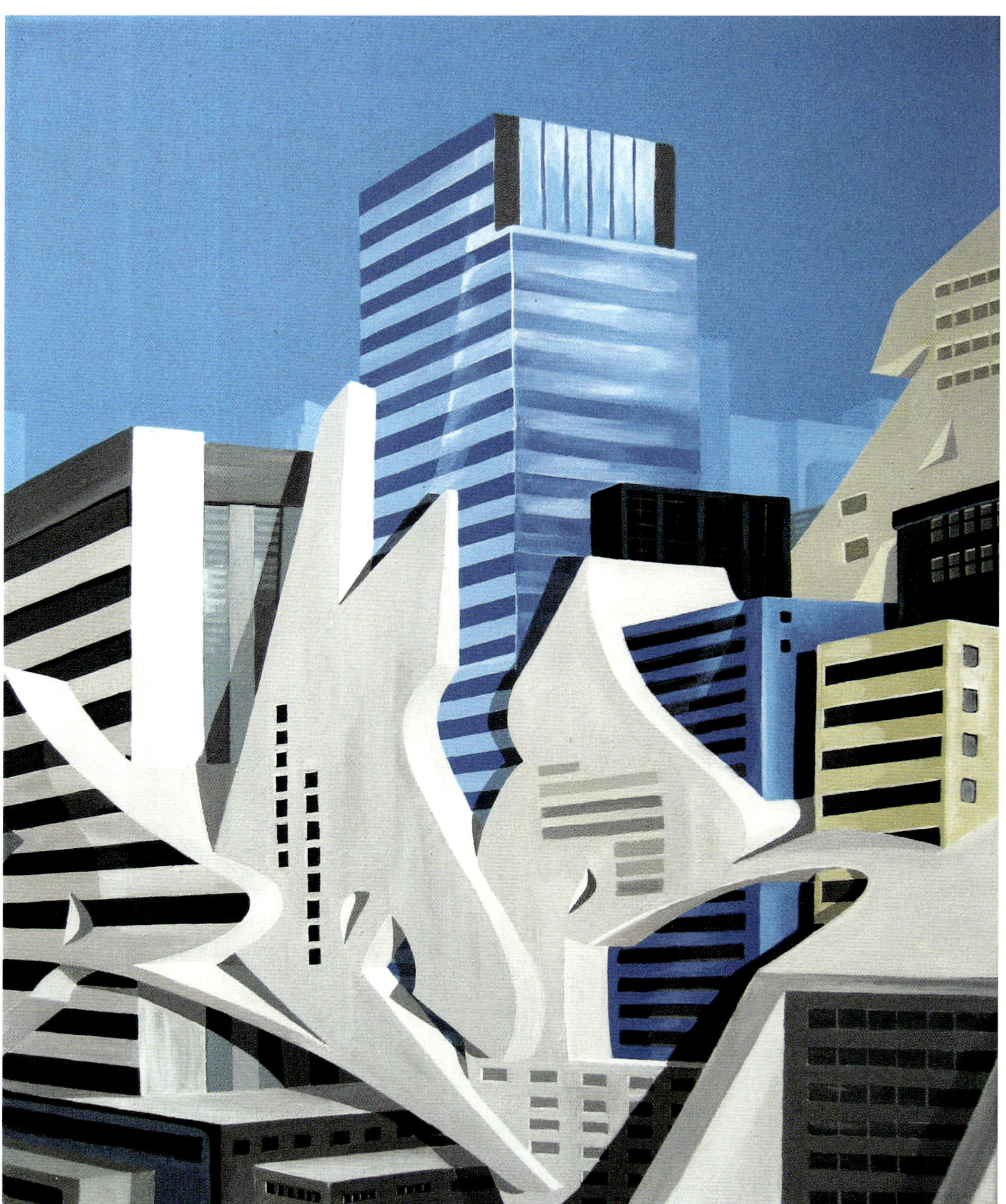

145
Urban Dare I, 50 × 40 cm, 2007

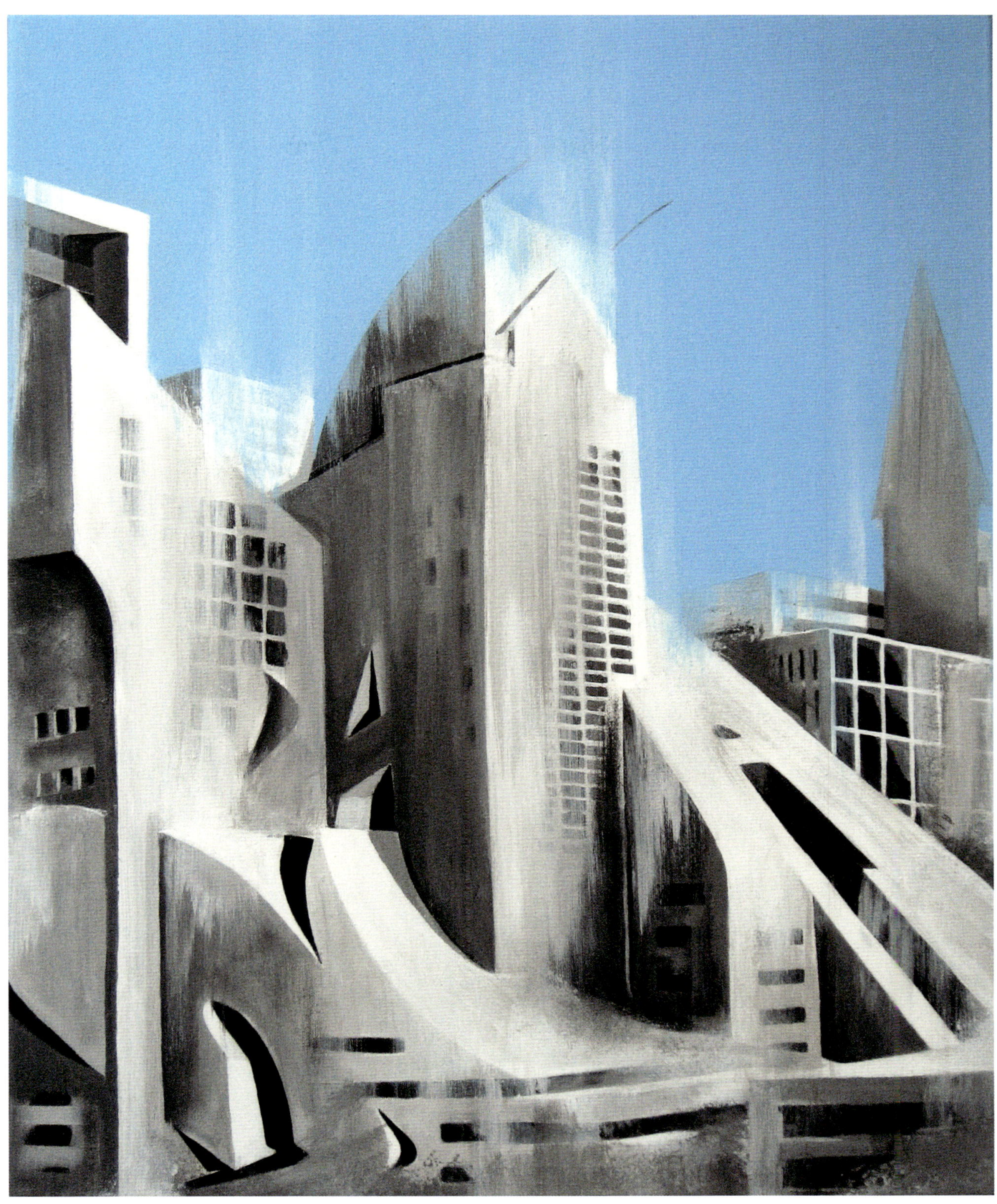

146
Urban Dare II, 50 × 40 cm, 2007

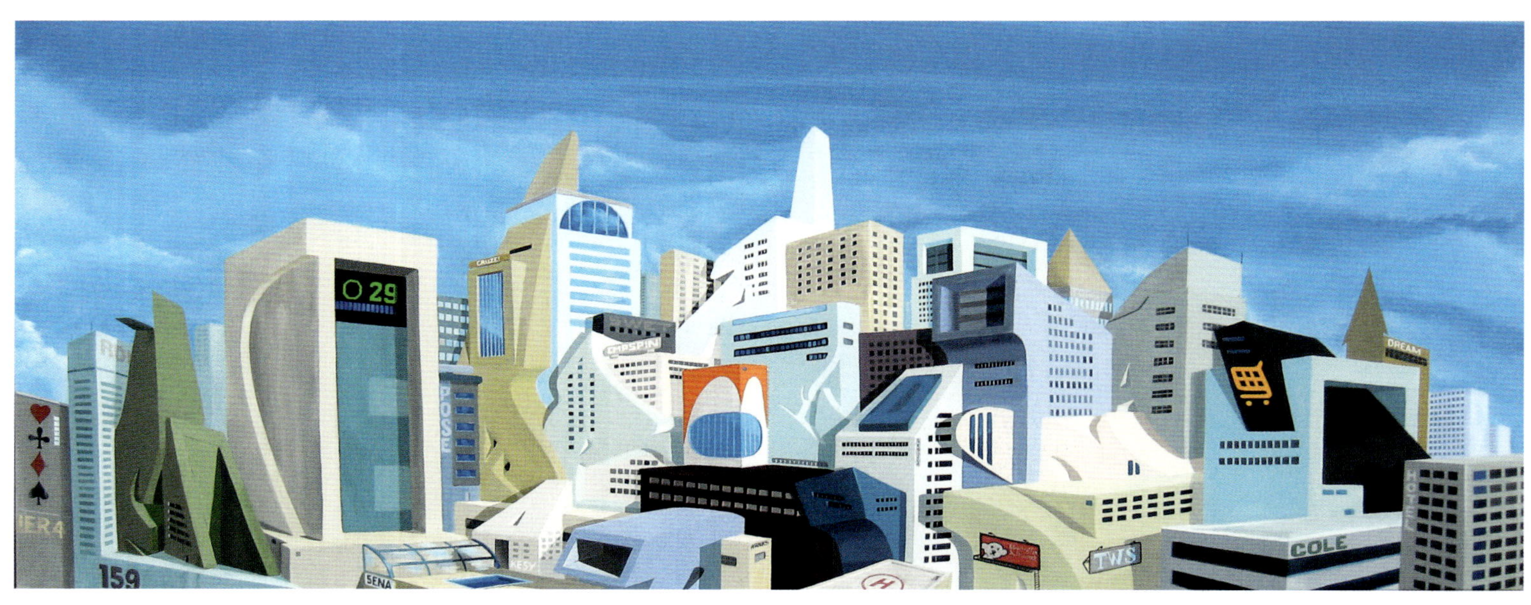

147
My ville, 50 × 130 cm, 2007

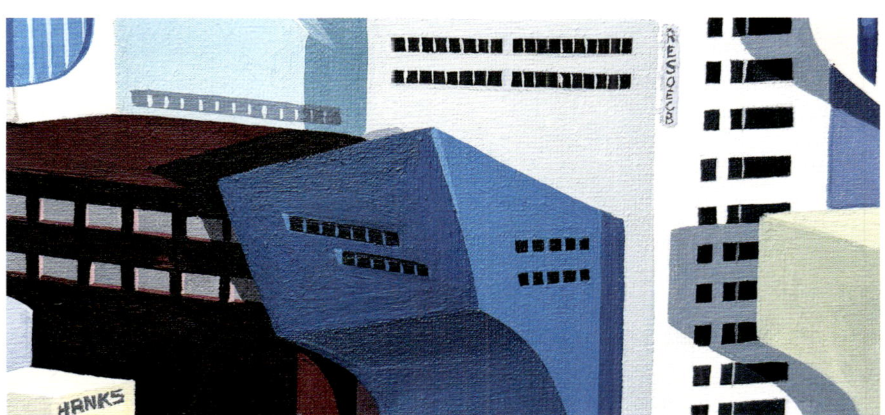

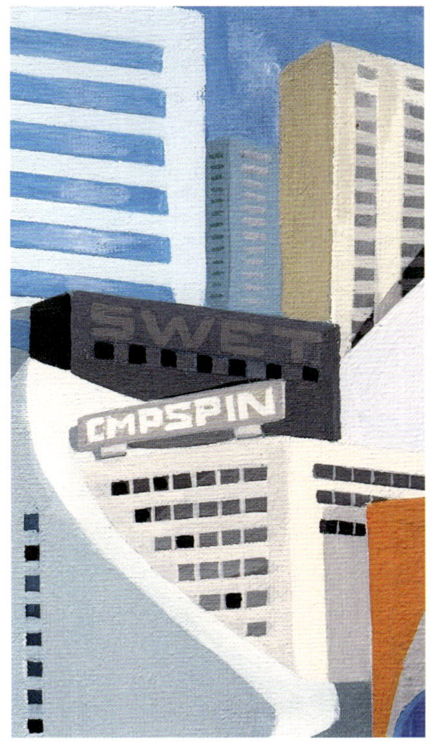

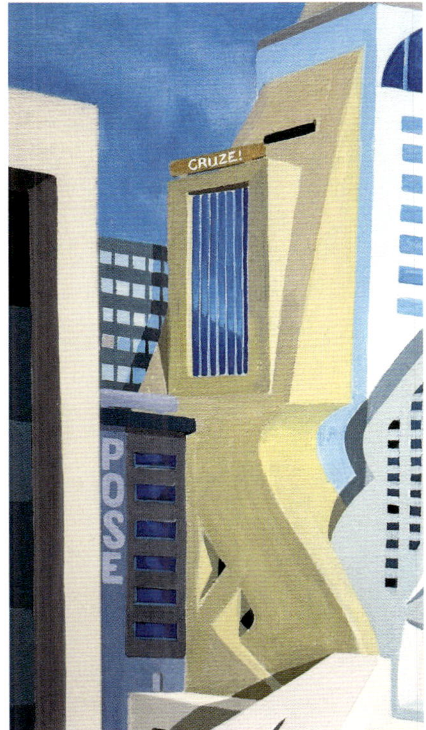

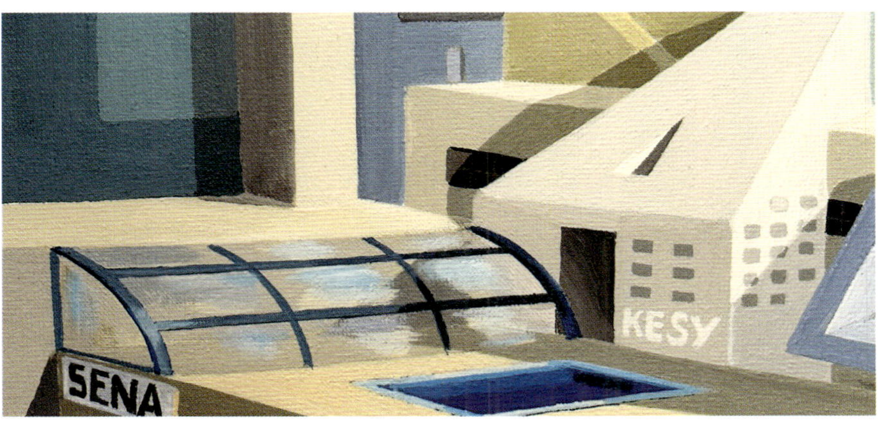

148 –151
My ville (Details | details), 2007

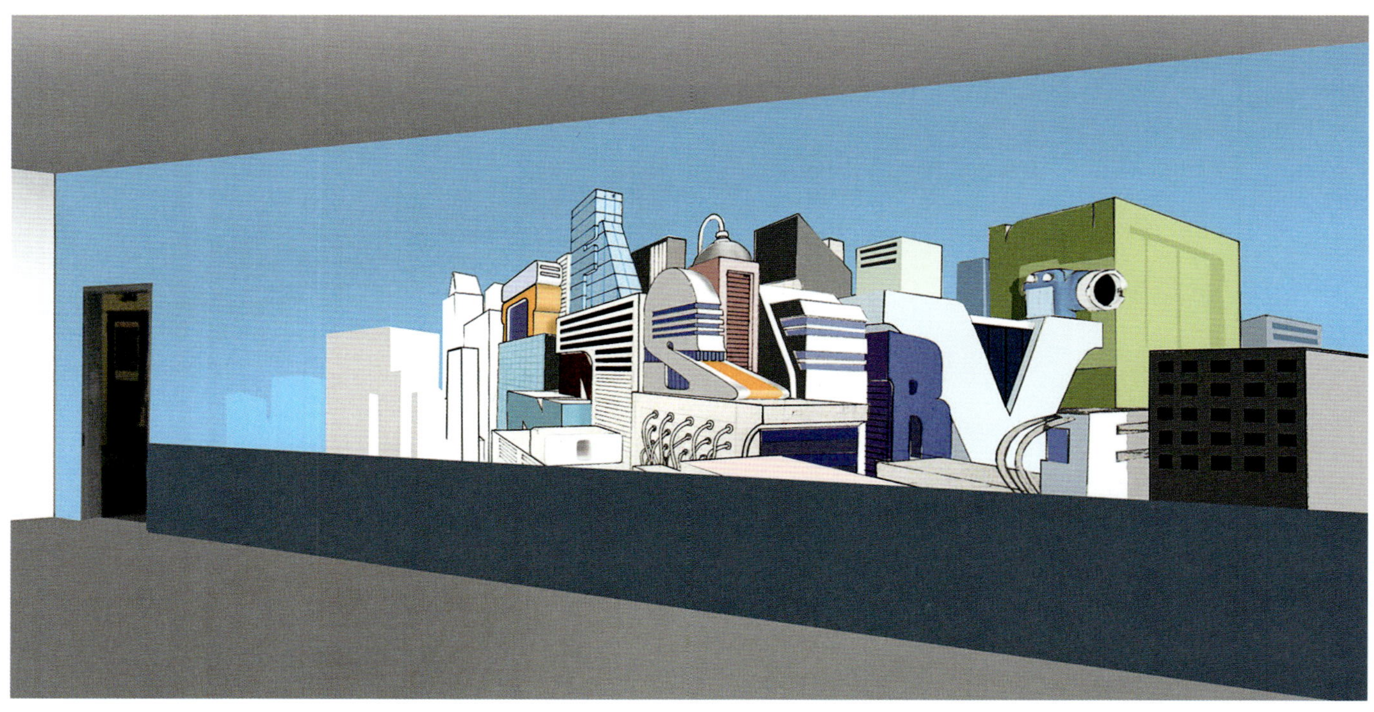

152
Gestaltungsentwurf Besprechungsraum (nicht realisiert) | Design sketch for meeting room (not realized), 2008

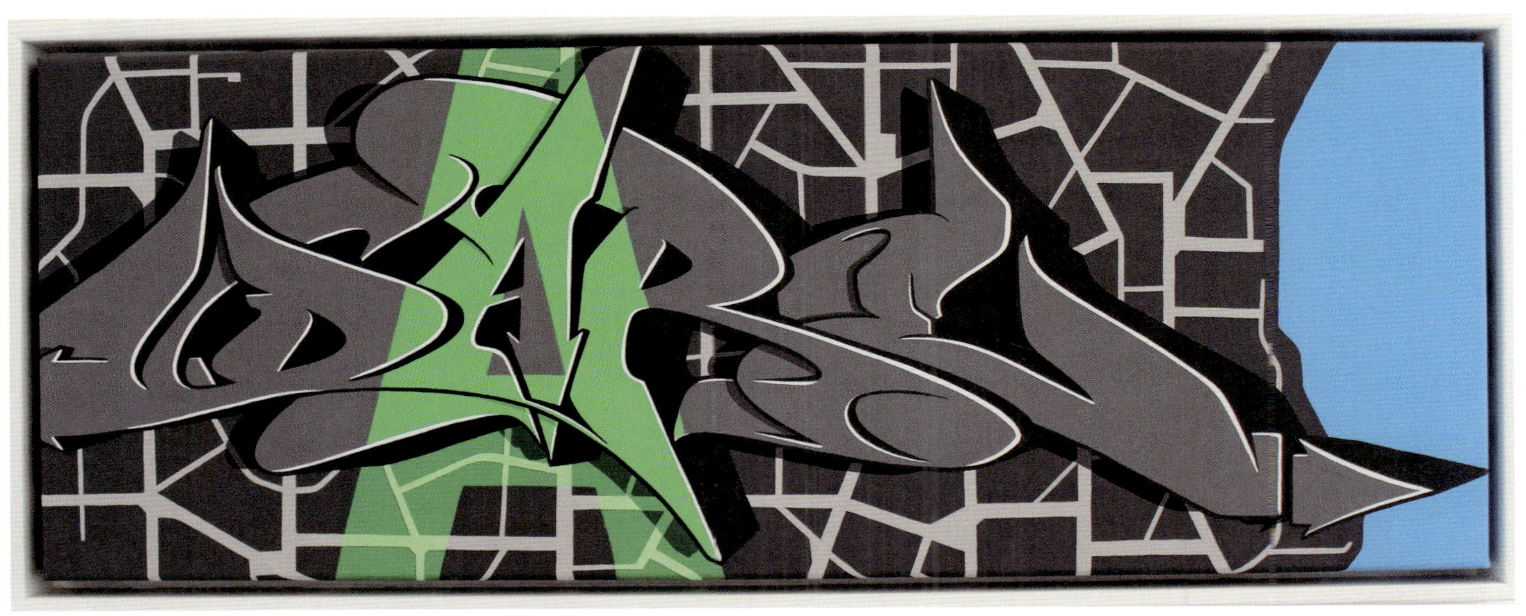

153
District A, 30 × 80 cm, 2009

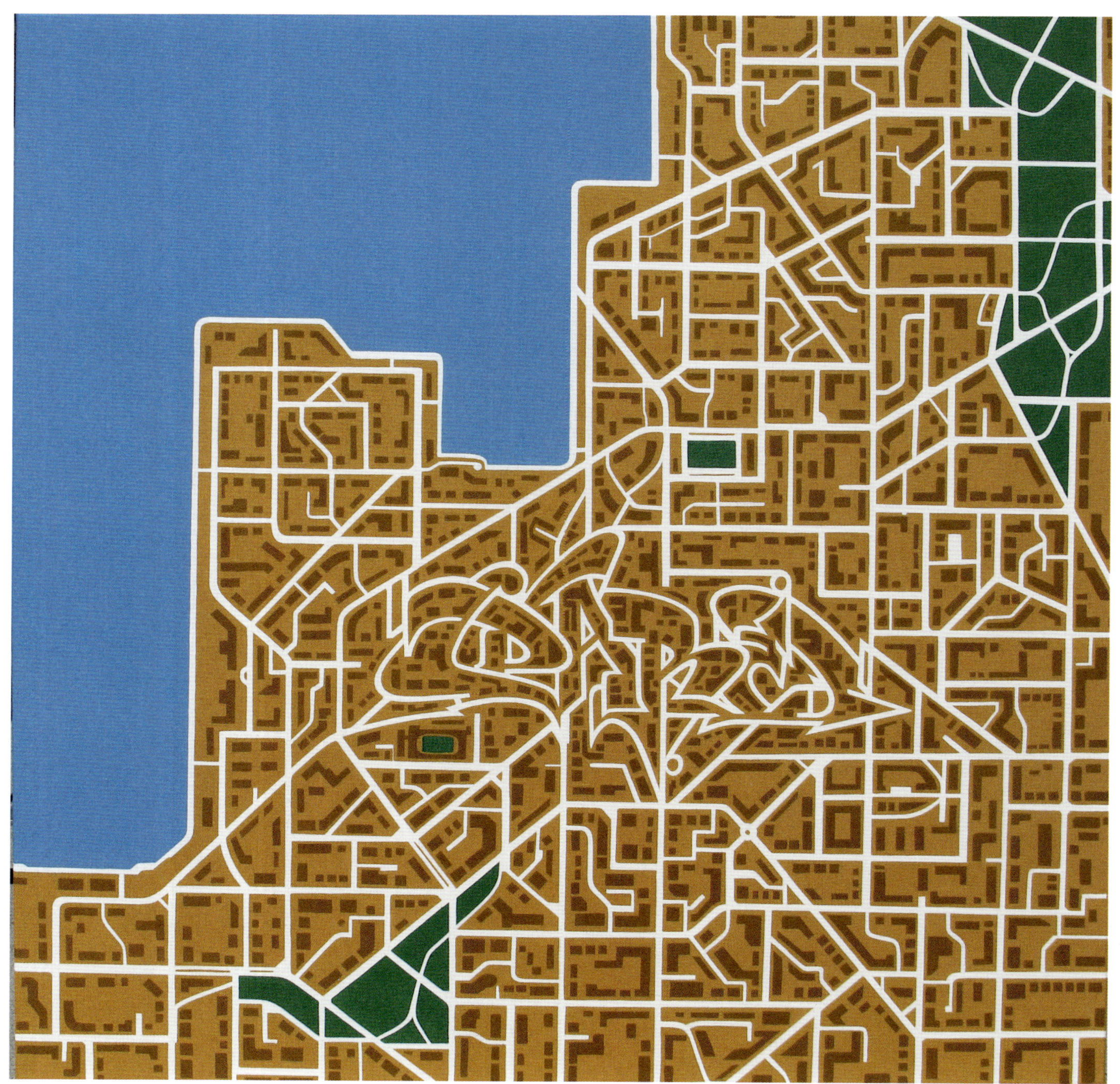

154
Plan D (Leinwandunikat | unique work on canvas), 100 × 100 cm, 2009

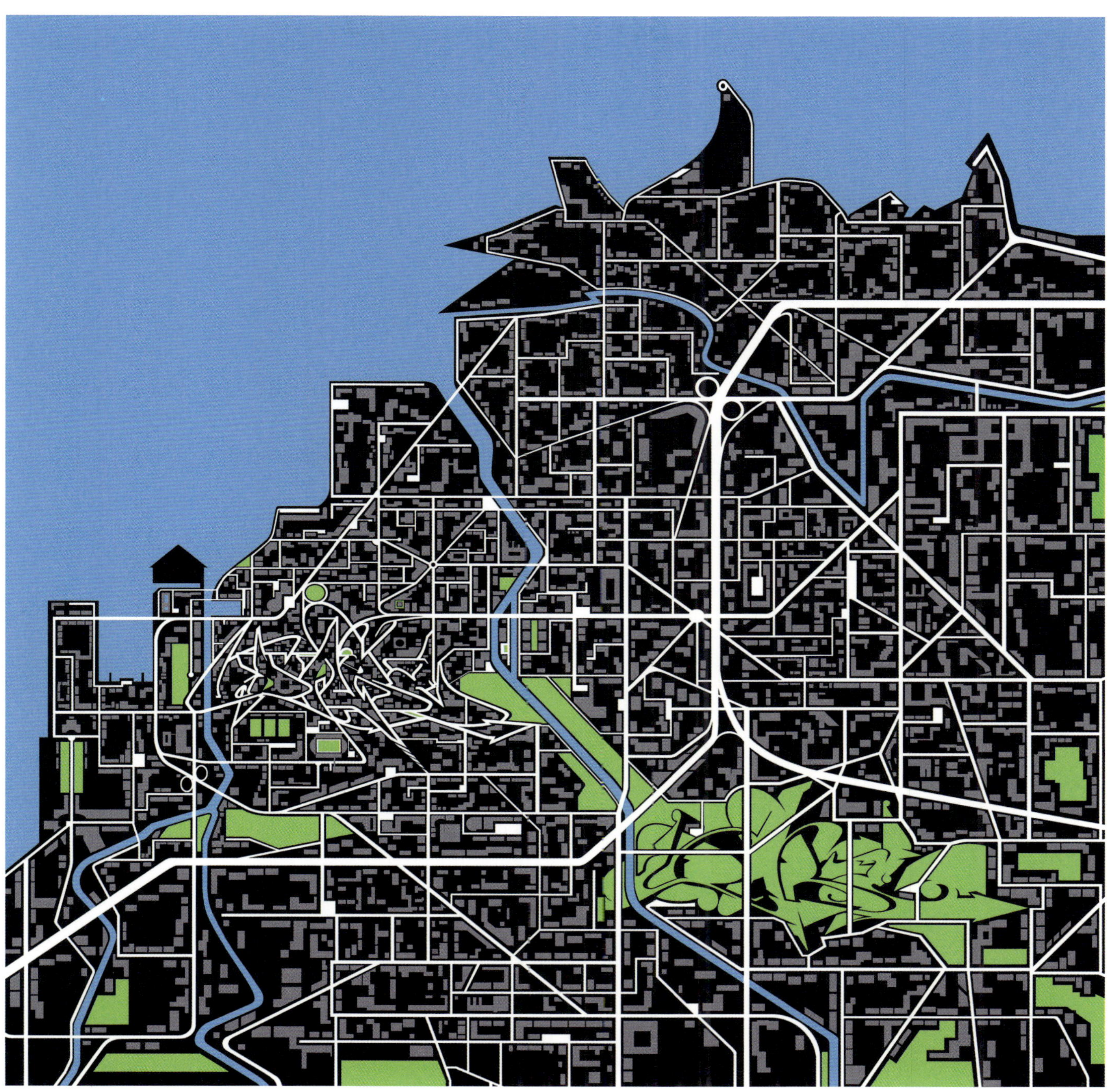

155
Plan D (Alu-Serigrafie mit Aufl. 9 | serigraph on aluminum from an edition of nine), 59 × 59 cm, 2009

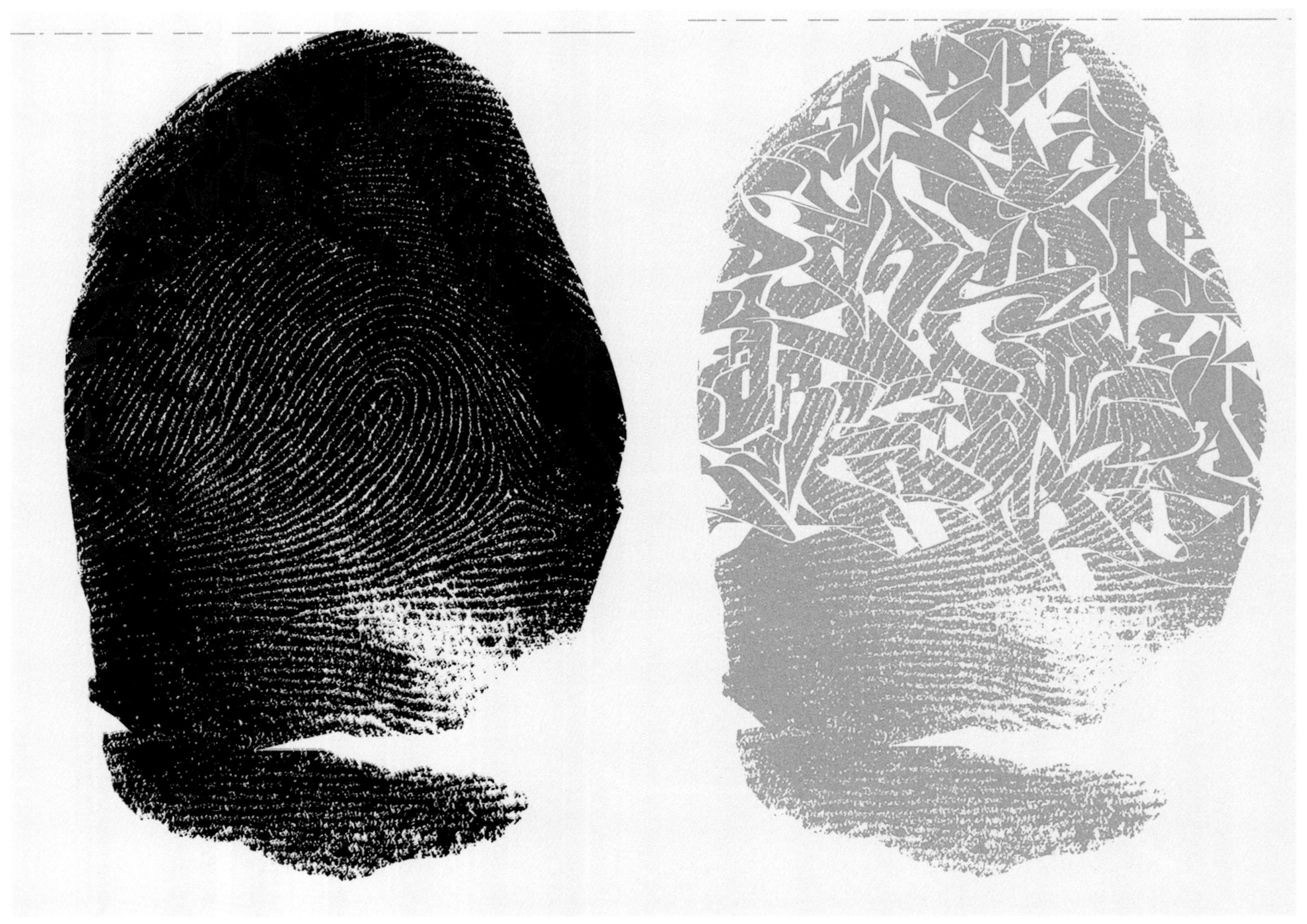

156
Studie | study *Egofinger*, 2008

DIE BEIDEN *INNOCENCE*-ZWILLINGE

Viele seiner Arbeiten schuf Sigi von Koeding paarweise. Während die meisten dieser Leinwandduos auch als einzelnes Werk jeweils für sich genommen wirken, stellt das Bilderpaar *Innocence* und *Childhood Innocence* aus den Jahren 2008/09 eine Ausnahme dar: Erst bei gleichzeitiger Betrachtung beider Arbeiten lassen sich die meisten der darin wohl jeweils versteckten Botschaften dechiffrieren.

Die Leinwand *Innocence* mit dem zentral dominierenden Aliasnamen DARE wirkt spontan wie ein überdimensionaler Sketch, also eine jener typischen Skizzen, mit denen Name-Writer das eigentlich erst noch zu schaffende Werk vorbereiten. Untergrund und Größe des Querformats auf einer Fläche von fast einem Quadratmeter lassen schnell erahnen, dass der Verzicht auf jegliche Farbe als konsequenter Versuch zu werten ist, sich mit dem Titel des Gemäldes formal auseinanderzusetzen. Mit der Nichtfarbe Weiß als ein Symbol für Unschuld wird in zwei unterschiedlich nuancierten Weißtönen und mit zierlichen schwarzen Outlines ein größtmöglicher Hell-Dunkel-Kontrast erzeugt, der auch ohne Schattierungen eine außergewöhnlich starke dreidimensionale Wirkung entfaltet. Fast hat man den Eindruck, dieses Bild fordere quasi als nackte Malvorlage für Buntstifte dazu auf, der gesamten Komposition erst noch Leben einzuflößen. Ohne Farbe jedoch scheint alles offen und alles möglich zu bleiben. Reinweiß auf Cremeweiß – mehr Minimalismus bei der Handschrift eines Name-Writers geht nicht.

Dass der geometrische Bildaufbau mit dem Namenszug DARE auf den ersten Blick recht ausgewogen, aber dennoch fragil wirkt, liegt an einer unterschiedlichen Achsensymmetrie: Während eine vertikal mittige Achse der ineinander verwobenen Buchstabenfolge eine ausgewogene Balance verleiht, suggeriert die in die obere Bildhälfte hinein verschobene horizontale Achse des Künstlerpseudonyms, das lediglich auf so etwas wie zwei dünnen Stelzenbeinen steht, ein latentes Risiko des Umkippens. Die Konstellation der Buchstaben nach unten erscheint in fast herzförmiger Silhouette, nach oben hingegen lösen sich die Lettern in dünne gerade Linien auf, die letztlich wie Antennenpaare aufrecht Richtung Bildrand ragen. Auffällig noch: Der Buchstabe *A* erscheint links der Bildmitte doppelt: in einer kleinen und einer schräg gestellten, deutlich größeren Variante.

THE *INNOCENCE* TWINS

Sigi von Koeding created many of his works in pairs. Whereas most of these duos on canvas are also effective as two separate works, the pair of paintings *Innocence* and *Childhood Innocence* of 2008–9 represent an exception: Only when looking at the two works together can most of the messages hidden in each of them be decoded.

The work on canvas *Innocence*, whose center is dominated by the alias DARE, spontaneously looks like an oversized sketch, that is, one of those that name writers typically use to prepare for a work. The support and the size of the horizontal formal on a surface of nearly one square meter quickly convey that this dispensing with all color should be considered a deliberate attempt to engage on a formal level with the painting's title. The noncolor white as a symbol of innocence produces the greatest possible contrast of light and dark with two nuanced shades of white and delicate black outlines, also achieving an extraordinarily three-dimensional effect without shading. One almost gets the impression that this painting is all but demanding to be the blank pattern for colored pencils, to fill the entire composition with life. Without color, however, everything seems to remain open and conceivable. Pure white on cream white—more Minimalism in the hand style of a name writer is not possible.

The geometric structure of the name DARE looks balanced at first glance but nevertheless fragile because of a different axial symmetry: Whereas a vertical axis in the center of a series of interwoven letters lends a balance, shifting to the upper half of the painting the horizontal axis of the artist's pseudonym, which is standing on something like two thin stilts, suggests a latent risk of falling over. The constellation toward the bottom appears in a nearly heart-shaped silhouette, whereas near the top the letters dissolve into thin, straight lines that ultimately loom up toward the edge of the painting like a pair of antennae. Also striking: The letter *A* appears again twice to the left of center: in one small and one slanted, clearly larger variant.

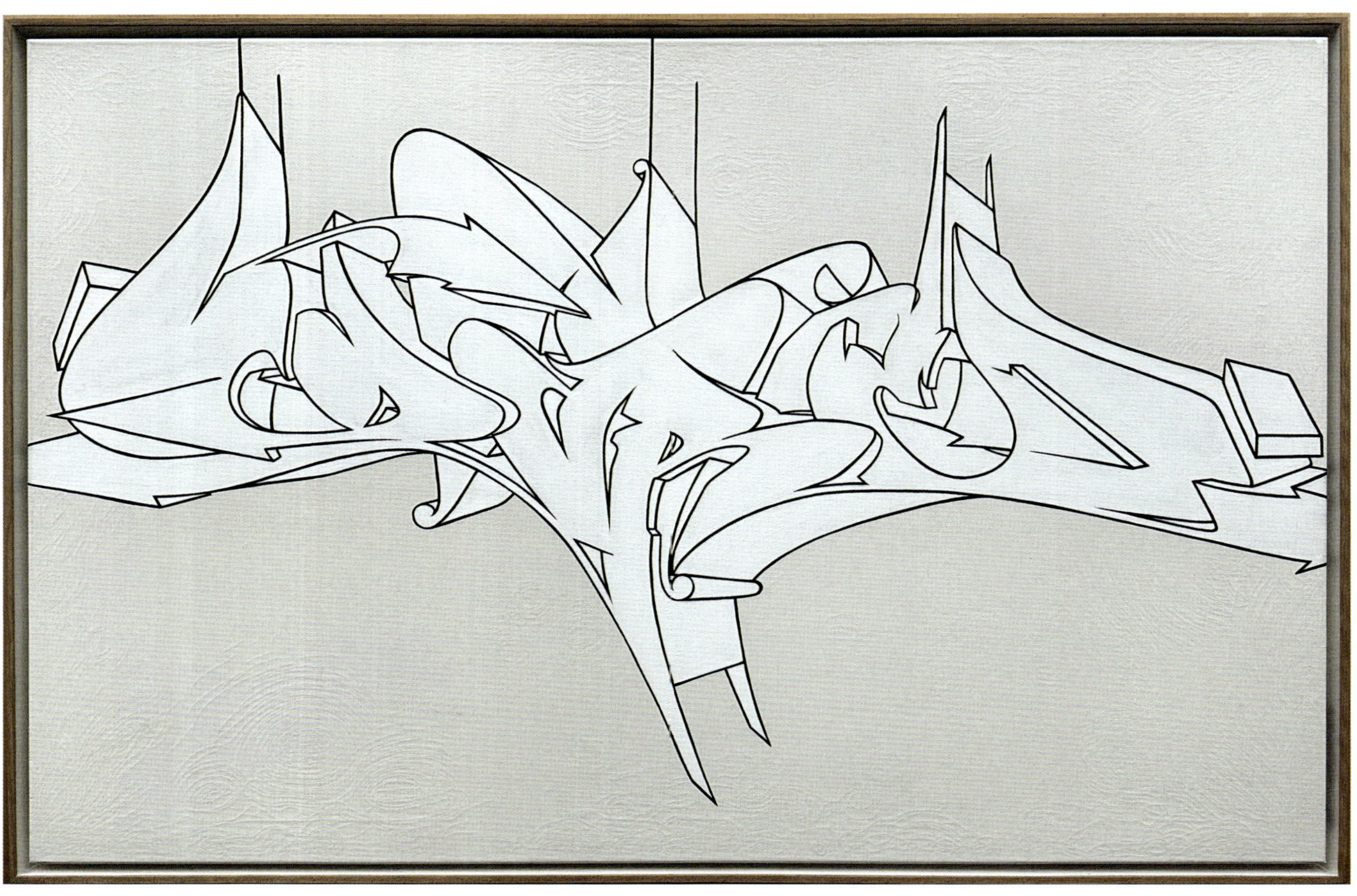

157
Innocence, 80 × 120 cm, 2008

Childhood Innocence, das das gleiche Format besitzt, wirkt hingegen viel unausgewogener, da hier der Aliasname des Künstlers durch Asymmetrie und Gegensätzlichkeit geprägt ist: Eine senkrecht verlaufende Trennlinie teilt die Komposition in einen farbigen Teil links, der zwei Fünftel einnimmt, und einen schwarz-weiß skizzierten Teil rechts von ihr so, als würden zwei komplett unterschiedliche Leinwände eng nebeneinander-liegen. Erst auf den zweiten Blick wird deutlich, dass die provo-kant-kontrastierende Kante dem dreidimensional aufgebauten Bild eine zusätzliche vierte Dimension verleiht, indem sie dem Namenszug DARE die Funktion einer horizontalen Zeitachse zuweist. Die auffällige *Trennvertikale* repräsentiert offenbar

Childhood Innocence, which has the same format, seems much less balanced by contrast, since the artist's alias is marked by asymmetry and antitheses: A vertical line divides the composition into a colored part on the left, which takes up two-fifths, and a black-and-white sketched part to the right of it, as if two completely dif-ferent canvas were hanging close together. Only on close inspection does it become clear that the provocative, con-trasting edge lends an additional fourth dimension to the three-dimensional painting by assigning to the name DARE the function of a horizontal timeline. The striking *dividing vertical line* clearly represents the moment of an

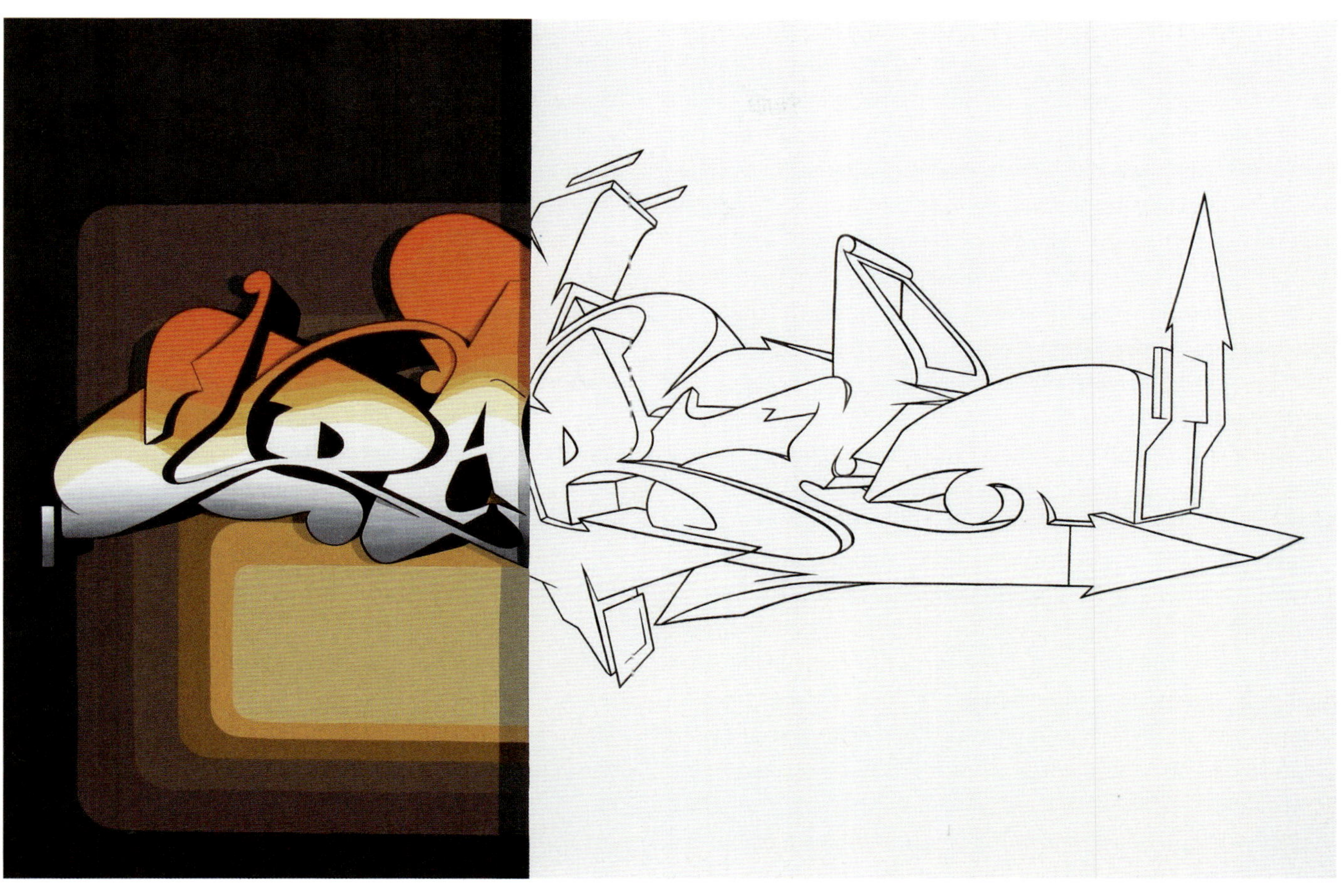

158
Childhood innocence, 80 × 120 cm, 2009

den Moment einer standortbestimmenden Zwischenbilanz: links davon gibt es einen Rückblick in die Vergangenheit mit Bildzitaten aus wohl persönlich erlebten Kindheitstagen; und rechts davon bietet sich ein Ausblick nach vorne – als eine grobe Vorahnung von einer Zukunft, wie sie vielleicht noch kommen könnte. Doppeldeutigkeit also beim zentralen Begriff *Innocence:* Bezieht sich der Künstler rückblickend auf die Phase der *Childhood,* also auf eine *unschuldige Kindheit*, wie es umgangssprachlich häufig als feststehendes Wortpaar heißt? Oder aber meint er die unbekannte, noch *unschuldig weiße* Zukunft, wie man es im Vergleich zum anderen Gemälde dann doch eher vermuten darf?

interim determination of location: to the left of it, there is a look back into the past with visual citations from what are presumably childhood days he experiences personally; to the right of it, there is a view ahead—as a vague premonition of a future that could perhaps still come. The central concept, innocence, thus has double meanings: Is the author referring in retrospect to the phase of childhood, that is, to an *innocent childhood*, as a common, colloquial set pair of terms puts it? Or does he instead mean the unknown still *innocently white* future, as a comparison to the other painting suggests is more likely?

Im linken, farbigen Teil der Leinwand erinnert sich von Koeding offenbar an frühere Zeiten. Verschiedene Orange- und auch Grautöne innerhalb der Buchstabengruppe sowie im Hintergrund zeigen eindeutig, dass es sich um die Farben der 1970er-Jahre handelt; damals waren Jugendzimmer mit kaffeebraunem Kunstfaserteppich ausgelegt und Gebrauchsgegenstände, wie zum Beispiel Radiowecker oder HEWI-Türklinken, aus orangem Plastik oder mit *Rundecken* modern. Die Anordnung der Farben erinnert an Altersringe eines durchsägten Baumstamms, wäre da nicht die rechtwinklig parallele Exaktheit ihrer Geometrie. So entsteht vielmehr der Eindruck, als ob der Betrachter in der letzten Reihe eines Kinos säße, von hinten aus der Dunkelheit hinab zur hellen Projektionsfläche weit vorne schaue und gerade einen Film über sich selbst mit dem Titel *Those were the days* sähe.

Erst auf den zweiten Blick nimmt man wahr, dass der gesamte Namensschriftzug im Vergleich zum Bild-Zwilling *Innocence* eher gedrungen wirkt: Keiner der Buchstaben reicht noch bis an den Bildrand. Das *D* und das – nur noch in einfacher Ausführung gemalte – *A* im farbigen Teil der Leinwand wirken recht simpel und eher *flach*, als wäre der Anspruch auf dreidimensionale Tiefe weitgehend erloschen. Ebenfalls gedrungen, jedoch deutlich komplexer in der Linienführung, sind die beiden übrigen schwarz-weiß gemalten Buchstaben *R* und *E* rechts des Farbfelds: Hier lassen sich einzelne formale Hinweise erahnen, die an urban-räumliche Situationen wie U-Bahn-Eingänge, Rolltreppen, Fassaden oder Dächer erinnern. Der gesamte Schriftzug liegt, anders als im Bild *Innocence*, genau entlang der horizontalen Mittelachse und folgt somit dem durchschnittlichen Mittelmaß. Insgesamt auffällig dabei, wie unterschiedlich die räumliche Tiefe des Bildes erzeugt wird: Im linken *Jugendteil* mit den ersten beiden Buchstaben *D* und *A* wirkt mehr der Hintergrund raumbildend, im weiteren Bildverlauf rechts davon sind es dagegen die Buchstaben *R* und *E* selbst, die hier zum 3D-Effekt im Bildvordergrund beitragen.

Childhood Innocence ist offenbar als eine durchgängige, von links nach rechts lesbare Zeitachse komponiert. Das in zwei unterschiedlichen Typografien gemalte Pseudonym ist Ausdruck der seelischen Befindlichkeit auf Orientierungssuche. Es stellt die zentrale Frage eines jungen Menschen zum Höhepunkt seiner Adoleszenz gegen Ende der Kindheits- beziehungsweise Jugend-

In the left-hand, colorful part of the canvas, von Koeding was obviously recalling earlier times. Different shades of orange and also gray within the group of letters and in the background clearly show that they are colors from the 1970s; back then, his room had a coffee-colored polyester synthetic-fiber carpet and objects such as clock radios and HEWI door handles of orange plastic or with modern *sectional furniture*. The arrangement of colors recalls the growth rings of a sawn tree trunk if not for the rectangular, parallel preciseness of their geometry. It instead conveys the impression that the viewers are sitting in the back row of a cinema, looking from the back out of the darkness toward the bright projection scene up front and watching a film about themselves titled *Those were the days*.

Only on closer inspection does one perceive that the whole written name seems rather compressed compared to its pictorial twin, *Innocence*: None of the letters extend to the edge of the picture. The *D* and the—only simply rendered—*A* in the colored part of the canvas look quite plain and rather *flat*, as if the claim to three-dimensional depth had been largely abandoned. Also compressed but clearly more complex in its linework are the two other black-and-white letters *R* and *E* on the right of the colored field: Here one senses formal references that recall urban spatial situations such as subway entrances, escalators, façades, or roofs. Unlike in the painting *Innocence*, the whole name lies precisely along the central horizontal axis and thus follows the *central tendency*. In general, the different ways these sides produce spatial depth is striking: In the left-hand *youth part* with the first two letters, *D* and *A*, the background does more to produce the space; in the continuation to the right, however, the letters *R* and *E* themselves contribute to the 3-D effect in the foreground.

Childhood Innocence is obviously composed as a timeline that can be read from left to right. The pseudonym painted in two different typographies expresses the state of mind in search of orientation. It represents the central issue of a young person at the height of adolescence, at the end of the phase or childhood or youth,

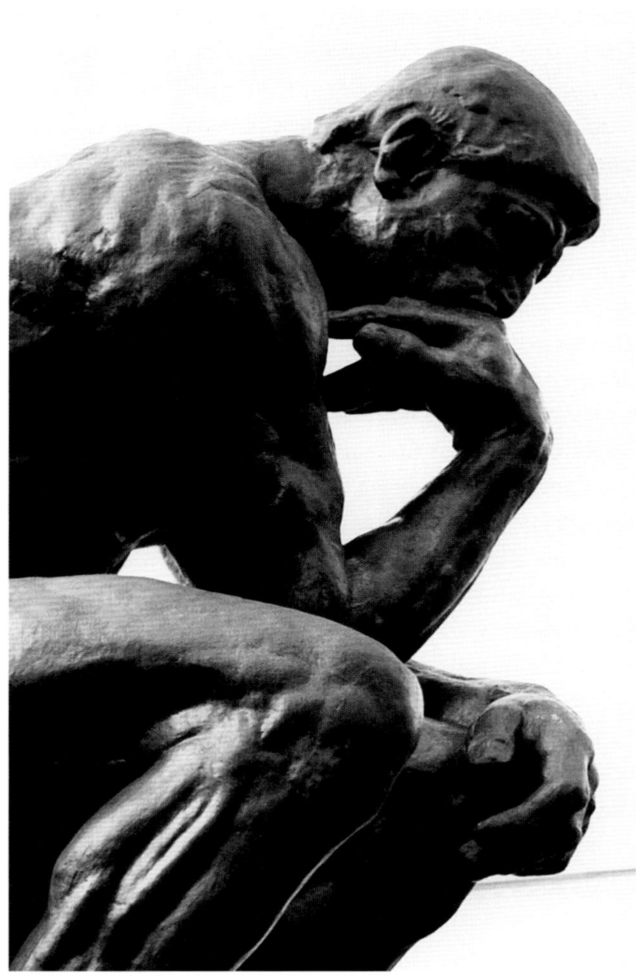

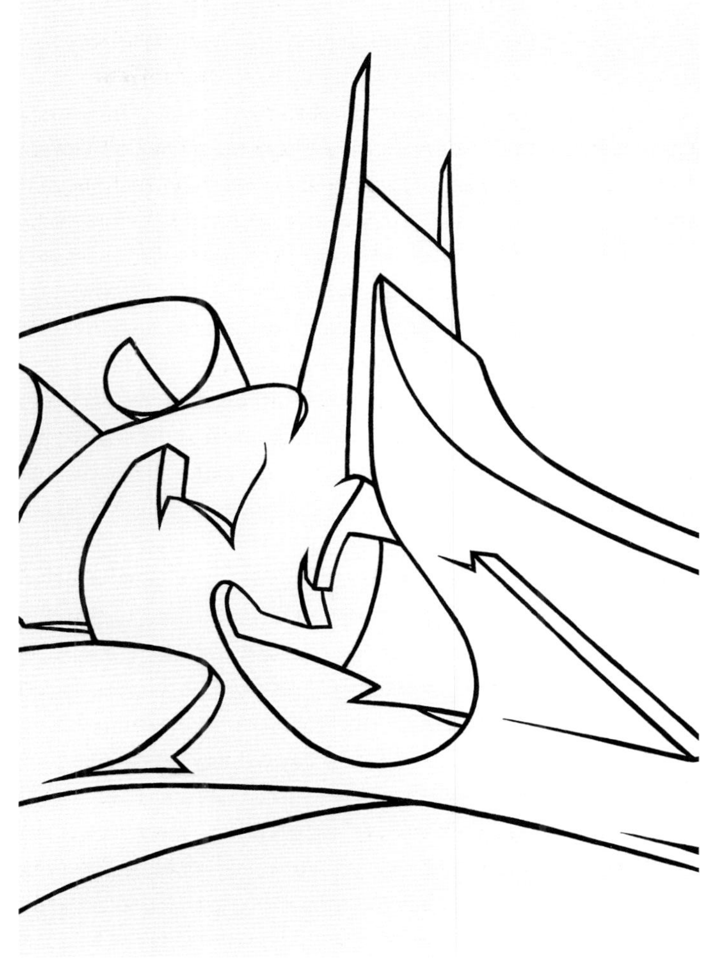

159
Der Denker von | *The Thinker* by Auguste Rodin

160
Innocence (Detail | detail), 2008

phase als Standpunktbestimmung dar: Was wird wohl noch kommen und worin besteht der Sinn des Lebens? Wird der Weg des Menschwerdens überwiegend extern beeinflusst, oder sind es eher intrinsische Veranlagungen, welche die Persönlichkeitsentwicklung prägen?

Muss dann nicht auch der Bildaufbau des monochromen Bildes *Innocence* als Zeitachsenkomposition eingeordnet werden – nur eben zurückgespult auf den *Anfangspunkt Null* – und trotz oder gerade wegen seiner formalen Klarheit und farb-

namely, determining a standpoint: What is to come, and what is the meaning of life? Are the influences on the path to becoming human overwhelmingly external, or are rather intrinsic inclinations determining the development of personality?

But shouldn't the structure of the monochrome painting *Innocence* also be categorized as a timeline composition—simply rewound to the *starting point zero*— that is, despite or precisely because of its formal clarity

lich größtmöglichen Sparsamkeit lesbar wie ein offenes Buch? Nicht als Zwischenbilanz, sondern als eine Betrachtung des Ganzen von vorne, für den Anfang eines theoretisch-optimalen Lebensentwurfs, für eine Idee der Ideallinie, für einen Traum von Zukunft, für buchstabengewordene Wünsche, für eine Existenz frei von Schuld, also für *pure Innocence*? Dann würden die drei Antennenpaare so etwas wie Neugierde und ständige Empfangsbereitschaft symbolisieren, von links nach rechts in jeder der drei Hauptphasen des Lebens: als Jugendlicher, als Erwachsener und auch im Alter, wenn die Fühler nicht mehr ganz so ausgestreckt, dafür jedoch umso stabiler und belastbarer ausgeformt und nicht mehr mit fremdbestimmten Marionettenpuppen-Fäden zu verwechseln sind. Das kleine und das große *A* könnten auf den Beginn und das Ende der Adoleszenz hinweisen, auf jene wichtige Zeitspanne, in der sich ein schmächtiger Junge zum kräftigen Mann entwickelt.

Die gesamte Komposition des Pseudonyms wirkt bei *Inncence* breit aufgestellt, in Spannung gespreizt und mit einem – im Vergleich zum Zwillingsbild – wesentlich größeren Oberflächen-Volumen-Verhältnis; dies lässt sich als Ausdruck von mehr Reibungsfläche, aufrechter Haltung und einer insgesamt weltoffenen Geisteshaltung interpretieren. Lediglich das *E* als letzter Buchstabe wirkt eher nachdenklich gebückt, so als ob es sich scheinbar selbst vor den eigenen Kopf fasste: Weisheit als prägende Kernkompetenz des Alters. Dieses auffällige Bildelement, das formal an die Skulptur *Der Denker* von Auguste Rodin erinnert, findet sich auch in einigen anderen Werken des Künstlers wieder.

Unbeantwortet bleibt die Frage nach den beiden kistenähnlichen Elementen, die am Anfang und Ende des Buchstabenkonglomerats hinaufzusteigen beziehungsweise hinabzurutschen scheinen. Es ist kaum anzunehmen, dass wir hier auf triviale Hinweise zu Brutkasten und Sarg stoßen sollen.

Zusammenfassend drängt sich bei der Gegenüberstellung dieser beiden Schlüsselwerke von Koedings angesichts der feinsinnigen Unterschiede in Form und Farbe der Eindruck auf, dass dieses Bilderpaar so etwas wie die leinwandgewordene Gegenüberstellung von Wunsch und Wirklichkeit darstellen könnte: *Innocence* als Ausdruck einer erwünschten, anzustrebenden und prinzipiell noch möglichen Ideallinie, dagegen *Childhood Innocence* als postpubertäre, ernüchternd rückblickende

and maximal economy of color, as legible as an open book? Not as an interim determination but rather as a view of the whole from the start, for the beginning of a theoretical, optimal plan for life, for an idea of the ideal line, for a dream of the future, for desires become letters, for an existence free of guilt, that is, for *pure innocence*? Then the three pairs of antennae would thus symbolize something like curiosity and constant receptivity, from left to right in each of the three main phases of life: youth, adulthood, and old age, when the feelers are no longer quite as extended but that much more stably and resiliently formed and no longer mistakable for the strings of a marionette controlled by someone else. The small and the large *A* could refer to the beginning and end of adolescence, to that important period in which a slight youth develops into a strong man.

The entire composition of the pseudonym in *Innocence* seems broadly dispersed, splayed out in tension, and with a—compared to its twin—considerably larger ratio of surface to volume; this can be interpreted as the expression of more friction, an upright posture, and an attitude that is more open to the world generally. Only the *E*, the final letter, seems rather pensively bent over as if taking hold of its own head: wisdom as the defining core competence of old age. This salient visual element, whose form recalls Auguste Rodin's sculpture *The Thinker*, is also found in several other works by the artist.

This leaves unanswered the question of the two boxlike elements that seem to rise up or slip off at the beginning and end of the conglomerate of letters. We can scarcely be expected to see them as references to an incubator and a coffin.

In summary, juxtaposing these two key works by von Koeding with regard to subtle differences in form and color conveys the impression that this pair of paintings could be depicting on canvas something like the confrontation of desire and reality: *Innocence* as the expression of a longed-for, strived-after, and in principle still possible ideal line and *Childhood Innocence*, by contrast, as a post-pubescent, soberly retrospective interim determination with correspondingly adjusted, far less ambitious

Zwischenbilanz mit einer daraus resultierend nachjustierten, weit weniger ambitionierten Erwartungshaltung für die noch verbleibende Zukunft. Es wäre spannend zu wissen, welchem Bild der Künstler persönlich näherstand.

Kurios ist der abschließende Blick auf *Childhood Innocence* hinsichtlich einer möglichen Horizontalskalierung in Bezug auf die Lebensdauer des Künstlers: Wenn man grundsätzlich unterstellt, dass Kindheit beziehungsweise Jugend im Alter von etwa 16 Jahren endet – was proportional genau der Breite der dafür stehenden beiden farbigen Buchstaben D und A entspricht –, dann würde der übrige Teil des schwarz-weißen Pseudonyms vom *R* bis hin zum weit auslaufenden *E* bei gleichem Maßstab in Relation dazu einer Dauer von etwa 26 zusätzlichen Jahren *Restlebenszeit* entsprechen. Sigi von Koeding starb mit 42 Jahren.

expectations for the future that remains. It would be fascinating to know which painting the artist felt closer to.

The final look at *Childhood Innocence* is curious in terms of a possible horizontal scaling in relation to the length of the artist's life: If one assumes that childhood or youth ends around the age sixteen—which corresponds precisely to the width of the two letters in color that stand for it, *D* and *A*—than the remaining part of the pseudonym in black-and-white, from *R* to the long-tapering *E*, has the same relative scale to that as around twenty-six years of *remaining lifetime*. Sigi von Koeding died at the age of forty-two.

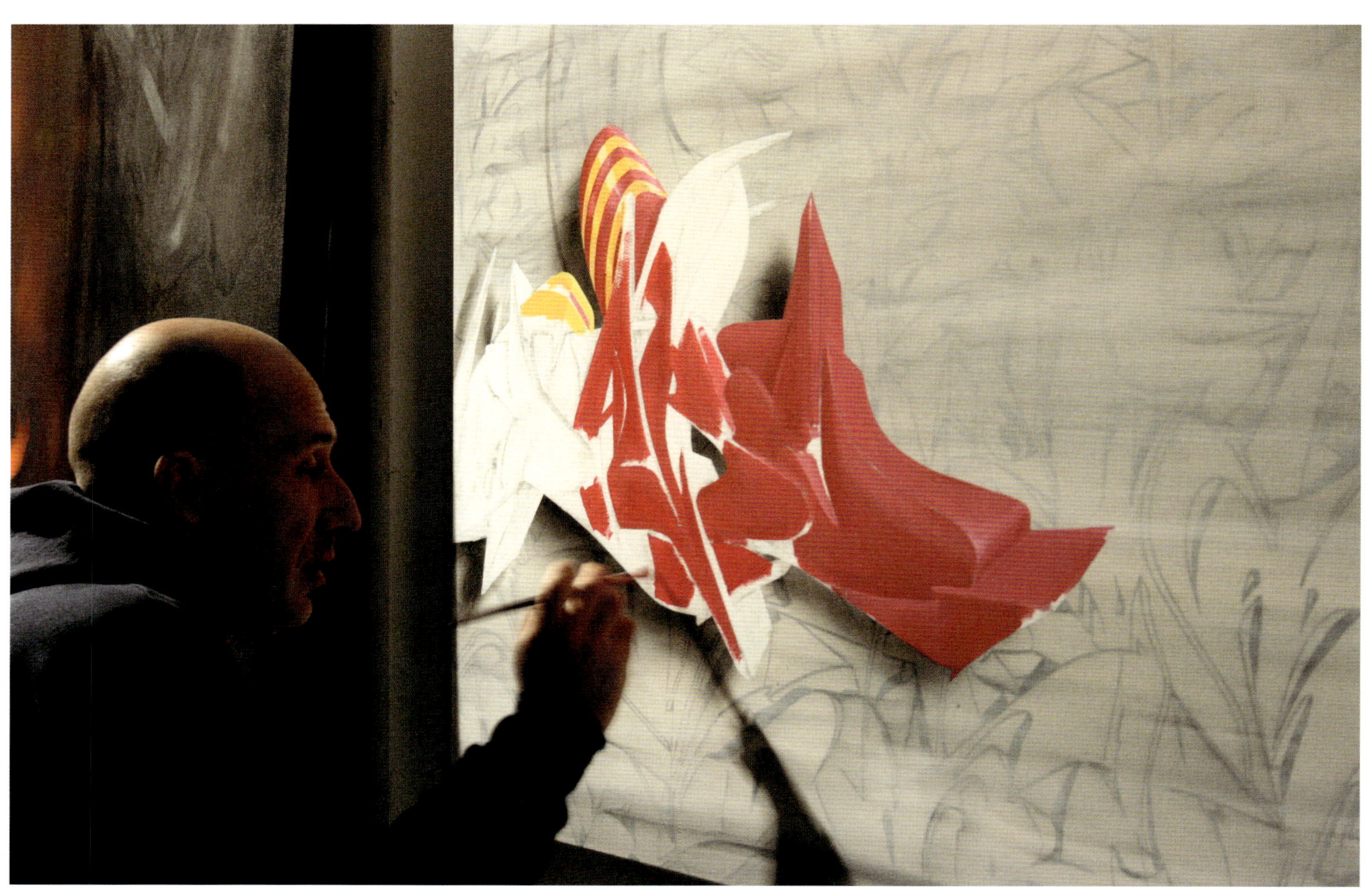

161
DARE im Atelier in Weil am Rhein | DARE in his studio in Weil am Rhein, 2007

Greenhorn entfaltet beim Betrachten eine enorme Suggestivkraft. Kaum jemand wird auf den ersten Blick die vier Buchstaben des Aliasnamens nacheinander in Leserichtung zur Kenntnis nehmen. Vielmehr wirkt der Buchstabenblock mit seiner markanten Silhouette wie etwas kompaktes Ganzes, das verschiedene Deutungen zulässt. Die einen könnten sich spontan an einen mittelalterlichen Rammbock kurz vor seiner entscheidenden Attacke erinnert fühlen oder fürchten sich wegen der gelben runden Kringel vor gefährlichen Insektenstichen. Andere wiederum könnten mit dieser Komposition eines zum linken Bildrand hin gestaucht wirkenden Buchstabengedränges eine eher zurückhaltende oder gar ängstlich wirkende Phantasiegestalt assoziieren, womöglich in Sorge vor etwas Unbekanntem, was außerhalb des rechten Bildrandes freilich verborgen bleibt. Plant die spitzwinklige Figur des *Greenhorn* also einen wohlkalkulierten Angriff in Richtung des rechten Bildrands, oder aber verharrt sie vielmehr in passiver Abwehrhaltung auf der entgegengesetzten Seite?

Hätte von Koeding nicht mehrfach darauf hingewiesen, mit seinen Bildern nicht in den gesellschaftspolitischen Diskurs eingreifen zu wollen, hätte das 2007 gemalte *Greenhorn* wegen seiner Form- und Farbgebung rückblickend durchaus zur Symbolfigur der LGBTQ-Community aufsteigen können. So aber bleibt offen, ob der Künstler – und wenn ja, in welchem Kontext – seinerzeit möglicherweise Greenhorn-typische Anfängererfahrungen machen musste, konnte oder durfte.

Das große Interesse an diesem Schlüsselwerk machte von Koedings Leinwand mittlerweile zu einer Weltreisenden: Sie zog von Basel weg, um über Zürich und Paris ihren vorerst letzten Platz in einer US-amerikanischen Sammlung zu finden.

Die Beauftragung eines zweiten, ähnlich aufgebauten Bildes zwei Jahre später lehnte von Koeding zunächst ab. Erst nach verbindlicher Absprache, dass es außer der Vorgabe zur Leinwandgröße von exakt 90 × 300 Zentimetern keine weiteren Festlegungen geben sollte, und weil der später für die Hängung vorgesehene Raum architektonisch an einen Eisenbahnwagon erinnerte, willigte der Künstler schließlich ein.

Bereits zum ersten Ortstermin kurz nach Ostern 2009 brachte von Koeding zwei Skizzen als Vorschlag mit, die den figürlichen Ersatz für das *Greenhorn* grob veranschaulichen sollten.

Greenhorn unfolds an enormous suggestive power as it is being viewed. Hardly anyone would at first glance recognize the four letters of the alias as sequential in the direction of reading. Rather, the block of letters with its distinctive silhouette looks like a compact whole open to various interpretations. Some could feel reminded of a medieval battering ram just before its crucial attack or, because of its round, yellow ring, be afraid of dangerous insect bites. Others, in turn, could associate this composition of a crowd of letters that appears to be forced against the left edge with a rather restrained or even frightened-looking imaginary creature, which is perhaps worried about something unknown that remains hidden outside of the right edge of the picture. Is this angular figure of *Greenhorn* planning a calculated attack in the direction of the right edge, or is it rather remaining in a passive, defensive stance on the opposite side?

If von Koeding had not pointed out many times that he had not intended his works to engage in sociopolitical discourse, then *Greenhorn* of 2007 would have become in retrospect a symbol for the LGBTQ community because of its forms and colors. As it is, however, it remains open whether the artist had to, could, or was permitted to have greenhorn-like experiences in his day—and if so, in what context.

Great interest in this key work has turned von Koeding's canvas into a world traveler: It left Basel and traveled via Zurich and Paris to its final destination for now in an American collection.

A commission for a second painting of a similar composition to years later was initially rejected by von Koeding. Only after a binding agreement that apart from the requirement that the canvas measure exactly 90 × 300 centimeters there would be no other specifications, and because the architecture of the room where it was to be hung later was reminiscent of a railroad car, did the artist finally accept it.

Already for the first meeting in situ shortly after Easter 2009, von Koeding had brought along two sketches

Auslandsreisen und mehrere Ausstellungen, die bei leerem Lager notwendigerweise zu intensiver Atelierarbeit führten, zwangen ihn allerdings zum vorübergehenden Aufschieben des Projekts. Erst im August fand von Koeding Zeit für eine Fortsetzung. Er hatte mittlerweile einen neuen Entwurf für das seiner festen Überzeugung nach *endgültige* Hauptmotiv gezeichnet, dessen Silhouette entfernt an einen stolzen Ocean-Liner in voller Fahrt erinnert, und diesen bereits spontan an einer Fassade unweit seines Ateliers mit Spraydose ausprobiert. Fertig war nun ebenfalls die drei Meter breite Basisleinwand mit einem präzise gemalten Buchstabenteppich, um diesen gleich wieder mit einem Schwamm zu verwaschen. Erneut unterbrach der Künstler dieses Projekt, weil mehrere eng getaktete Ausstellungen und Auslandsreisen anstanden, davon zwei nach New York und Miami.

Erst unmittelbar nach den Weihnachtstagen 2009 fand von Koeding wieder Ruhe und Zeit für einen weiteren Anlauf zur Finalisierung der Leinwand. Nunmehr offenbar unzufrieden mit dem eigentlich bereits festgelegten, inzwischen jedoch vier Monate alten Entwurf zur *Greenhorn*-Nachfolge, skizzierte er zwei neue Ideen. Dabei sollte es bleiben. Zu mehr war der Künstler trotz der dafür bereits längst vorbereiteten Basisleinwand krankheitsbedingt nicht mehr in der Lage. Trotz mehrerer Operationen verstarb Sigi von Koeding im März 2010 in einem Basler Spital an einem zu spät erkannten Gehirntumor.

Anhand der Skizzen für die Nachfolgefigur von *Greenhorn*, die der Künstler wiederholt neu erarbeitete beziehungsweise austauschte, lässt sich erahnen, welche Entwicklung die innere Verfassung von Koedings im Laufe des letzten Jahres seines Schaffens durchgemacht hat. Scheinen sich die Buchstaben der drei Entwürfe aus dem Frühjahr und Hochsommer zunächst noch kraftvoll aufzurichten, um dann „volle Fahrt aufzunehmen", wirken die zum Jahresende gezeichneten Buchstaben des Aliasnamens *nach hinten umgekippt*, fast wie auf dem Boden liegend; das letzte *E* ist kaum noch als solches zu entziffern.

Der künstlerische Höhenflug fand ein abruptes Ende. Die monochrom verwaschene Basisleinwand blieb ohne Hauptmotiv, das eigentlich eine würdige Nachfolge der *Greenhorn*-Figur hätte antreten sollen, und wurde infolgedessen zum *Unfinished*.

as proposals to roughly illustrate the replacement for the figure from *Greenhorn*. Travels outside of the country and several exhibitions, which necessarily meant intense studio work since storage was empty, forced him to postpone the project for a time. Not until August did von Koeding find time to continue. Meanwhile, he had drawn a new design for the *final* main motif, whose silhouette distantly recalls a proud ocean liner at full speed and already spontaneously tried it out with a spray can on a façade not far from his studio. The three-meter-wide basic canvas was also already with a precisely painted tapestry of letters that were then immediately washed with a sponge. The artist interrupted this project again because several exhibitions in rapid succession and journeys abroad were planned, including two to New York and Miami.

Not until just after the Christmas holidays in 2008 did von Koeding find the down time to take another stab at finalizing the canvas. Clearly dissatisfied with the now-four-month-old design for a *Greenhorn* successor that had in fact already been decided on, he sketched two new ideas. That was to be the end of it. Despite a basic canvas for it that had been prepared long ago, the artist was not in a position to do more because of illness. Despite several operations, Sigi von Koeding died in March 2010 in a hospital in Basel from a brain tumor that had been diagnosed too late.

The sketches for the successor figure to *Greenhorn*, which the artist repeated revised or switched out, give a hint of the changes that von Koeding's inner state went through over the course of his final year of work. The letters of the three designs from the spring and summer appear to have been still quite powerful in order to "set off at full speed," whereas the letters of the alias drawn at the end of the year are *tipped backward*, almost lying on the ground; the final *E* is barely decipherable as such.

His high-altitude artistic flight ended abruptly. The monochrome, washed-out basic canvas remained without a main motif that would have been a worthy successor to the *Greenhorn* figure and consequently was left *Unfinished*.

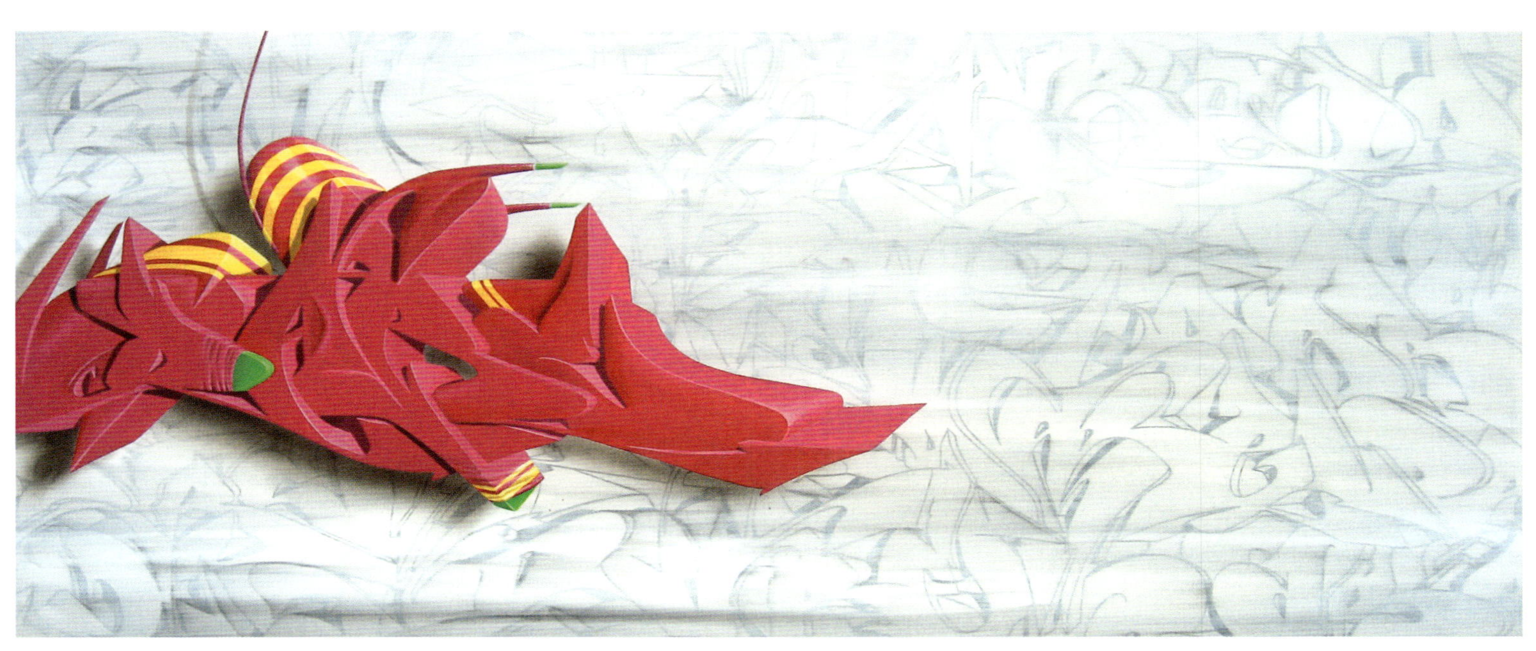

162
Greenhorn, 80 × 180 cm, 2007

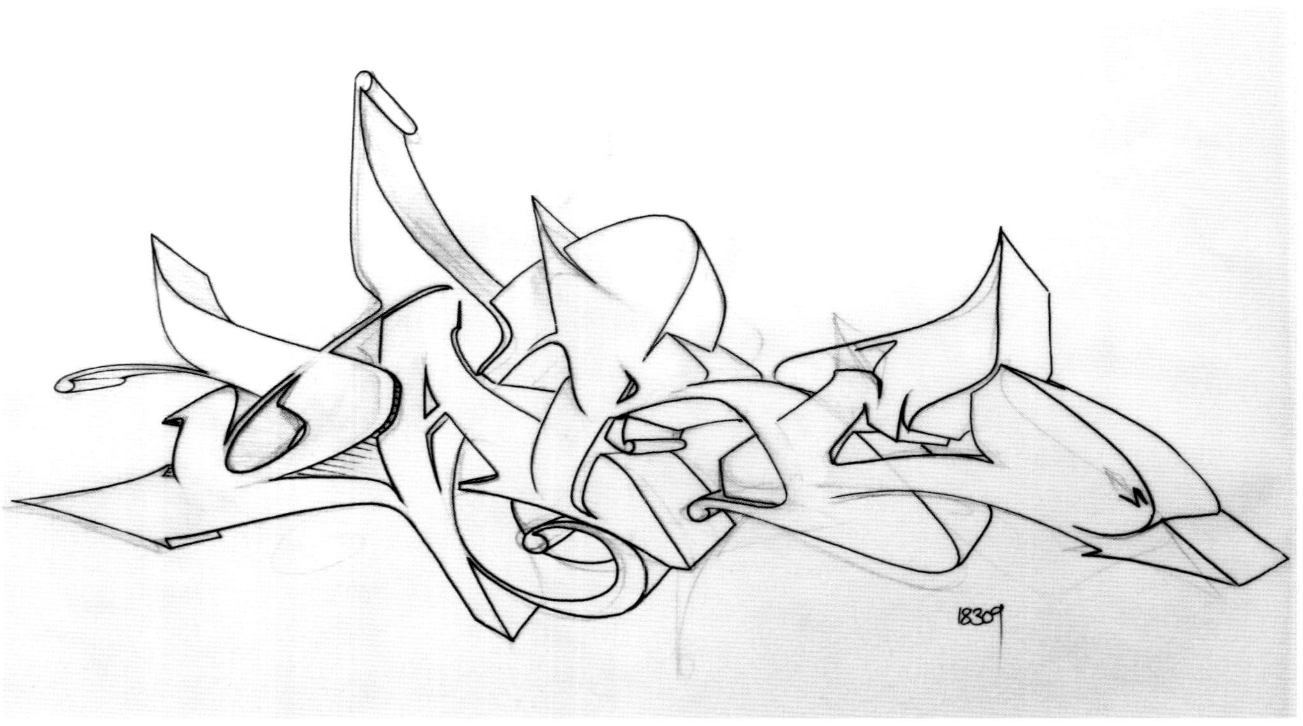

163
Skizze | Sketch *18309,* 30 × 41 cm, März | March 2009

134

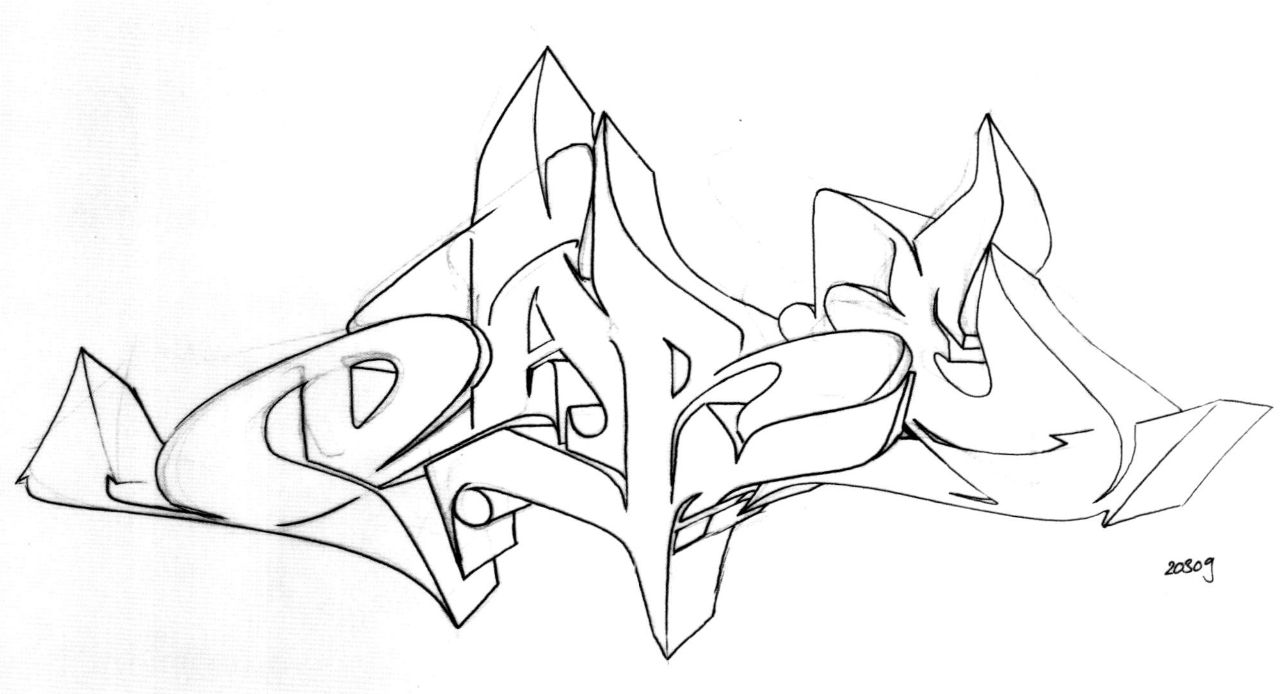

164
Skizze | Sketch *20309,* 30 × 41 cm, März | March 2009

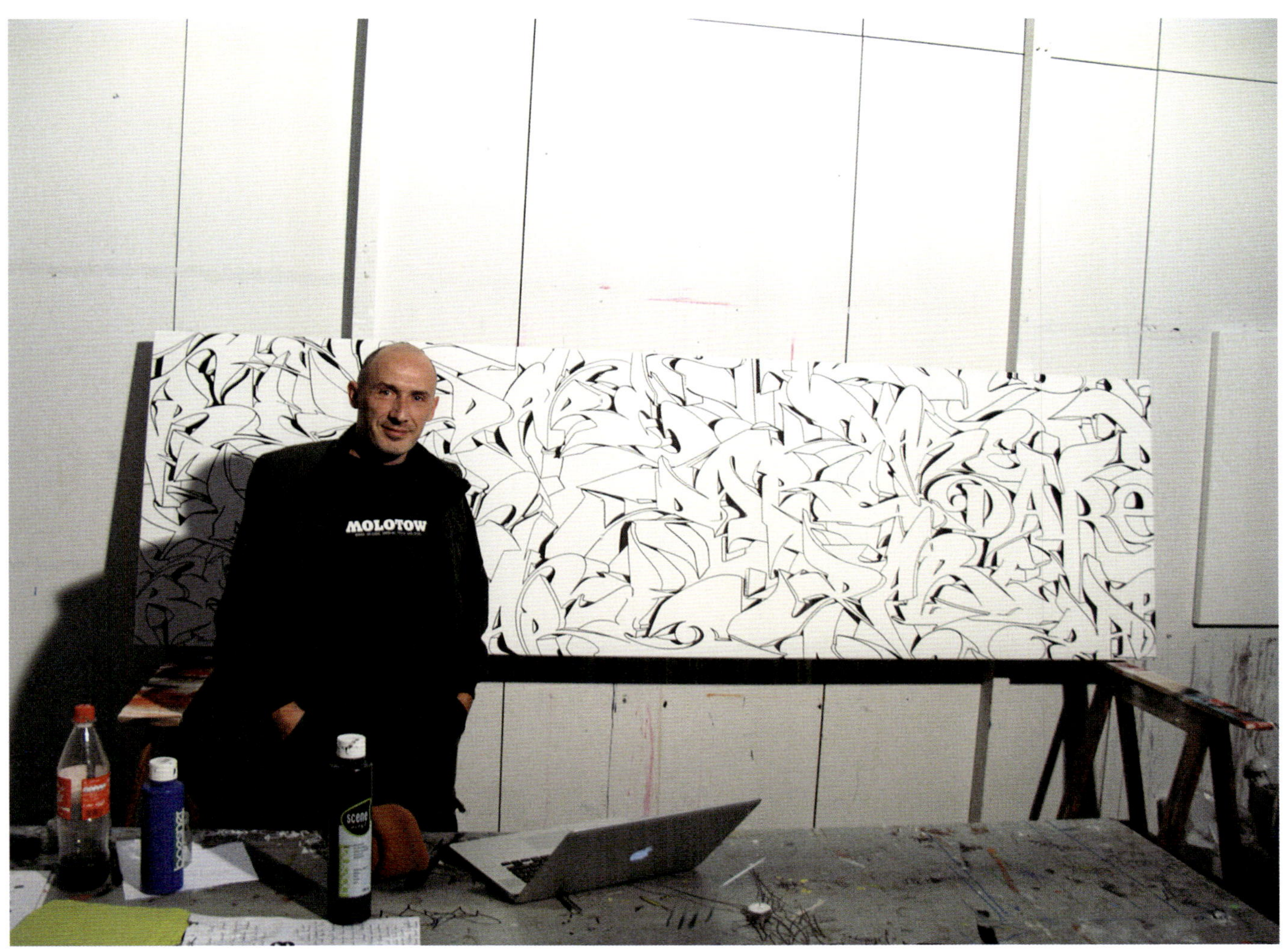

165
DARE mit der noch unverwaschenen Basisleinwand für die *Greenhorn*-Nachfolge | DARE with the unwashed basic canvas for the Greenhorn successor, 2009

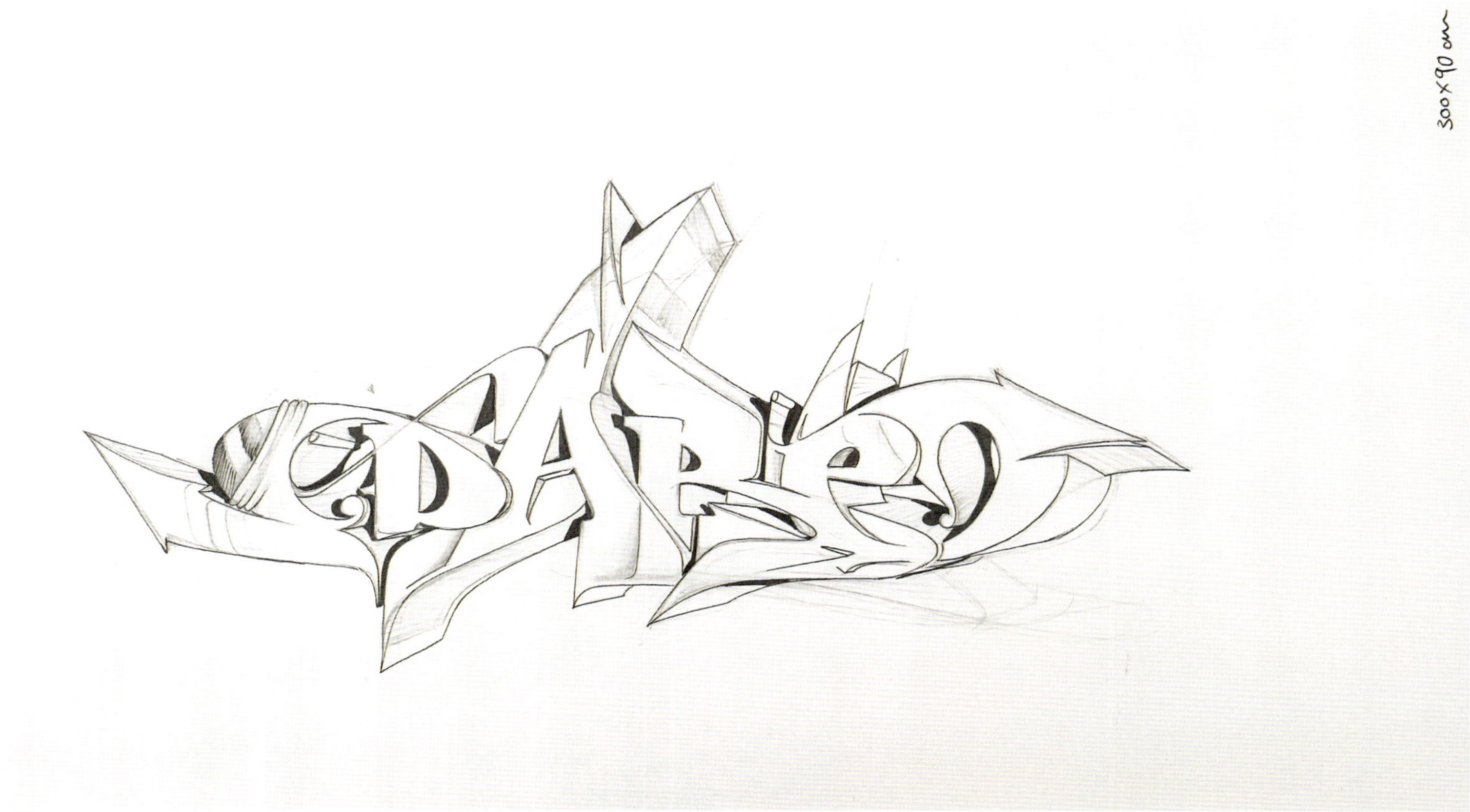

166
Skizze zur Realisierung | Sketch for the realization *300 × 90,* 30 × 41 cm, August 2009

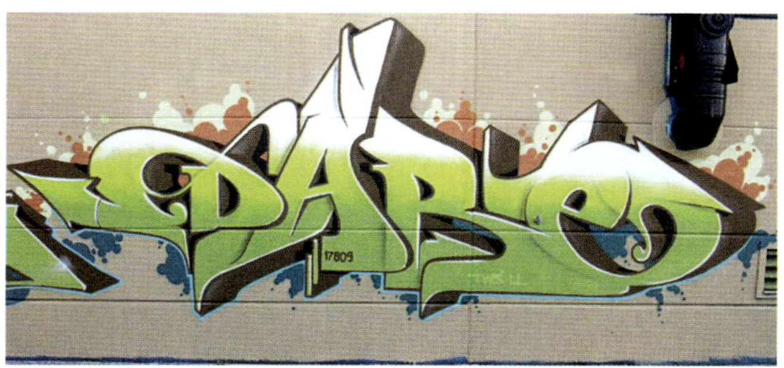

167
Entwurfstest für die *Greenhorn*-Nachfolge auf Beton |
Design test for the Greenhorn successor on concrete,
August 2009

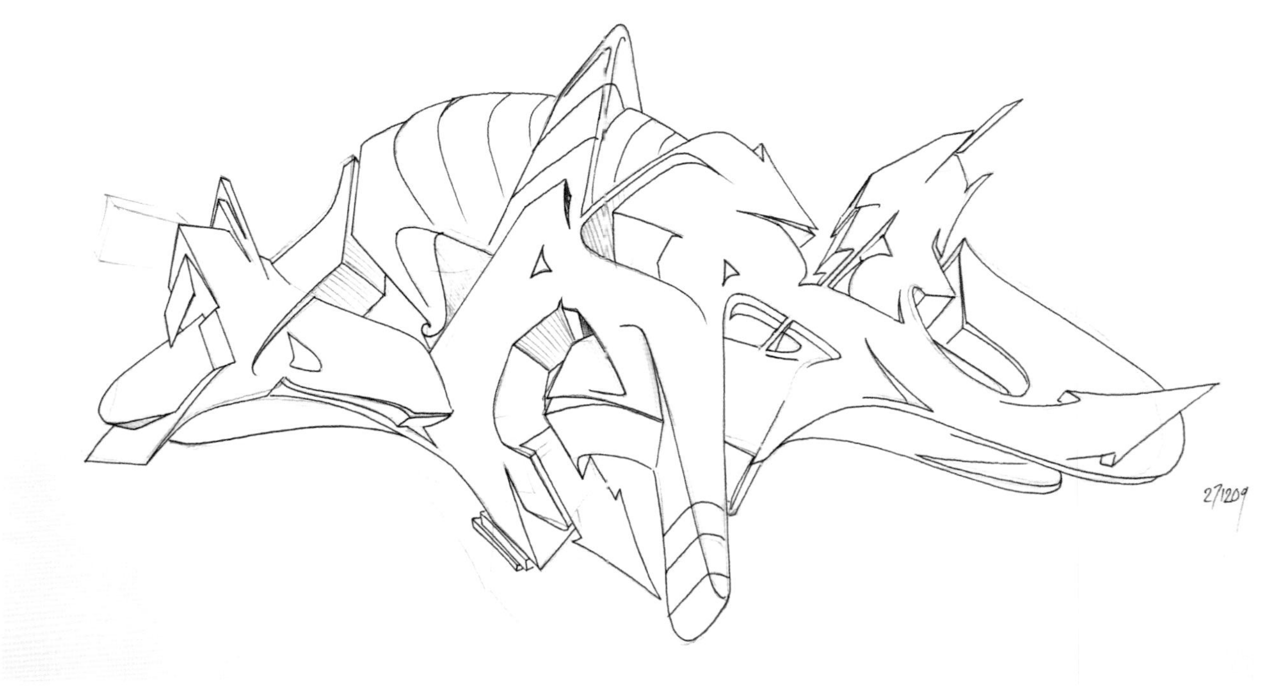

168
Skizze | Sketch *271209*, 30 × 41 cm, Dezember | December 2009

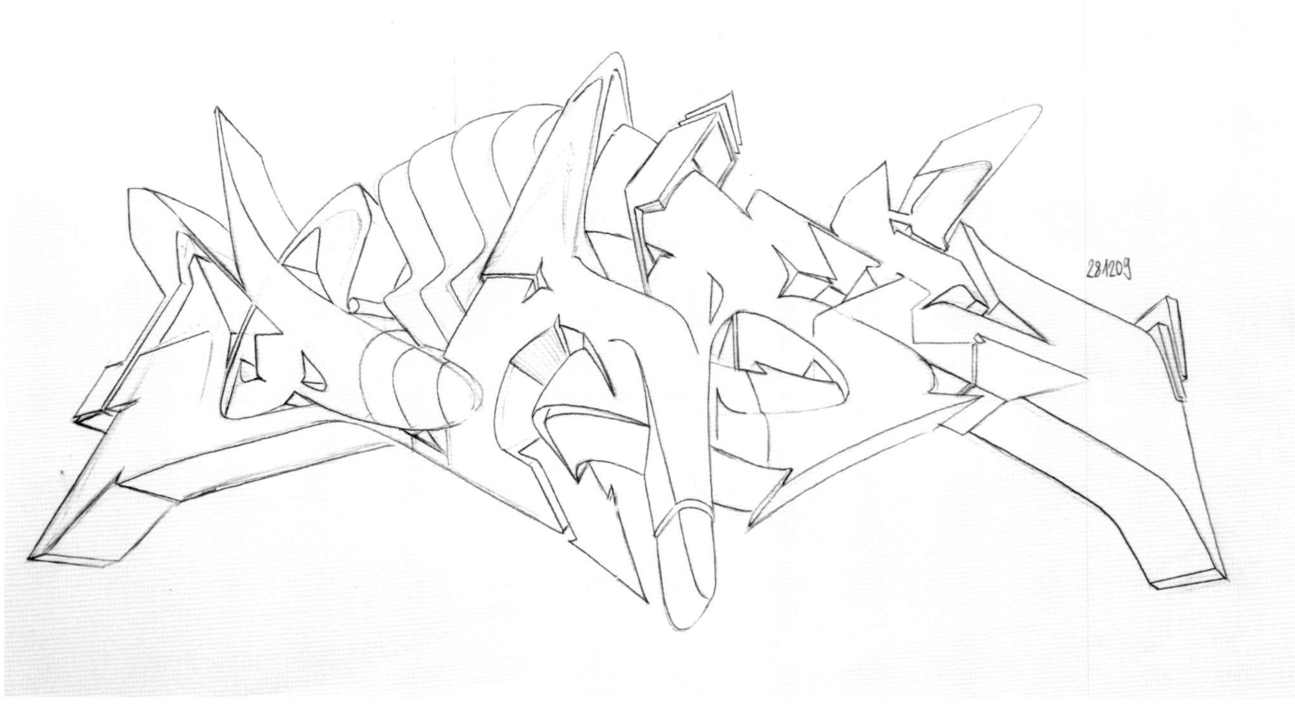

169
Skizze | Sketch *281209*, 30 × 41 cm, Dezember | December 2009

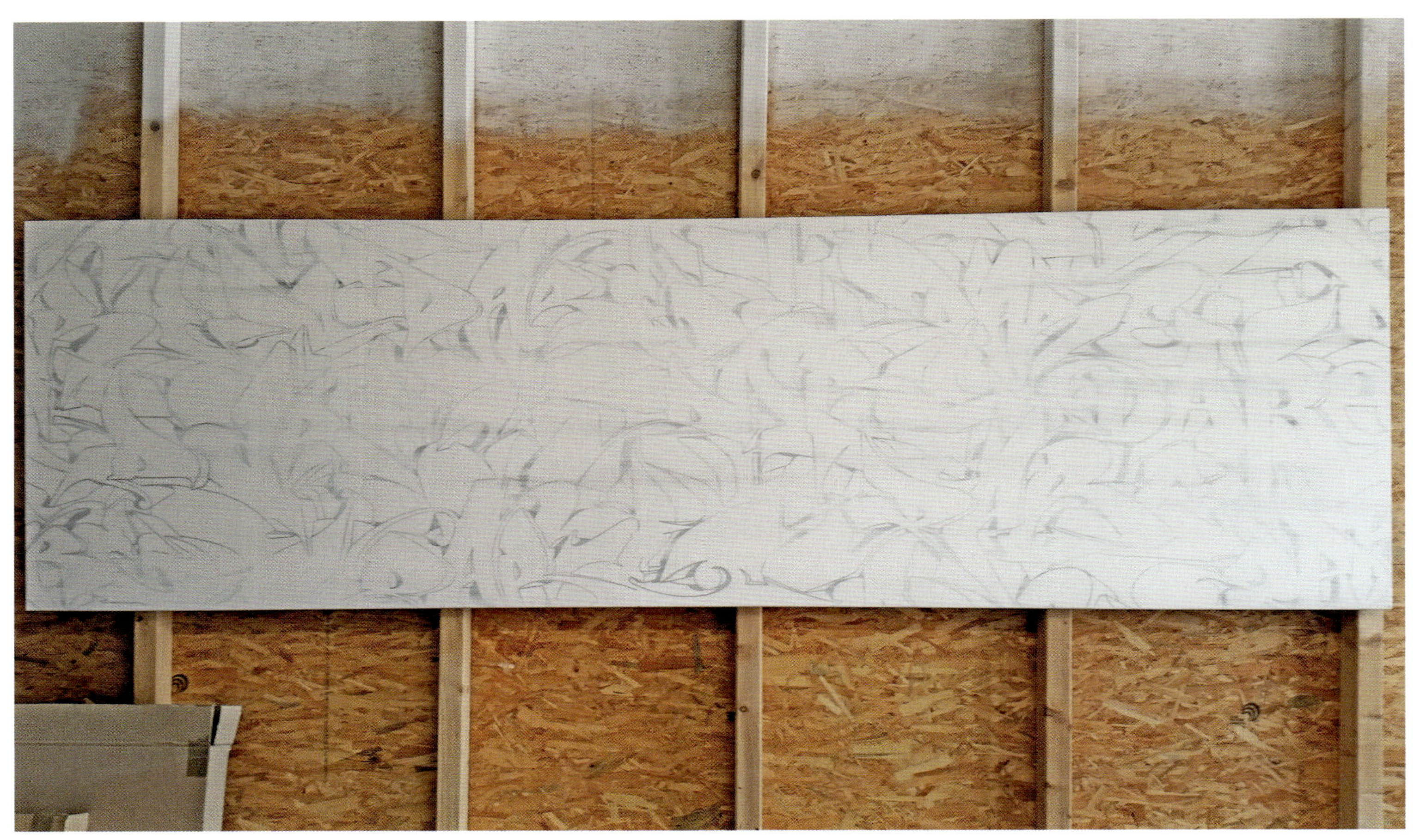

170
Unfinished, 90 × 300 cm, 2009

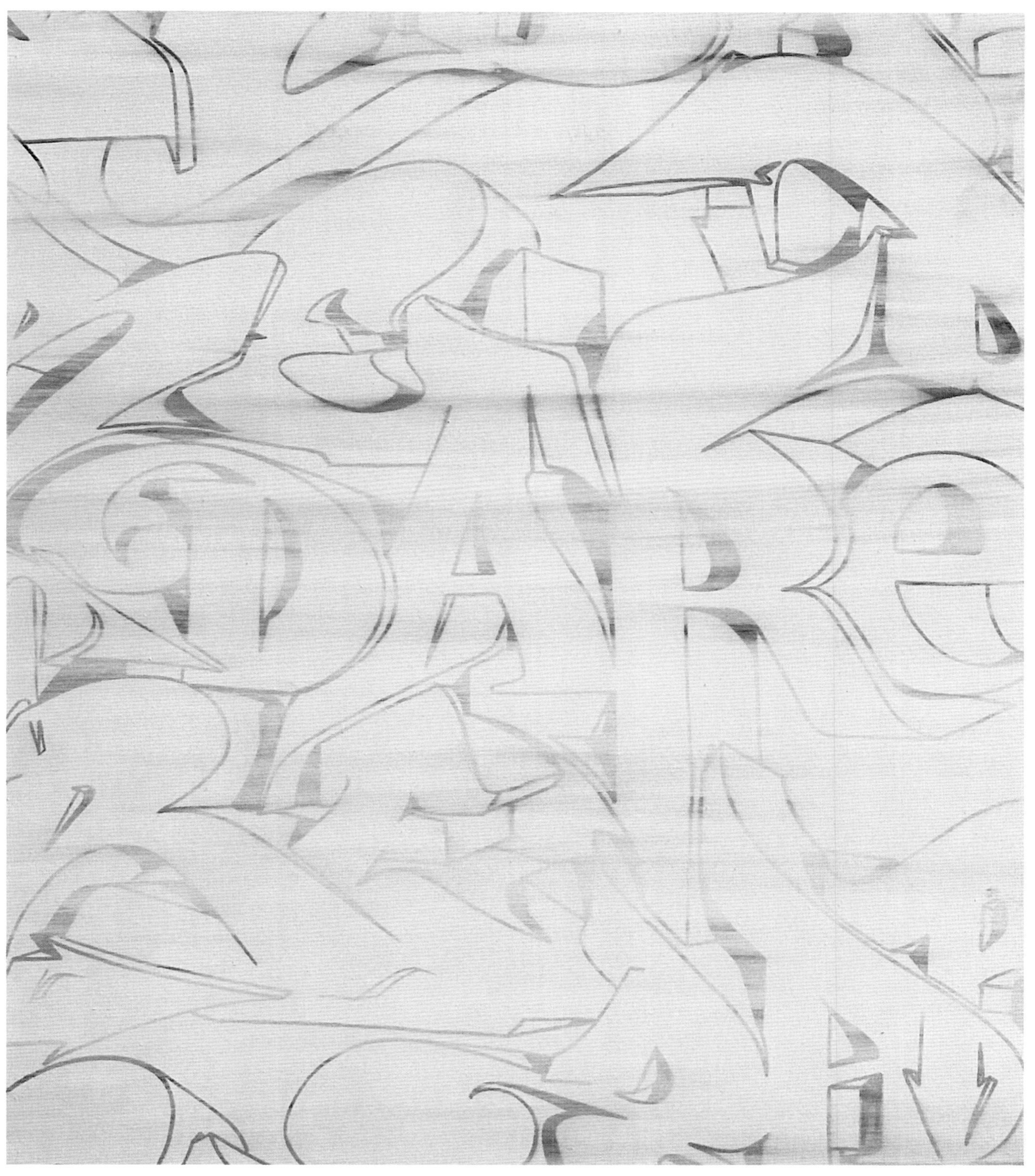

171
Unfinished (Ausschnitt | detail), 90 × 300 cm, 2009

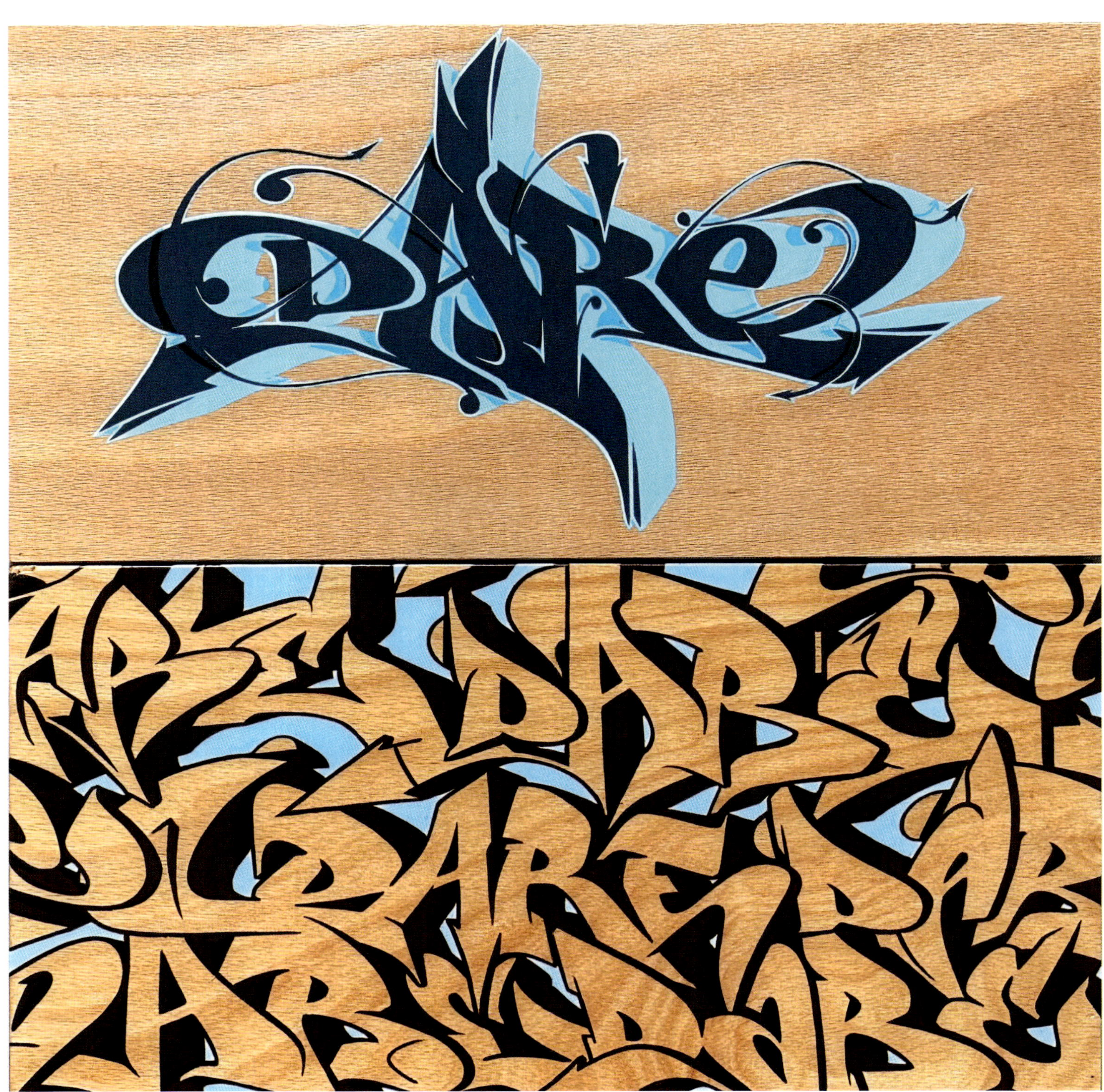

Living on the box Nr. 1 & Nr. 9, jeweils | each 20 × 40 cm, 2009

5 ZUSAMMENFASSUNG
SUMMARY

Graffiti und Streetart sind aus dem öffentlichen Raum mittlerweile nicht mehr wegzudenken und gehören heutzutage zu den künstlerischen Ausdrucksformen mit besonders starker kommunikativer Wirkung. Ihre Bildsprache und Motive finden sich in kleinerem Maßstab auf Leinwänden, erobern moderne Lofts und Livingrooms und dominieren auf großen Werbeplakaten für Textilien, Automarken oder andere Konsumgüter, die eine jüngere Zielgruppe ansprechen. Das mit diesem neuen Genre einhergehende Spannungsfeld zwischen Vandalismus und Wertschätzung stellt den klassischen Kunstbetrieb und dabei insbesondere die öffentlichen Museen bei der Ausstellungsplanung und ihrem stetigen Sammlungsaufbau vor die schwierige Frage: „Muss das sein, und wenn ja, wie?"[22]

Wenn aber Museen für zeitgenössische Kunst tatsächlich auch zukünftig als Ort unseres kulturellen Gedächtnisses funktionieren sollen und auch wollen, führt kein Weg daran vorbei, sich mit diesem komplexen Thema auseinanderzusetzen.[23] Wo fängt man also an? Bei den Interventionen im urbanen Raum und daran anknüpfenden Malereien auf Leinwand hat sich mittlerweile eine nahezu unüberschaubare Vielfalt an Arbeitstechniken, verwendeter Materialien und auch an kreativ begleitenden Inszenierungen entwickelt, sodass es kaum leistbar erscheint, für wirklich jeden und alles eine *kulturhistorisch passende Schublade* finden zu können. Eines wird aber schnell deutlich: Die systematische Auseinandersetzung mit diesem neuen Genre der zeitgenössischen Kunst kann nur gelingen, wenn das auch in Expertenkreisen scheinbar feststehende Begriffspaar *Graffiti & Streetart* aufgelöst wird. Dieser Eindruck drängt sich jedenfalls auf, wenn man den Blick auf die Anfänge der Graffiti-Szene richtet und der Einschätzung wichtiger Wegbereiter aus der Sprayer-Szene folgt. Nach Meinung des Baslers Sigi von Koeding sind Graffiti-Markierungen seit ihrer Verbreitung in US-amerikanischen Metropolen bis in die Gegenwart hinein im engeren Sinne lediglich eine Jugendbewegung; sie finden in der Regel illegal statt, mit nur szeneintern verständlichen Aliasnamen und sonstigen Zeichen, und hören bei den meisten Sprayern mit Erreichen des Erwachsenseins auf. Sein Resümee dazu lautet: „Graffiti als Kunst zu bezeichnen finde ich schon im Ansatz falsch. Es ist und bleibt eine Jugendkultur."[24] Noch spitzer formuliert sind Graffiti eigentlich nur „ein egoistischer Wettbewerb, bei dem es darum geht, seine Freunde und Rivalen zu übertrumpfen und

These days, public space is unimaginable without graffiti and street art, and they number among the forms of artistic expression that communicate especially well. Their visual language and motifs are found on a smaller scale on canvases, conquer modern lofts and living rooms, and dominate large billboards for textiles, cards, and other consumer goods that appeal to a younger target audience. The tension between vandalism and appreciation that goes hand in hand with this new genre raises a difficult question for the traditional art world and especially for public museums when planning exhibitions and constantly building their collections: "Is that necessary, and, if so, how?"[22]

But if museums for contemporary art should and want to function in the future as a place for cultural memory, there is no way around engaging with this complex theme.[23] Where does one begin? In the case of interventions in urban space and paintings on canvas associated with it, an almost unmanageable diversity of techniques, materials, and creative presentations have been developed so that it seems scarcely possible to find a truly *suitable compartment in cultural history* for each and every one of them. One thing becomes clear quickly, however: Systematic study of this new genre of contemporary art can succeed only if the concepts graffiti and street art, which are seemingly established pair even in expert circles, are distinguished. One cannot help but get this impression when looking at the early days of the graffiti scene and following the assessment of important pioneers of the writers' scene. In Sigi von Koeding's opinion, graffiti in the strict sense, from the time it spread in American metropolises to the present, has been a youth movement; as a rule, it was done illegally, using aliases and other symbols that were understood only within the scene, and ended for writers when they reached adulthood. He summed it up: "I find it simply wrong to call graffiti art. It is and will remain youth culture."[24] Expressed even more pointedly, graffiti are merely "an egotistical contest to outsmart your mates and rivals within the culture, while outwitting the police."[25] Summed up in this way, graffiti are as a rule illegal works based on a limit-

gleichzeitig die Polizei zu überlisten [...]."25 In diesem Sinne zusammengefasst sind Graffiti also in der Regel illegale Arbeiten, die auf einer begrenzten Anzahl von Buchstaben, Zahlen oder anderen Symbole basieren. Sie dienen dazu, innerhalb jugendlicher Gruppierungen so etwas wie Rangordnung, Revieransprüche und auch Mut und Überlegenheit gegenüber Ordnungskräften zu artikulieren und sie waren im ursprünglichen Sinne und sind bis heute fast niemals an die breite Öffentlichkeit adressiert.

Dieser Logik folgend könnten alle später daraus abgeleiteten Arbeiten, die nicht mehr den Zweck einer szeneinternen Positionierung anstreben, als etwas Neues gesehen und als *Post-Graffiti-Art* bezeichnet werden. Oftmals wurden die anfänglichen Mal- respektive Spraytechniken beibehalten, doch die unbedingte Illegalität wurde eingetauscht gegen die Erwartung der Community, zumindest geduldet, gerne geliebt oder bestenfalls sogar als Verkäufer erfolgreich sein zu wollen. Zwei diametral unterschiedliche Motivationen lassen sich in dieser Post-Graffiti-Phase feststellen:

Einige Künstler haben ihren Ursprung zwar im Graffiti, haben jedoch inzwischen ihren Style geändert und verzichten dabei auf die Verwendung der Buchstaben ihres ursprünglichen Aliasnamens; mitunter sind sie erst später als Quereinsteiger gestartet. Ihr Ziel ist es zu kommunizieren, und sie suchen sich im städtischen Umfeld gezielt die dafür am besten geeigneten Orte. In aller Öffentlichkeit soll das Publikum nun mit Streetart überrascht und unterhalten werden, sei es mit Ironie, Witz, Humor, politischen Forderungen, Kritik, Lob und Tadel oder einer Mischung aus alledem. Dafür setzen sie neben den gekritze ten oder gesprayten Botschaften weitere Arbeitstechniken ein (zum Beispiel Schablonen, Plakate, Sticker, Fliesen) und verwenden zudem häufig Bildzitate aus Science-Fiction, Comic und Satire. Besonders gut inszenierte kommunizierende Streetart spielt an ausgewählten Orten mit ihrer unmittelbaren urbanen Umgebung und entfaltet nur dort, also *outdoor*, ihre volle Wirkung auf die Betrachter. *Indoor* hingegen verliert sie oft an Wirkung und droht dann in Belanglosigkeit zu versinken.

Andere Künstler haben sich zwar aus der Enge illegaler Graffiti-Reviere befreit, bleiben jedoch ihrem ursprünglichen Aliasnamen treu. Sie haben sich – zunächst fernab der breiten Öffentlichkeit – stilistisch weiterentwickelt und arbeiten mit künstlerischem Anspruch an der Verbesserung ihres in jugend-

ed number of letters, numbers, and other symbols. They enable youth groups to articulate things such as hierarchy, territorial claims, and even courage and superiority in the face of law enforcement. In their original sense and even today, they are almost never addressed at the public in general.

Following this logic, all of the works later derived from it that no longer pursue the goal of a position within the scene should be seen as something new and called *Post-Graffiti-Art*. The original painting and spraying techniques are often retained, but inevitable illegality is exchanged for the expectation of the community to be at least tolerated, preferably loved, and at best even successful in sales. Two diametrically opposed motivations can be identified in this post-graffiti phase: Several artists have their roots in graffiti but have changed their style and dispensed with using the letters of their original alias; sometimes they started only later coming from a different background. Their goal is to communicate, and they seek out the places in the city best suited to doing that. In public places, their audience should be surprised and entertained by street art, whether through irony, wit, humor, political demands, critique, praise, and reproach or a mix of all of them. They employ not only scribbled or sprayed messages but also other techniques (for example, stencils, posters, stickers, and tiles) and often use visual quotations from science fiction, comics, and satire. Especially well presented communicative street art places with its immediate urban environment in selected places and only there, *outdoors*, does it have its full effect on the viewer. *Indoors*, by contrast, it often loses that effect and risks sinking into irrelevance.

Other artists have liberated themselves from the confines of illegal graffiti territory but remain faithful to their original alias. They have progressed stylistically— out of the public eye at first—and work with an artistic ambition to improve the pseudonym they adopted in their youthful Sturm-and-Drang years. The central conglomerate of letters should always do justice to higher formal and aesthetic claims. The search for an optimal style, which is very close to a personal branding, results

lichen Sturm- und Drang-Zeiten angenommenen Pseudonyms. Das zentrale Buchstabenkonglomerat soll immer höheren formal-ästhetischen Ansprüchen gerecht werden. Bei der Suche nach dem optimalen Style, der einer persönlichen Markenbildung (Branding) sehr nahekommt, entstehen spontane Skizzen, sorgfältig vorbereitete, größere und möglichst dreidimensionale Name-Writings an abgelegenen Betonwänden und gelegentlich daraus abgeleitete Leinwandarbeiten, die nun hauptsächlich im Atelier gemalt werden. Ein breites Publikum an stark frequentierten urbanen Plätzen ist für diese neue Form der Ausdrucksmalerei keine zwingende Voraussetzung. Die künstlerische Anerkennung als *Style King* mit besonderer malerischer Raffinesse erhalten Name-Writer zunächst innerhalb ihrer Community von Freunden, mit denen man inzwischen seltener, jedoch ohne Angst vor strafrechtlicher Verfolgung und ganz entspannt an zumindest geduldeten Fassaden weiterhin sprayt. Im Erfolgsfall finden innovative Galerien und private Sammlungen Gefallen an einem solchen *Graffiti Expressionism*. Dort nämlich erzeugt diese spezielle Form zeitgenössischer Kunst offenbar viel mehr Euphorie und Begeisterung, als dies von Ausstellungsplanerinnen und Kuratoren der öffentlichen Museen für ihre eigenen Räumlichkeiten bislang für möglich gehalten wird.

in spontaneous sketches, carefully prepared, larger, and ideally three-dimensional name writing on remote concrete walls and occasional works on canvas derived from them, which are now primarily painted in the studio. A broad audience in highly frequented urban spaces is not an absolute requirement for this new form of expressive painting. Name writers are recognized as *style kings* with special painting skills first within their community of friends with whom they spray paint more rarely in the meantime but without fear of criminal prosecution and quite relaxed on façades where it is at least tolerated. Ideally, innovative galleries and private collections appreciate such *Graffiti Expressionism*. There, namely, this special form of contemporary art clearly produces more euphoria and enthusiasm than exhibition planners and curators at public museums previously thought possible for their own venues.

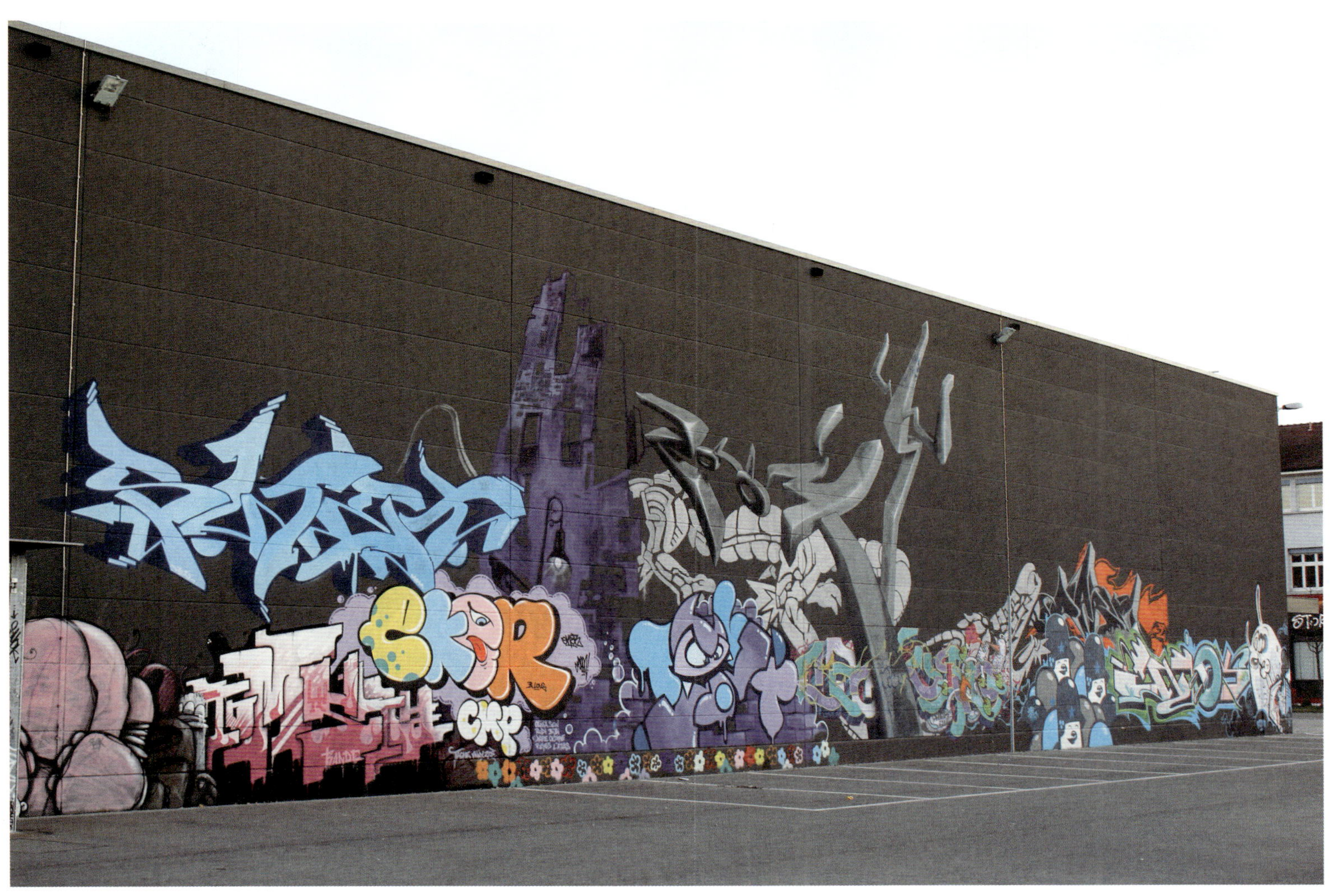

173
Fassade als Gästebuch: Outletcenter mit Gallery in Weil am Rhein | Façade as guest book: Outlet center with gallery in Weil am Rhein, 2011

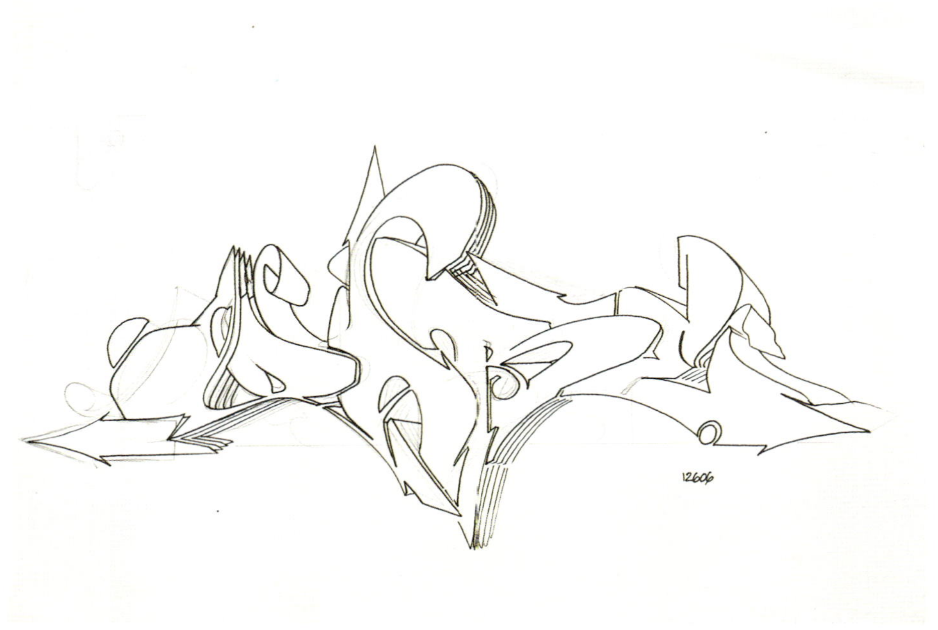

174
Von der Skizze | From the
sketch *12606*, 21 × 30 cm, 2006

146

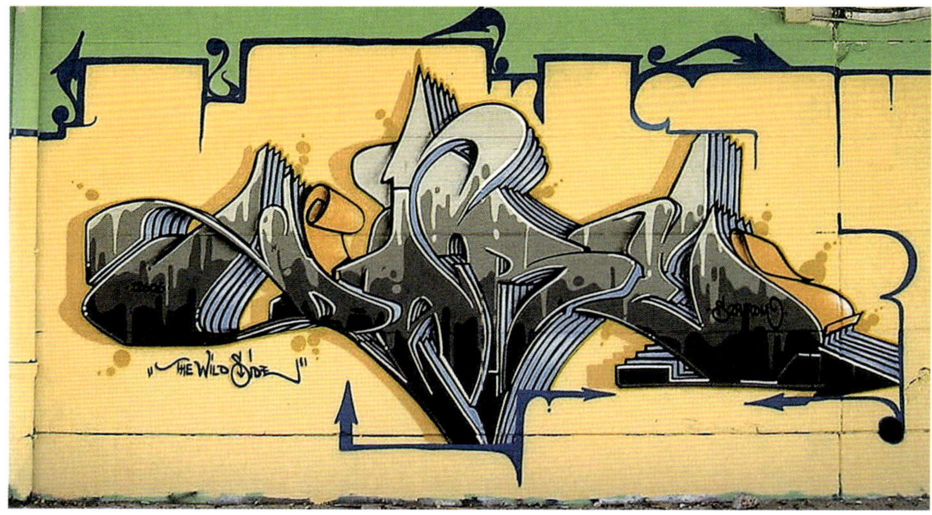

175
... über die Betonwand |
by way of the concrete wall ...

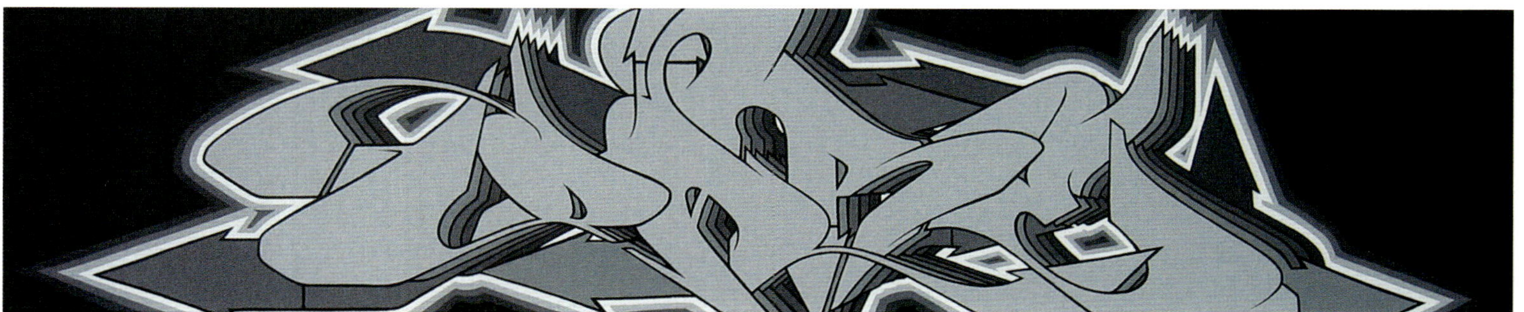

176
... auf die Leinwand | to the canvas: *Layers Layers*, 20 × 100 cm, 2006

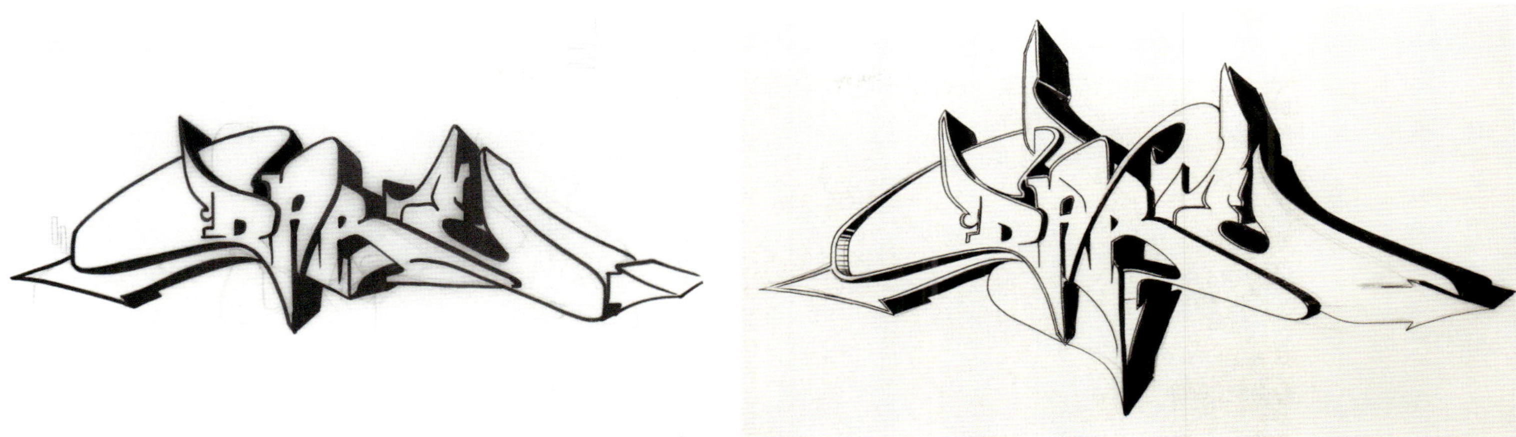

177+178
Von den Skizzen | From sketches, jeweils | each 30 × 41 cm, 2009

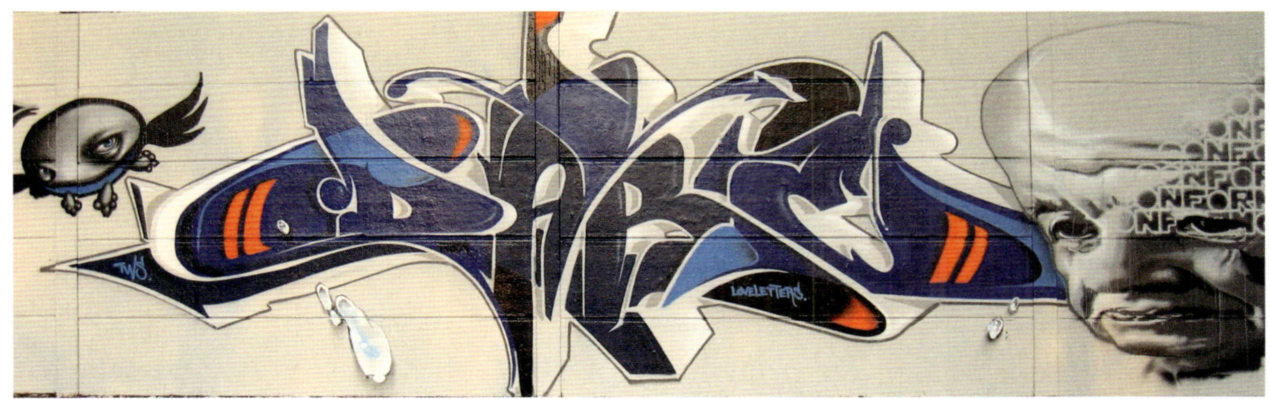

179
... über die Betonwand (rechts eine Arbeit von Hendrik Beikirch) |
... by way of the concrete wall (on the right, a work by Hendrik Beikirch)

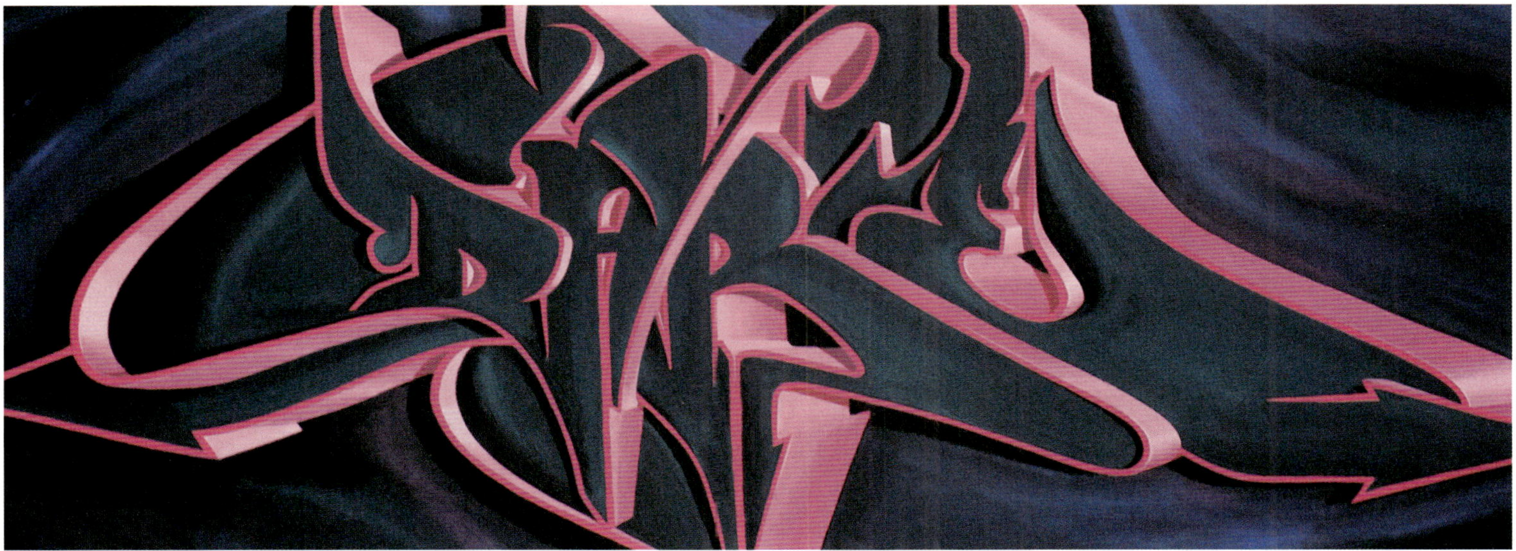

180
... auf die Leinwand | ... to the canvas: *Shockwaves*, 30 × 80 cm, 2009

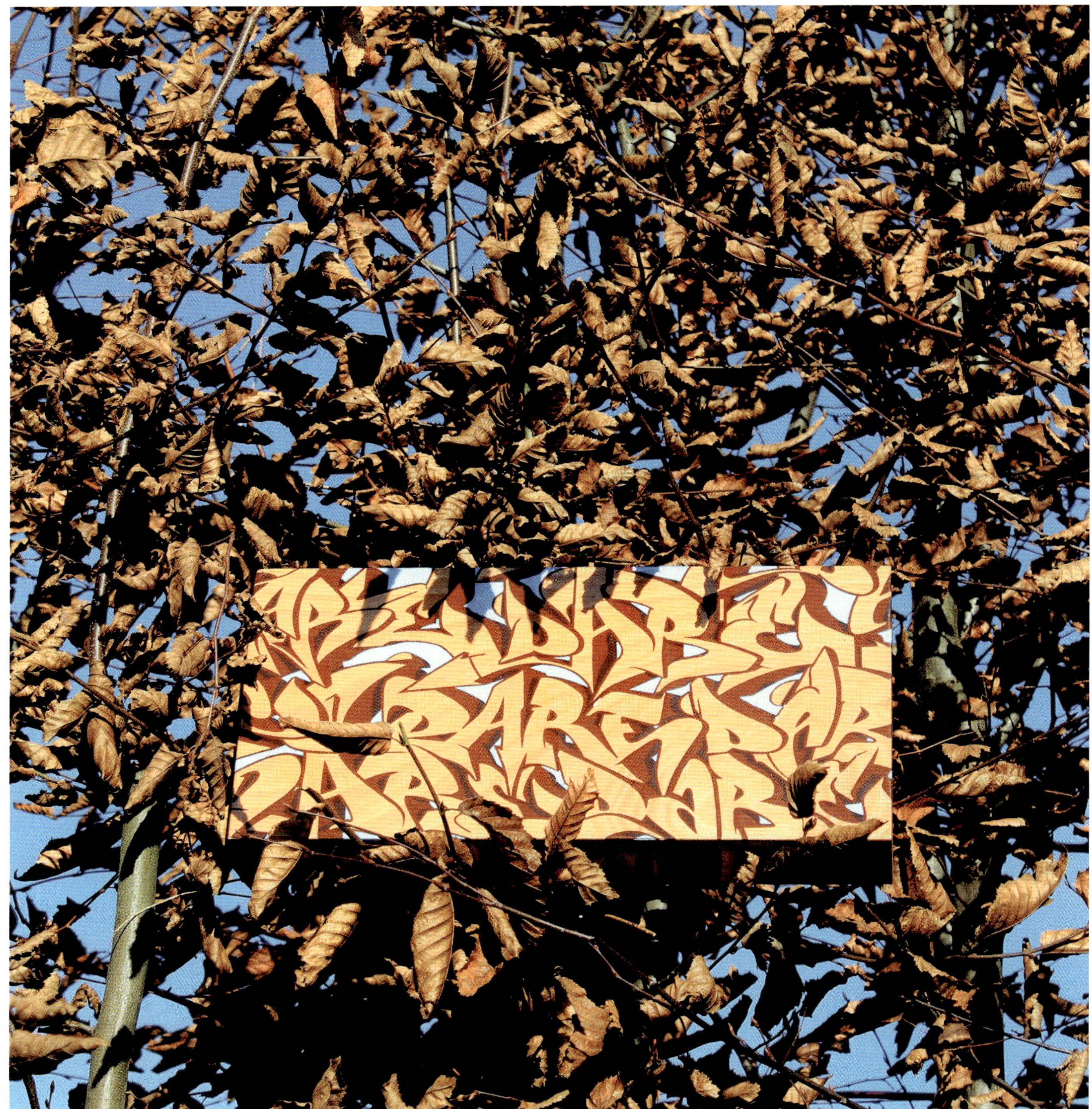

181
Living on the Box Nr. 9: Wie welke Buchenblätter | Like withered beech leaves, 20 × 40 cm, 2009

FAZIT

Die häufige Behauptung, Graffiti und Streetart gehörten ausschließlich in den urbanen Raum und dürften diesen nicht verlassen, ist offenbar sowohl richtig als auch falsch.

Richtig deshalb, weil Graffiti in ihrer Rohform als ordinäre und nur in Szenekreisen verstandene illegale Reviermarkierungen ohne Authentizität und Ausdruckskraft bleiben, wenn sie außerhalb der von adoleszenten Jugendgangs umkämpften Großstadtghettos unterprivilegierter Schichten gezeigt werden. „Wenn man Graffiti überhaupt als Kunst bezeichnen kann, so ist es die Kunst der Signatur."[26] Der besondere Charme kommunizierender Streetart aus der Post-Graffiti-Ära entfaltet sich tatsächlich meist nur an den originalen *Schau*-Plätzen im öffentlichen Raum und wohl nur selten in nachgebauter Umgebung innerhalb eines Museums.

Falsch ist jedoch das Ansinnen, Name-Writern mit Graffiti-Vergangenheit, die sich vom düsteren Hinterhof in die hell ausgeleuchtete Galerie- und Museumswelt bewegt haben, moralische Vorwürfe zu machen. Es stellt eben keinen *Ausverkauf der Graffiti-Seele* dar, wenn die Szenestars mittlerweile den persönlichen Style ihres ursprünglichen Aliasnamens in einem Maße weiterentwickelt oder gar verfremdet haben, dass das *neue* Name-Writing die respektvolle Anerkennung von Gleichgesinnten als erste Phase einer strengen Qualitätskontrolle durchlaufen hat. Nun suchen sie nach noch mehr Bestätigung im traditionellen Kunstbetrieb, auch ohne Rücksicht auf akademische Regeln und Gepflogenheiten.

Warum sollte also der *Graffiti Expressionism* als die jüngste bedeutende Innovation im Genre der Ausdrucksmalerei nicht in der Lage sein, die großen musealen Kunsttempel zu erobern? Rund 50 Jahre nach dem Aufstieg der Graffiti-Bewegung, ausgehend von Philadelphia über New York nach Europa, gibt es rückblickend keinen Grund mehr, den traditionellen Kunstbetrieb nicht um jene Stilrichtungen der Kunstgeschichte zu bereichern, die innerhalb der Post-Graffiti-Ära besondere Relevanz erlangt haben. Mit dem Schweizer Sigi von Koeding und einigen seiner Wegbegleiter, die entlang der Basel-Line gesprayt oder gemeinsam an den Hamburger *Urban-Discipline*-Ausstellungen zur Jahrtausendwende mitgewirkt haben, drängen sich vielleicht sogar weit mehr Protagonisten als Vertreter einer neuen,

LOOKING BACK

The common assertion that graffiti and street art belong exclusively to urban space and are not permitted to leave it is apparently both right and wrong. It is right because graffiti in their raw form as vulgar and illegal markings of territory understood only in the circles of the scene lack authenticity and expression power if they are shown outside of the underprivileged ghettos of large cities over which adolescent gangs fight. "If graffiti can be claimed as art at all, it is the art of the signature."[26] The special charm of street art from the Post-Graffiti era is usually communicated only in the original scenes in public spaces and only more rarely in replicated environments in a museum.

It is unfair to reproach morally those name writers with a graffiti past who have moved from gloomy rear courtyards to the brightly lit world of museums and galleries. It does not represent a *sellout of the graffiti soul* when the stars of the scene have refined the personal style of their original alias to such a degree or even defamiliarized it so that the *new* name writing has passed through the respectful recognition of the like-minded as the first phase of strict quality control. Now they are trying to get even more recognition in the traditional art world without regard to academic rules and practices.

Why shouldn't *Graffiti Expressionism*, the youngest important innovation in the genre of expressive painting, not be in a position to conquer the great museum temples to art? Around fifty years after the rise of graffiti movement, starting from Philadelphia by way of New York to Europe, there is in retrospect no longer any reason not to enrich the art world with the stylistic currents of art history that have become particularly relevant in the Post-Graffiti era. With the Swiss artist Sigi von Koeding and several of his companions who spray-painted along the Basel Line or participated together in the *Urban Discipline* exhibitions in Hamburg around the turn of the millennium, perhaps even far more protagonists emerged as representatives of a new, autonomous movement than had around a century earlier with Expressionism, whose

eigenständigen Stilrichtung auf als rund 100 Jahre zuvor beim Expressionismus, dessen Ursprung vor allem auf die Künstlervereinigung *Die Brücke* zurückzuführen ist. Interessanterweise waren deren vier Gründungsmitglieder 1905 als junge Architekturstudenten ebenfalls *nur* Autodidakten, als sie mit ihrer rohen Ausdrucksmalerei einen provokativen Gegenentwurf zum seinerzeit vorangegangenen klassischen Kunstbetrieb lieferten.

Weitere Gemeinsamkeiten zwischen den Expressionisten von damals und einem *Graffiti-Expressionisten* wie dem Basler DARE sind augenfällig: Neben ihrer gemeinsamen Liebe zur Architektur mit ihrer vielfältigen Formensprache und zu den figürlichen Gegensätzen verdichteter Urbanität waren sie sowohl damals wie heute der Erkenntnis verbunden, dass der geübte Umgang mit Zeitknappheit eine wesentliche Voraussetzung für die abstrahierende Vereinfachung des Gegenständlichen ist, die der Ausdrucksmalerei zugrunde liegt. Die Fähigkeit, innere Wahrhaftigkeit unter Zeitdruck hervorzubringen, kann sowohl durch freiwilliges Training als auch durch erzwungene Umstände entwickelt werden: Waren es bei den *Brücke*-Mitgliedern die legendären *Viertelstundenakte*, bei denen sie in selbstbegrenzten fünfzehn Minuten beispielsweise den nackten menschlichen Körper auf seinen wesentlichen Ausdruckskern reduzierten, mussten auch die besten Name-Writer in ihren Anfangsjahren ähnliche verkürzte Trainingseinheiten absolvieren, wenn auch unfreiwillig: Aus Angst vor der Polizei oder anderen Ordnungskräften standen meist nur wenige Minuten zur Verfügung, um die wesentlichen Style-Akzente ihres Aliasnamens entsprechend ihrer eigenen Stimmung als unverkennbares Pseudonym zu realisieren, um dann schnellstmöglich im Schutz der Dunkelheit wieder zu verschwinden.

Überhaupt ähneln sich die Grundprinzipien der Ausdruckssteigerung durch Verfremdung bei den Expressionisten des frühen 20. Jahrhunderts und den Graffiti-Expressionisten, obwohl rund 100 Jahre dazwischen liegen und unterschiedliche Motive als bildlicher Ausgangspunkt der Gesamtkomposition herangezogen werden: Bei den Vertretern der *Brücke* sind es menschliche Figuren und Motive aus Flora und Fauna, die durch abstrahierende Vereinfachung und Dekonstruktion auf unnatürliche und damit umso markantere Formelemente reduziert werden. Ähnliche Verfremdungen eigentlich *gelernter* Proportionen finden sich beispielhaft ebenso in von Koedings Werken auf Fas-

origin can be traced above all to the artists' association *Die Brücke* (The Bridge). Interestingly, its four founding members in 1905 were young architecture students and hence also *all* self-taught when their raw expressive painting provided a provocative alternative to the classical art that had preceded it.

Other similarities between the Expressionists back then and a *Graffiti Expressionist* like DARE in Basel are striking: In addition to their shared love for architecture with its diverse formal language and the figurative contrasts of condensed urbanism, both then and now they were connected to the insight that the practice use of a scarce time was an essential prerequisite for the simplifying abstraction of the objective that is the foundation of expressive painting. The ability to produce inner truth under time pressure can be developed both through voluntary training and through imposed circumstances: Whereas for the *Brücke* members it was their legendary *quarter-hour nudes*, in which they reduced the naked human body to its essential expressive core within a self-imposed time limit of fifteen minutes, in their early years the best name writers had to undergo similar abbreviated training periods, albeit involuntarily: Out of fear of the police or other law enforcement they usually had only a few minutes available to achieve the essential stylistic accents of their alias as an unmistakable pseudonym in accordance with their own mood and then disappear again as quickly as possible under cover of darkness.

In general, the basic principles of heightening expression through defamiliarization of the Expressionists of the early twentieth century and the Graffiti Expressionists were similar, even though around a hundred years lie between them and different motifs were employed as the pictorial starting point of the overall composition: Among the representatives of Die Brücke, it was human figures and motifs of flora and fauna that were reduced through simplifying abstraction and deconstruction to unnatural and therefore all the more striking formal elements. Similar alienations of proportions that had actually been *learned* can also be found, for exam-

saden und Leinwänden. Nur werden dort nicht Mensch, Tier und Landschaftsmotive, sondern die Proportionen lesbarkeitsgenormter Buchstaben verfremdet, sodass sie umgekehrt mitunter wie Fabelwesen oder manchmal gar wie welkes Laub wirken. Die Handschrift als Ausdrucksform der eigenen Persönlichkeit wird unter Verzicht auf alle typografischen Standards, die eine gute Schrift überhaupt erst lesbar machen, jedes Mal neu konstruiert und kann hinsichtlich ihrer direkten Umgebung sowohl gegensätzlich als auch angepasst wirken (vgl. Abb. 172 und 181).

Typisch für die Expressionisten ebenso wie für die Vertreter des neuen *Graffiti Expressionism* rund ein Jahrhundert später sind schließlich großflächige Kompositionen in Kombination mit starken Farben, die als Ausdruck subjektiver Gefühle meist ohne Abstufung oder Mischformen vollflächig aufgetragen werden.

Grundsätzliche Unterschiede fallen dagegen bei den flächenbegrenzenden Außenlinien auf: Während die typischerweise sehr groben Konturen der frühen Expressionisten zum festen Bestandteil der figürlichen Vereinfachung zählen, streben im Gegensatz dazu erfahrene Name-Writer eher nach einer schwungvollen, filigranen und vor allem präzisen Linienführung der Outlines. Die Exaktheit der Außenlinien gilt als Perfektionsnachweis bei Sprayern für das Standing innerhalb der Graffiti-Community und ist somit eigentlich für das Kompetenz-Ranking entscheidend. Dass von Koeding gerade auch auf Leinwandformaten mitunter recht grobe Outlines zog und damit nicht durchgängig auf szeneinterne Anerkennung (*Fame*) schielte, spricht für dessen Selbstbewusstsein und seine stilistische Unabhängigkeit.

Kleinformatige Serienoriginale wie die Miniaturen aus der Reihe *Greytones* (2006) oder *Living on the Box* (2009)[27] erfüllten dabei gleich zwei Funktionen: Sie waren nicht nur ein niederschwelliges künstlerisches Angebot an neue Zielgruppen. Mitunter sicherten sie die wirtschaftliche Grundlage des Baslers ab und mögen daher nicht nur stilistisch an die Holzschnittdrucke erinnern, wie sie seinerzeit, in Jahresmappen beigelegt, zur Basisfinanzierung der *Brücke*-Künstler mit beigetragen haben.

ple, in von Koeding's works on façades and canvases, but with the difference that he was not defamiliarizing human beings, animals, and landscapes but rather the proportions of letters standardized for ease of reading such that, conversely, they sometimes look like mythical creatures or withered leaves. Handwriting as an expressive form of one's own personality that dispenses with all the typographical standards that make good writing legible in the first place and reconstruct it anew each time, and in relation to its immediate environment it can look antithetical or adapted to it (cf. figs. 172 and 181).

Finally, both the Expressionists and the representatives of the new *Graffiti Expressionism* around a century later typically produced large-format compositions in combination with strong colors that are usually applied across the entire surface as an expression of subjective feelings, often without gradation or mixed forms.

Fundamental differences, by contrast, are evident in the outlines that define planes: Whereas the typical very crude contours of the early Expressionists became a fixed feature of their simplification of the figure, experienced name writers tend rather to outlines with curving, filigreed, and above all precise linework. The exactness of outlines is considered proof of perfection for the standing of writers in the graffiti community and is thus crucial to the ranking of competence. Von Koeding sometimes drew quite crude outlines, especially on canvas formats, and hence was not constantly eyeing recognition (fame) from the scene, which speaks to his self-confidence and stylistic independence.

Small-format series of originals, such as the miniatures from the series *Greytones* (2006) and *Living on the Box* (2009),[27] performed two functions at once: They were not simply artworks that were more affordable for new target audiences. At times they also provided financial security for the artist from Basel and are therefore also reminiscent, not just stylistically, of the woodcuts that the Brücke artists included in annual portfolios to contribute to their own basic funding.

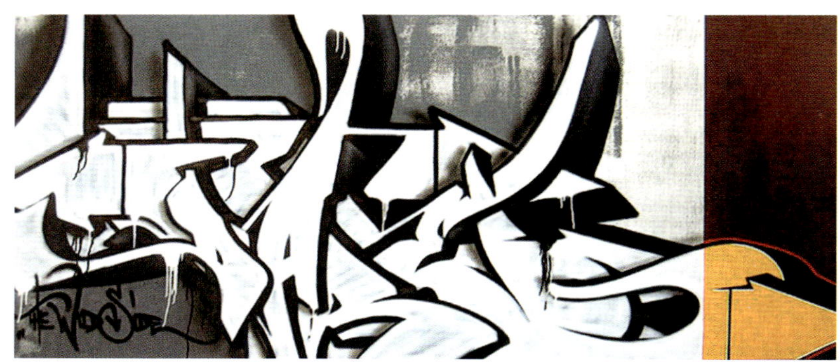

182
Verzicht auf filigrane Outlines | Dispensing with filigreed
outlines: *Rough 1*, 100 × 230 cm, 2005

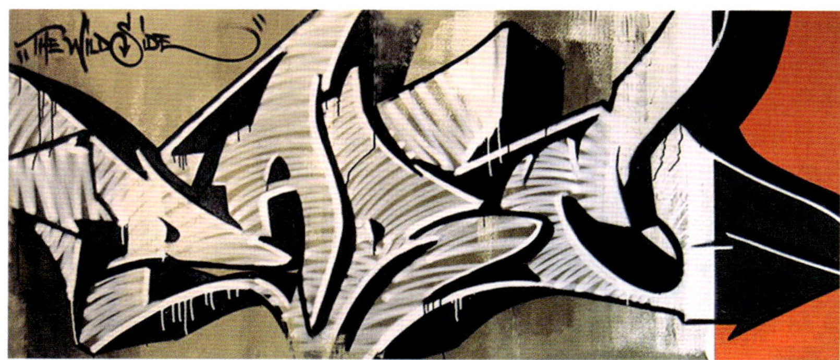

183
… *Rough 2*, 100 × 230 cm, 2006

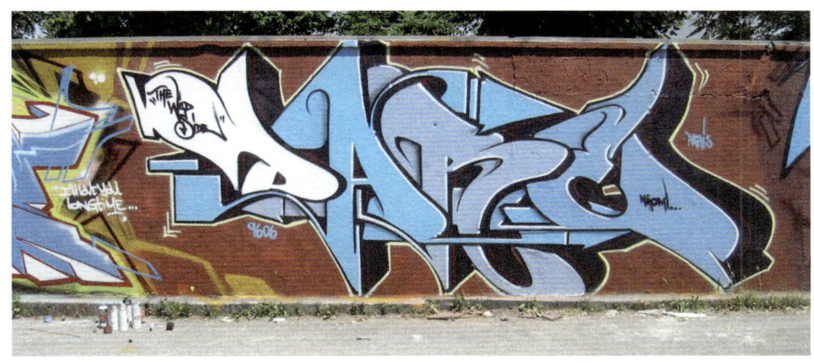

184
Vollflächig starke Farben | Strong colors over the entire
surface: *Name-Writing* in Paris, 2006

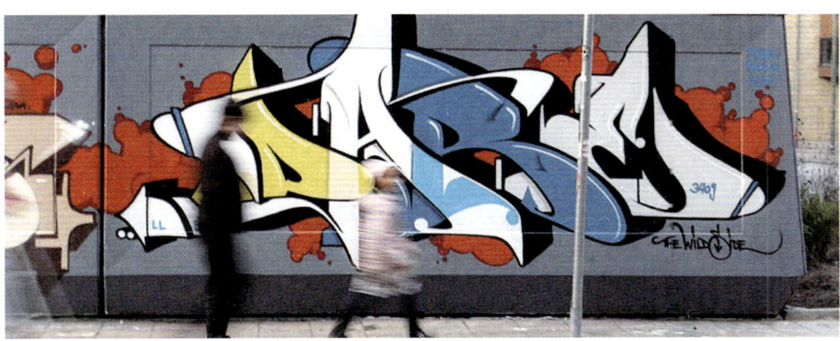

185
... in Malmö, 2009

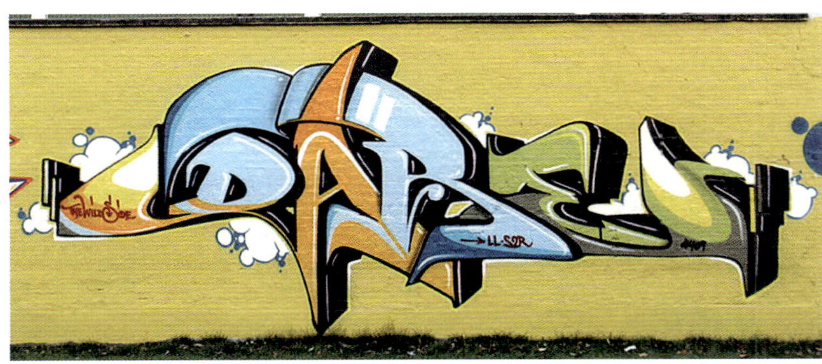

186
... in Kopenhagen, 2009

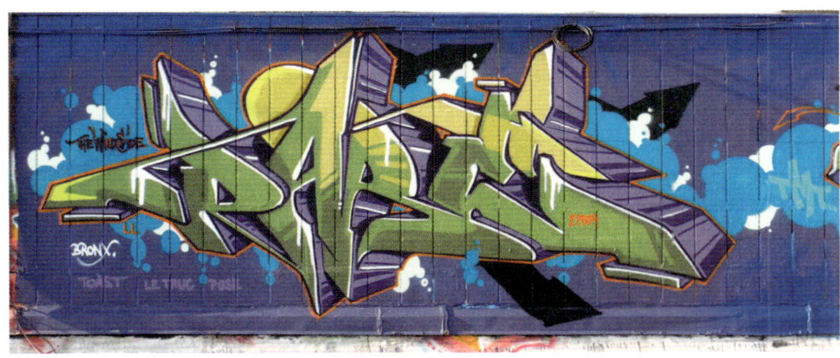

187
... in New York, 2009

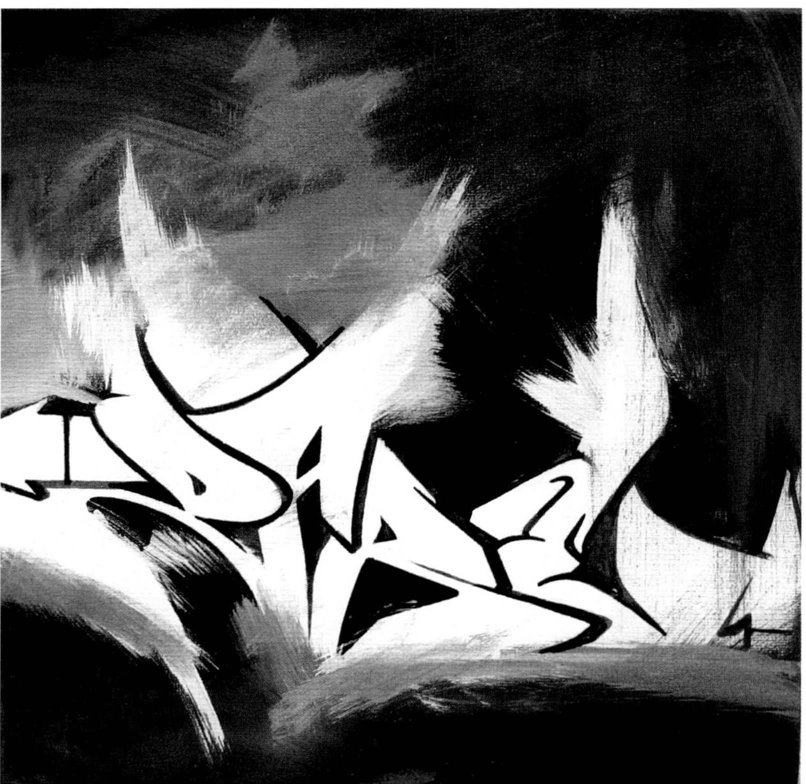

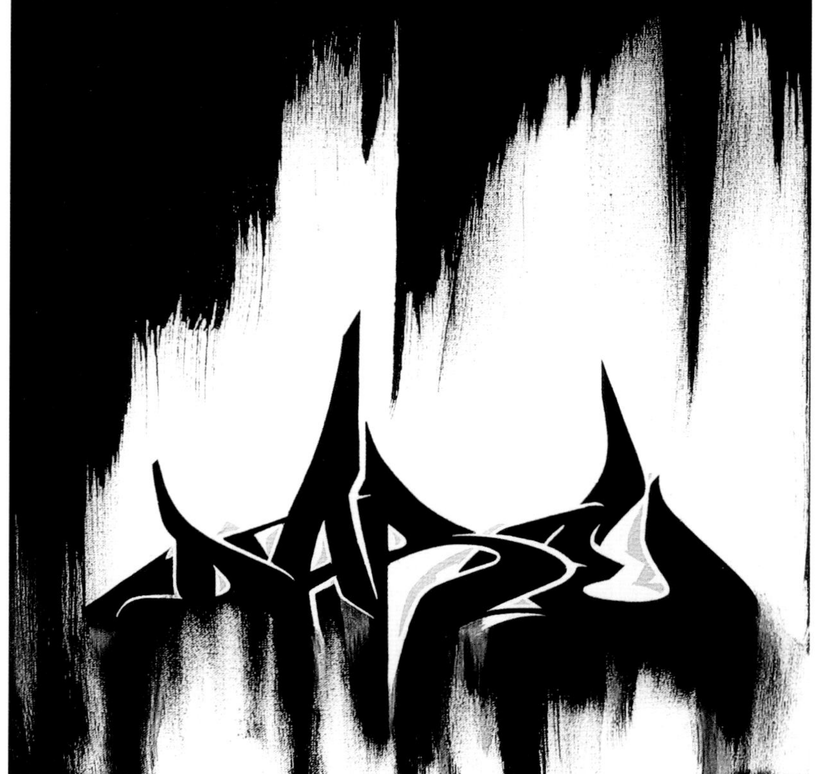

188+189
Holzschnittartig | Woodcut style: *Greytones Nr. 4 & Nr. 10*,
je | each 30 × 30 cm, 2006

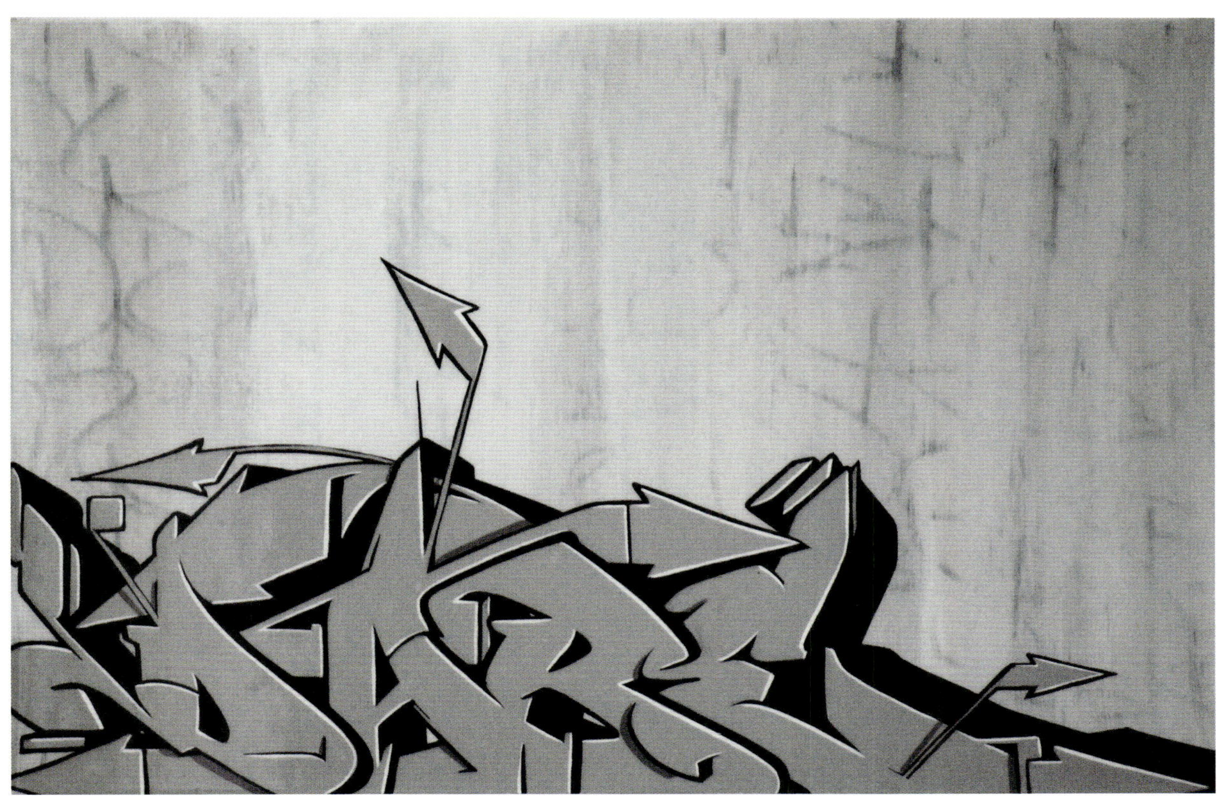

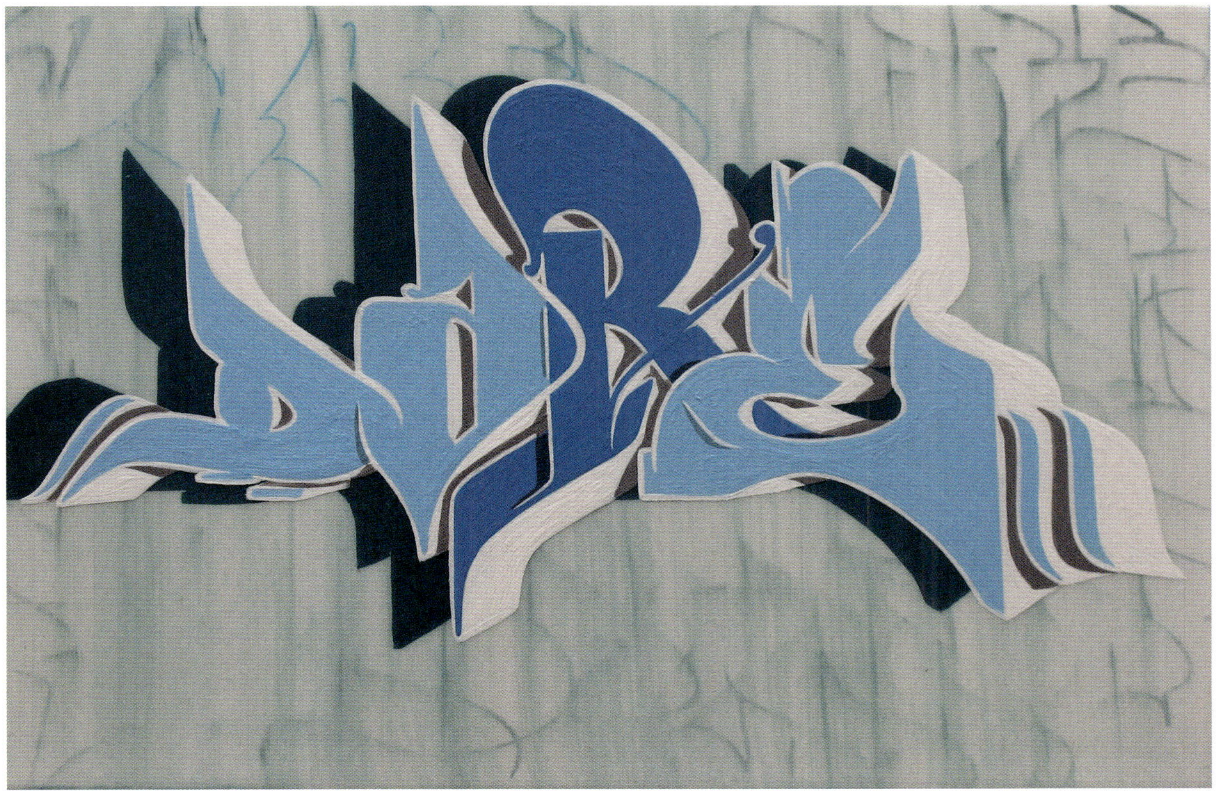

190+191
Dekonstruierte Buchstaben in Kleinformaten aus der Serie | Small-format works from the series *Living on the Box*, 20 × 30 cm in Schwarz-Silber und Hellblau | in black/silver and light blue, 2009

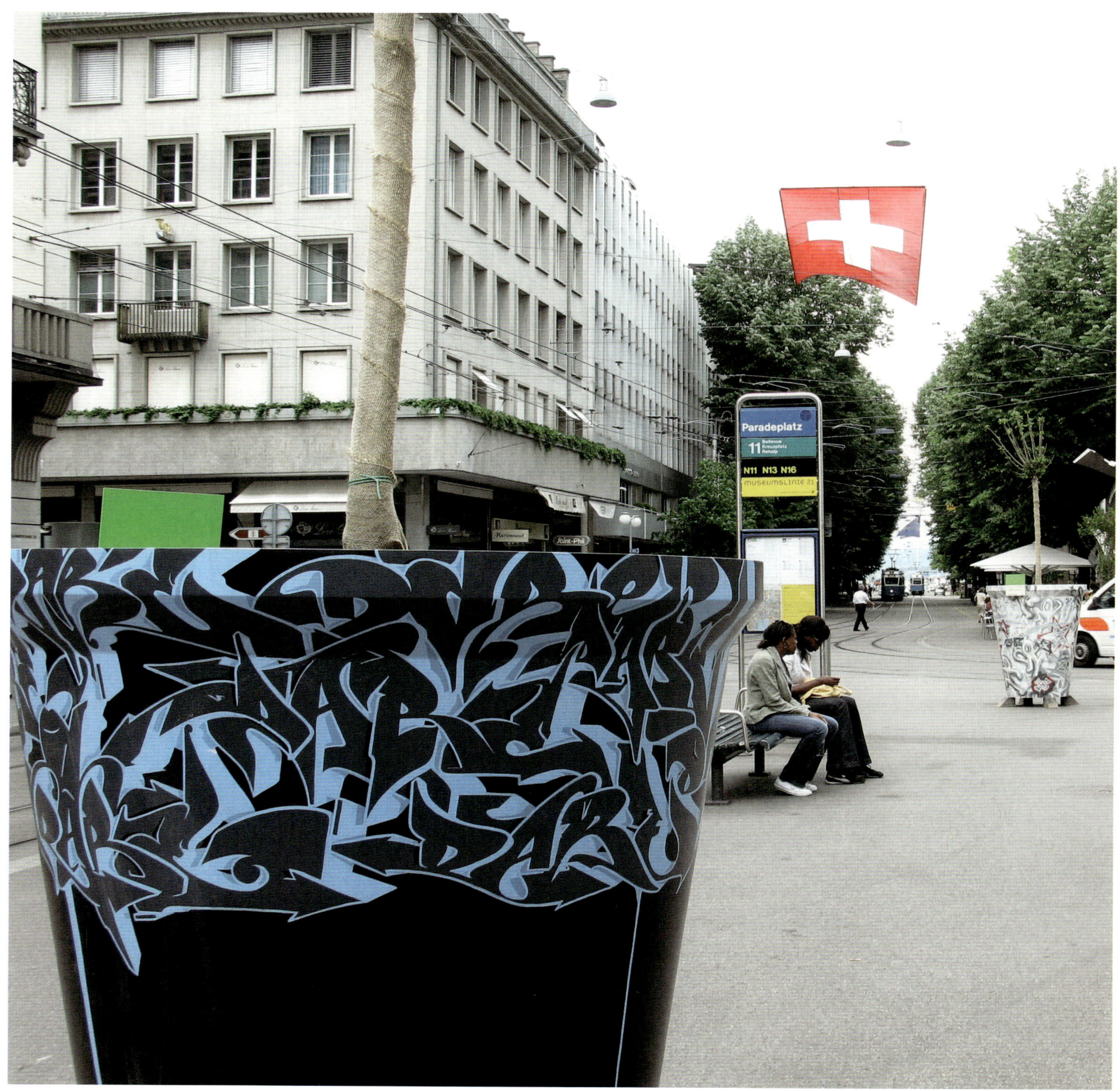

192
Blumenkübel im Bankenviertel von Zürich | Planter in the bank district of Zurich, 2009

AUSBLICK

Wo stünde Sigi von Koeding, alias DARE, wohl heute? Würde er noch immer an den vier Buchstaben seines Pseudonyms als gestalterischem Ausgangspunkt festhalten, oder hätte er womöglich schon längst auf die Erkennbarkeit einzelner Lettern verzichtet?

Unter den Kolleginnen und Kollegen, mit denen er regelmäßig im freundschaftlichen Wettbewerb gemeinsam an der Basel-Line oder anlässlich der *Urban-Discipline*-Ausstellungen als Gleichgesinnte gesprayt hat, sind verschiedene künstlerische Style-Entwicklungen zu beobachten. Tatsächlich gibt es Name-Writer, die immer noch die Buchstaben ihres Aliasnamens als Ausgangspunkt ihres künstlerischen Schaffens weiterverfolgen, wenn auch mit unterschiedlichem Fokus. Würde DARE heutzutage vielleicht wieder stärker im öffentlichen Raum Akzente setzen und dort mit riesigen XXL-Murals alle bisherigen Dimensionen sprengen wollen, wie dies zuletzt sein Hamburger Kollege DAIM im kanadischen Calgary eindrücklich demonstrierte? Oder hätte er vielleicht im Atelier mit neuen Materialien experimentiert, um die dreidimensionale Wirkung seiner Arbeiten zu verstärken, ähnlich wie es der Niederländer DOES zuletzt an Objekten mit Metall und Kartonage ausprobierte?

Möglicherweise hätte er seine Erfahrungen bezüglich textiler Gestaltung, bei Möbeldesignentwürfen oder zuletzt einem Großauftrag aus der Verpackungsindustrie nutzen können, um sich eine Karriere als professioneller Produktdesigner aufzubauen. Nicht auszuschließen ist, dass sich Sigi von Koeding hauptberuflich jedoch ganz neu orientiert und angesichts seines Interesses an Architektur eine Laufbahn als *Urban Creator* gestartet hätte.

Dann wäre die legale Außendekoration des Zürcher Bankenviertels mit überdimensionierten Graffiti-Blumenkübeln wohl erst der Anfang gewesen, um später in einer Denkfabrik für nachhaltigen Urbanismus an bildästhetisch mutigen Gestaltungsentwürfen, Zukunftskonzepten und Stadtutopien zur Fragestellung *Wie wollen wir morgen leben?* zu arbeiten, einem Thema, dem inzwischen bei fast jeder Architektur-Biennale oder EXPO große Aufmerksamkeit gewidmet wird.[29]

Immerhin hat von Koeding mit seiner Ausdrucksmalerei vorausahnend mitunter Dinge künstlerisch aufgegriffen, die dann per Zufall erst Jahre später in völlig anderem Zusammen-

LOOKING AHEAD

Where would Sigi von Koeding, alias DARE, be today? Would he still be sticking to the four letters of his pseudonym as the starting point of his art, or would he perhaps have long since dispensed with the recognizability of individual letters?

Among the colleagues with whom he regularly spray-painted together in friendly competition along the Basel Line or as colleagues on the occasion of the *Urban Discipline* exhibitions, different stylistic evolutions can be observed. There are indeed name writers who still use the letters of their alias as the point of departure for their artistic work, albeit with differences in focus. Would DARE today perhaps want to place more emphasis on public spaces again and exceed all previous dimensions there with giant XXL murals, as his Hamburg colleague DAIM demonstrated recently in Calgary, Canada? Would he perhaps have experimented with new materials in his studio to increase the three-dimensional effect of his works, much as the Dutch artist DOES has lately been trying out objects with metal and cardboard?

Perhaps he would have been able to use his experiences with textile design, proposals for furniture designs, or a large commission from packaging industry to develop his career as a professional product designer. It cannot be ruled out that Sigi von Koeding would take another direction entirely in his main profession and, given his interest in architecture, would have started a career as an *urban creator*.

Then his legal exterior decoration in the banking district of Zurich, with its oversized planters with graffiti, would have been only the beginning, followed by working at a thinktank for sustainable urbanism on aesthetically bold designs, concepts for the future, and urban utopias on the theme *How Do We Want to Live Tomorrow?*—a theme that has been taken up by nearly every architecture biennial and EXPO since.[29]

Von Koeding had anticipated with his expressive painting things that were then by chance presented to an astonished public in a completely different context

hang der erstaunten Öffentlichkeit präsentiert wurden oder sich einfach so ergeben haben: Seine auf stadtplanähnlichem Untergrund gemalten innerstädtischen Wegenetzfiktionen, die DARE letztlich zur Bildmitte hin zu einer Straßenführung in Form seines Aliasnamens verschmelzen ließ, könnten durchaus als Inspiration für neue Kommunikationsideen gelten; beispielsweise diejenigen, die – auf den ersten Blick unsichtbar – am Himmel stattfinden. Dafür wird vom Piloten zu einem bestimmten Anlass der Radarschirm des Flight-Trackers zweckentfremdet und zur Erstellung einer Skizzenzeichnung kreativ umfunktioniert. Mit exakt vorbestimmbarer Flugbahn lassen sich spezielle Symbole oder Botschaften vermitteln, die dann zwar nicht unmittelbar am Horizont selbst, dafür aber auf dem Monitor der Flugüberwachung umso deutlicher zu erkennen sind und sich als *Himmelsmalerei* für das Archiv abspeichern lassen. Wann werden wir ein Neubaugebiet erleben, dessen Straßenerschließung – aus der virtuellen Vogelperspektive oder real mittels einer Flugdrohne betrachtet – die Wegführung in Form des Namens einer wichtigen Persönlichkeit des öffentlichen Lebens zeigt?

Von Koedings Idee einer lesbaren *Buchstaben-Architektur*, die er zum Jahresbeginn 2003 mit einer Skizze von seinem Traumhaus wohl eher aus einer Laune heraus ersann und auf einigen Leinwänden weiterentwickelte, griff inzwischen das niederländische Architektenteam *MVRDV* im Zuge einer städtischen Entwicklungsplanung für Mannheim wohl eher unabsichtlich auf. Rund 20 Jahre später fand dort auf dem ehemaligen Franklin-Kasernenareal der US-Streitkräfte das Richtfest für das Hochhaus *Orbit* in Form eines riesigen, blauen O als einem von insgesamt vier 15-geschossigen Buchstabenhäusern statt.[30] Deren ähnlich bunte Großbuchstaben sollen, abschließend in der Summe betrachtet, ein vielversprechendes *H-O-M-E* ergeben. Augenzwinkernd sei also gefragt: Warum könnte man nicht dieser Grundidee in Mannheim folgend den Entwurf des *House of DARE* für den dortigen Bau einer neuen Stadtteilbücherei verwenden, wenn doch das Pseudonym des Baslers in anderer Reihenfolge gelesen den Bildungsauftrag *R-E-A-D* ergibt?

Die von *Herzog & de Meuron* entworfenen Roche-Hochhäuser sind seit ein paar Jahren silhouetteprägend zum neuen Wahrzeichen von Basel avanciert. Auch sie erinnern – zwar formal nur entfernt und zweifellos rein zufällig – an eine Arbeit von

or even simply happened. His fictional inner-city traffic networks painted on a map-like ground, which DARE ultimately had fuse in the center in a street in the form of his alias, could certainly be considered inspiration for new communication ideas, for example, those that occur in the sky—invisible at first glance. The flight-tracker radar used by pilots was creatively repurposed for a specific occasion and used to create a sketch. An exactly predictable flight path can convey special symbols or messages that are then seen not on the horizon but all the more clearly on the monitors of the air traffic controllers and can be stored as a *sky painting* for the archive. How long will it be before we experience a new housing development with streets that, when seen from a virtual bird's-eye view or a real one from a drone, spell out the name of an important personality from public life?

Von Koeding's idea of a legible *letter architecture*, which he thought up more or less on a whim in early 2003 in a sketch for his dream house and then continued to develop on several canvases has since been adopted, surely unawares, by the Dutch architectural firm *MVRDV* as part of an urban development plan for Mannheim. Around twenty years later, on the grounds of the former Franklin Barracks of the United States Army, the topping-out ceremony for the *Orbit* high-rise had a giant blue *O* as one of four fifteen-story letter buildings.[30] When finished their similarly colorful letters would have spelled out a promising *H-O-M-E*. With a wink, one therefore asks: Why couldn't one, following this basic idea in Mannheim, use the design for the *House of DARE* to build a new district library there, since the pseudonym of the artist from Basel can be read in a different order as an educational assignment: *R-E-A-D*?

The Roche high-rises designed by *Herzog & de Meuron* have become the new landmark of Basel in recent years, defining its silhouette. They too are reminiscent—only distantly in terms of form and sure purely coincidentally—a work by von Koeding from the *Greytones* series of 2006, when just two towers loom out of the fog in the early morning.

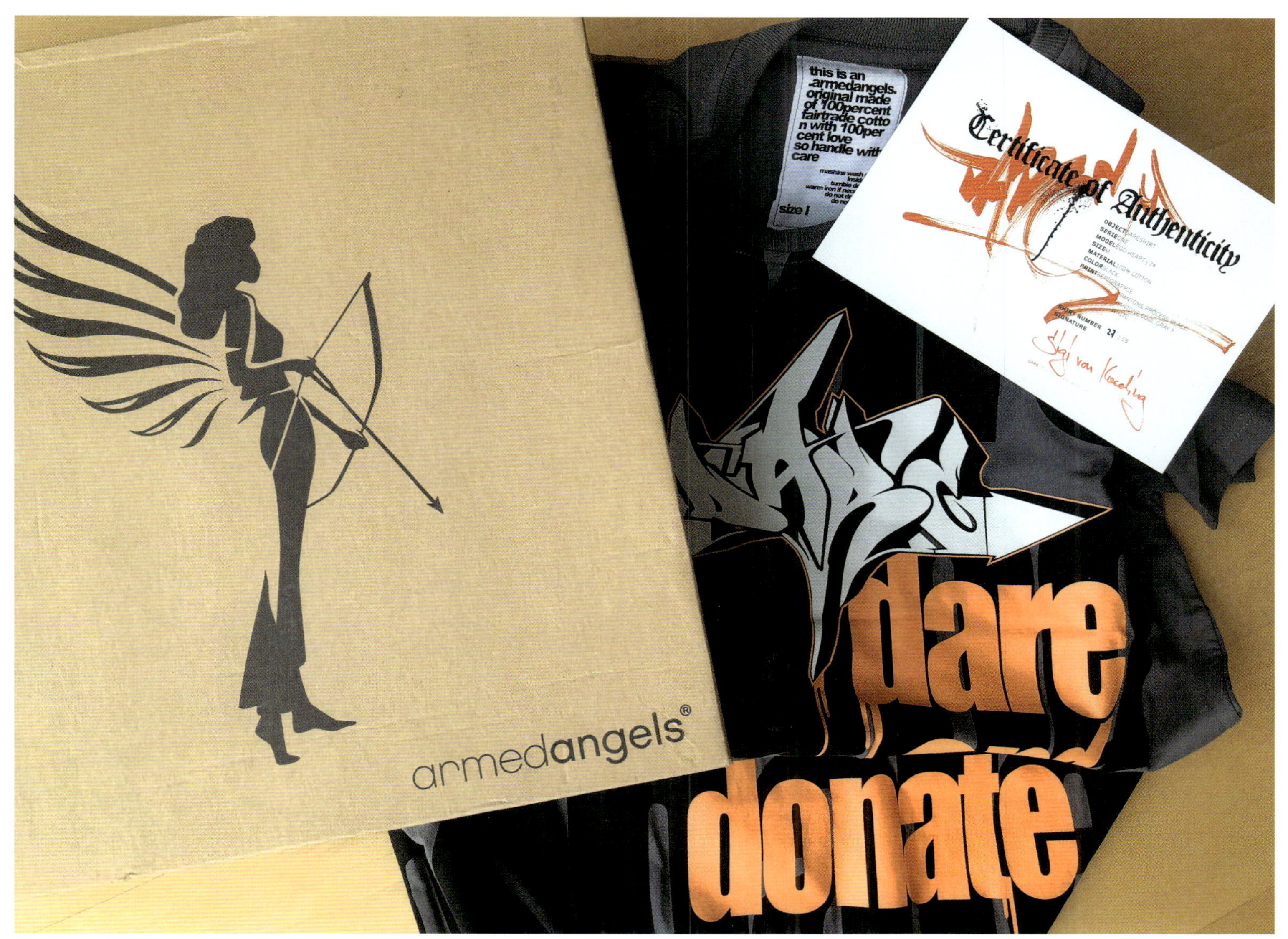

193
CharyTee-Projekt, 2006

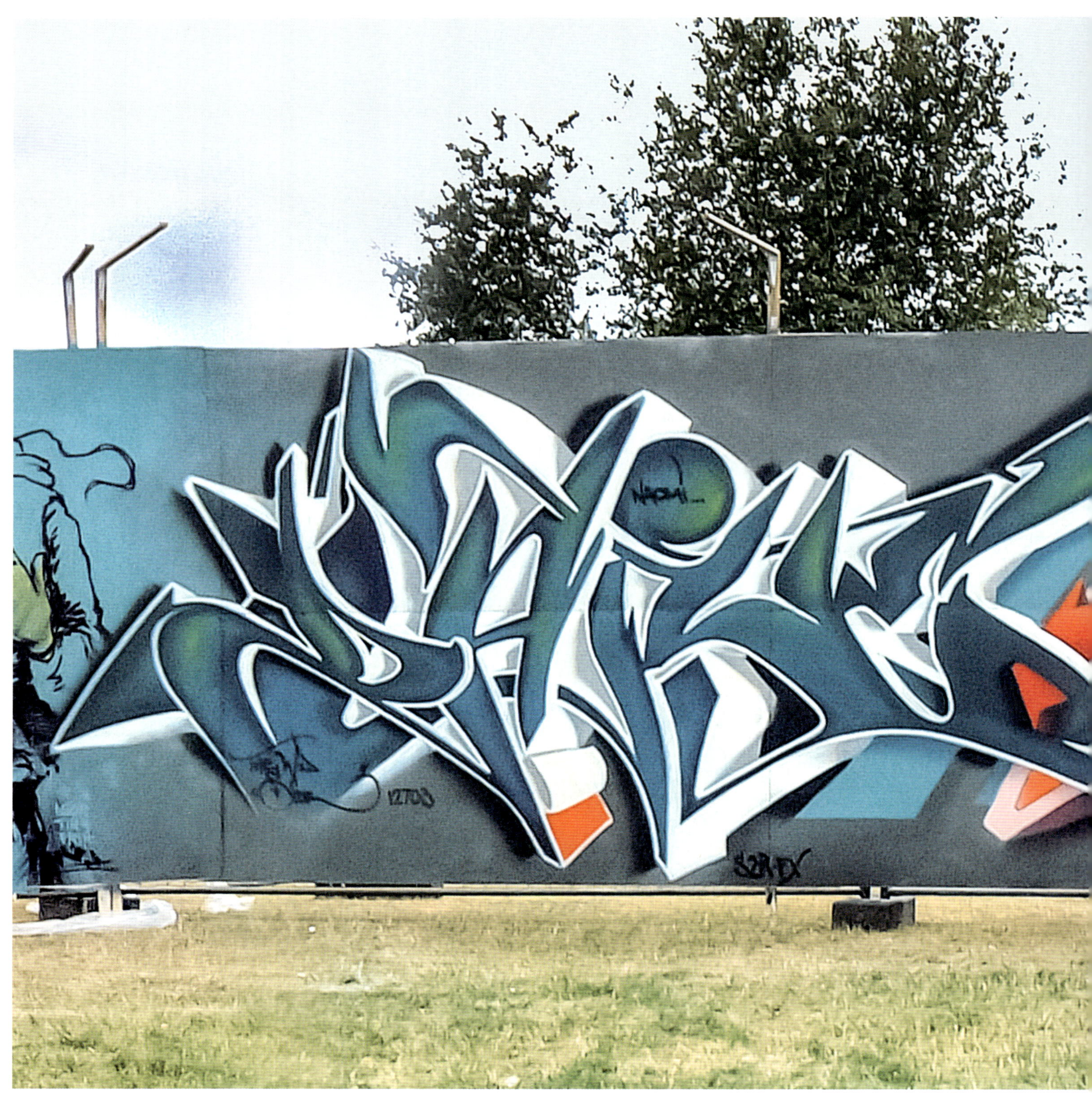

194
DARE mit | with DAIM (DEIM) in Braunschweig, 2003

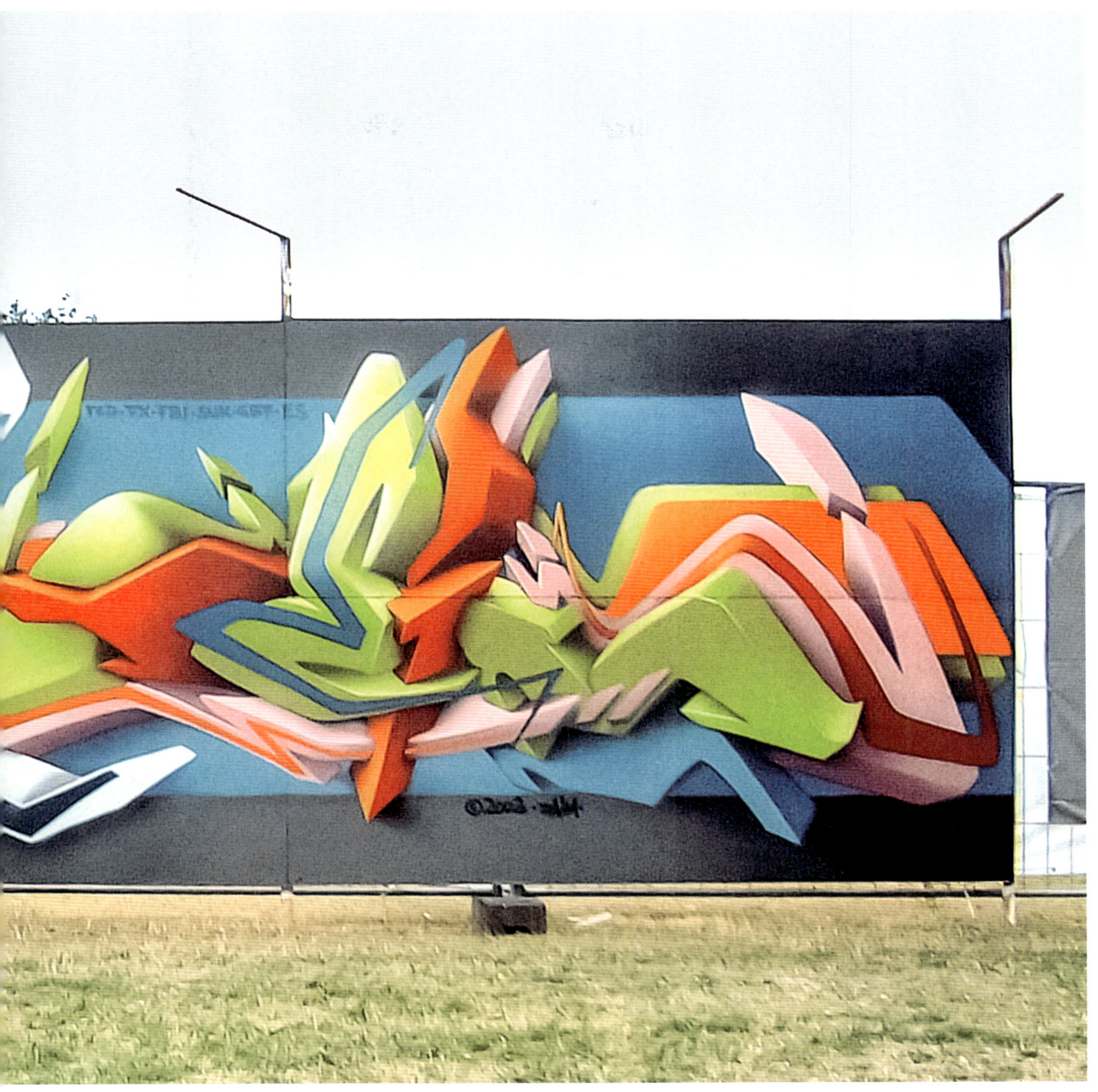

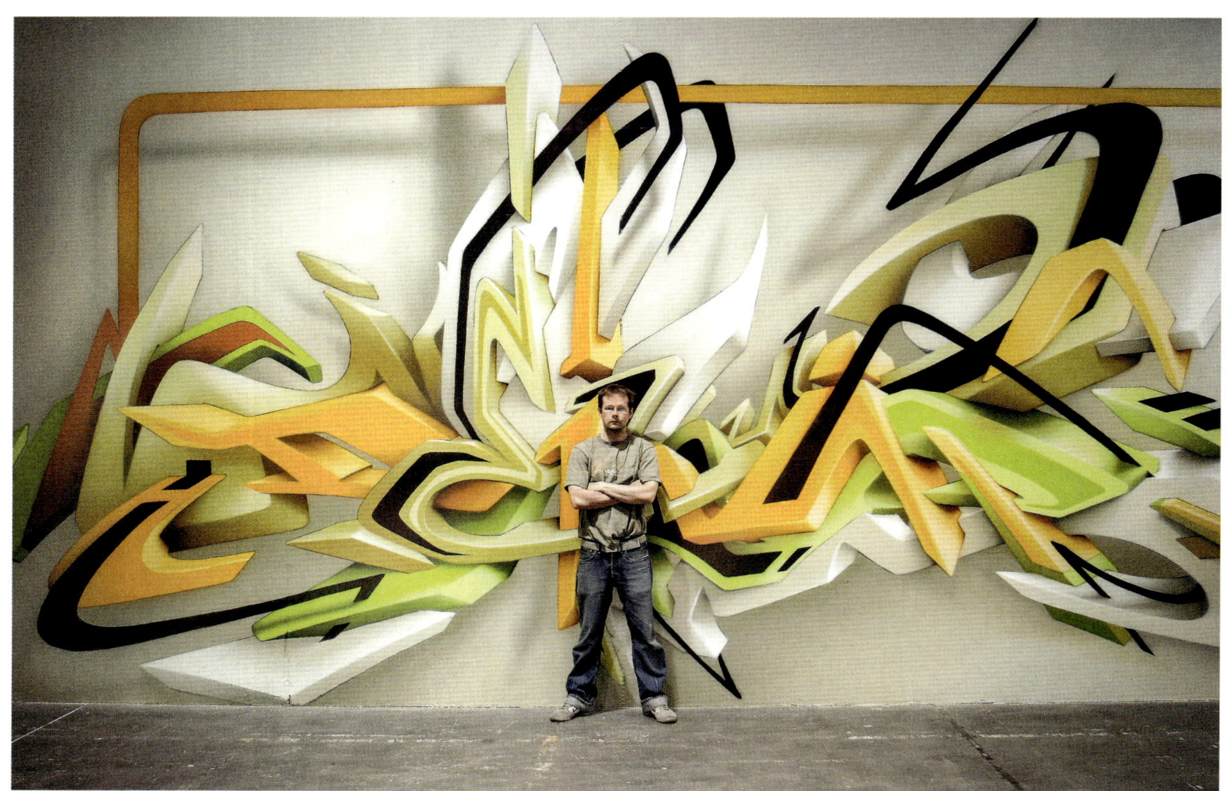

195
DAIM, *Auf der Lauer* | Lying in Wait), 400 × 950 cm, Kampnagel K3, Hamburg, 2005

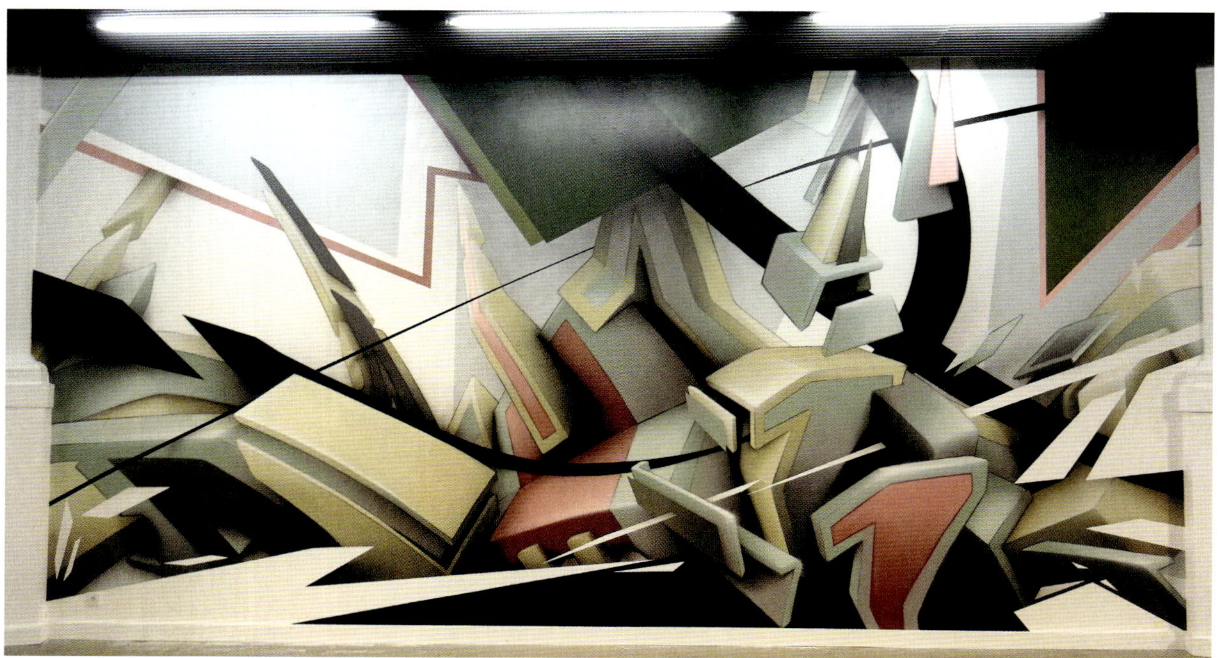

196
DAIM, *Coming out Luzern,* 3,5m × 22m (Ausschnitt), Kunsthalle Luzern, 2013

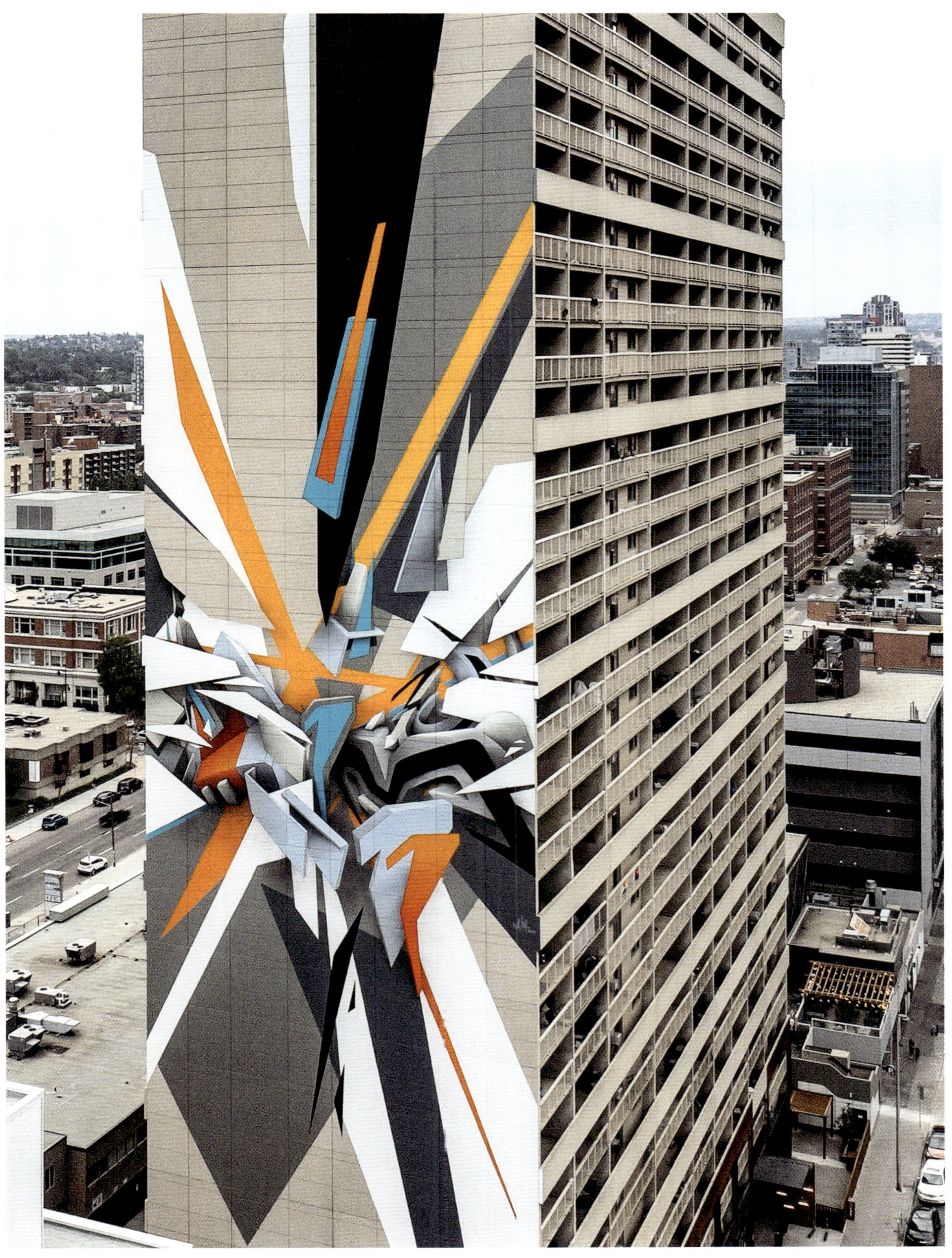

197
DAIM, *Straight up*, Bump-Festival in Calgary, 2022

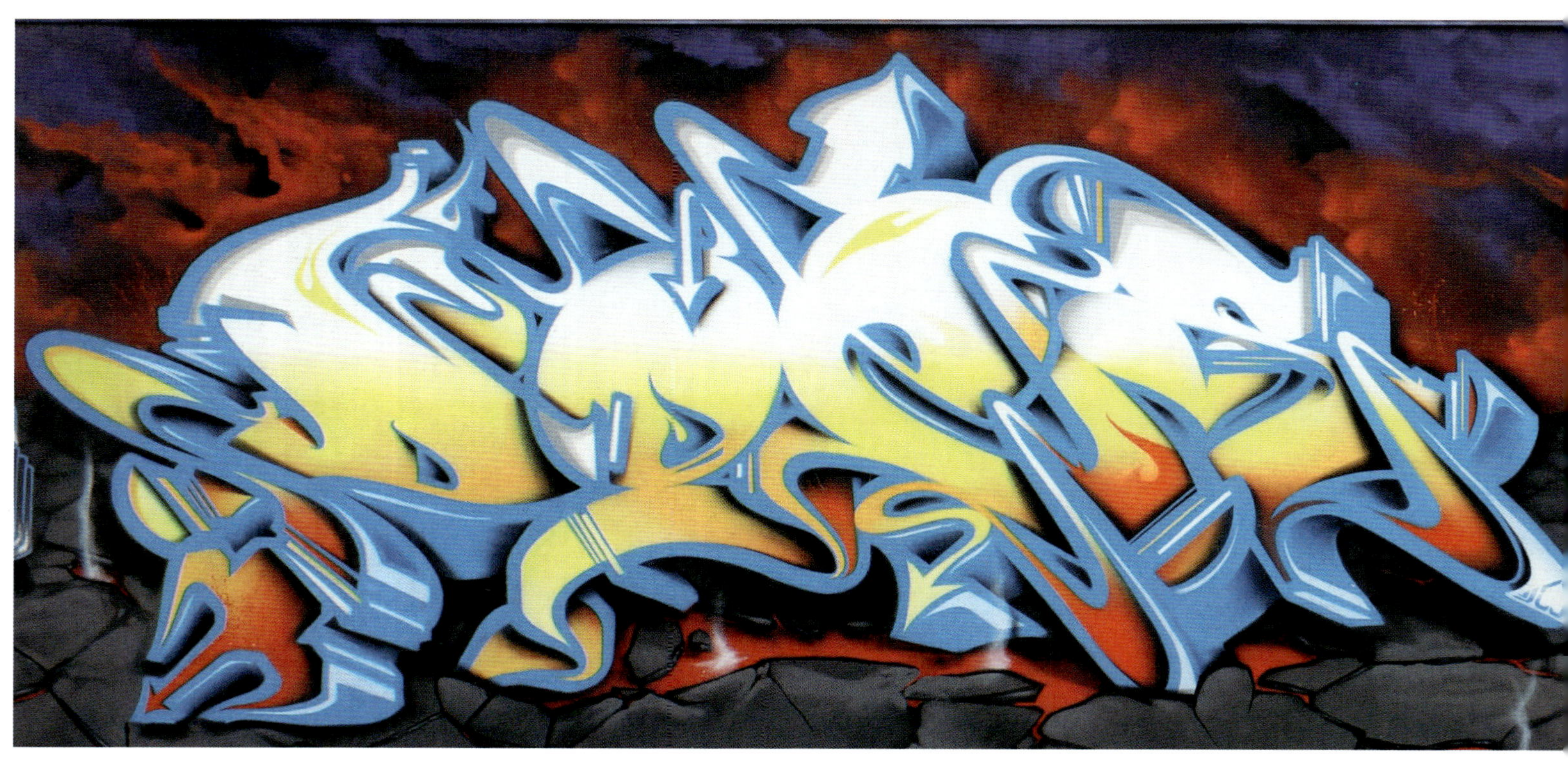

198
DOES und | and DARE in Maaseik (Belgien | Belgium), 2009

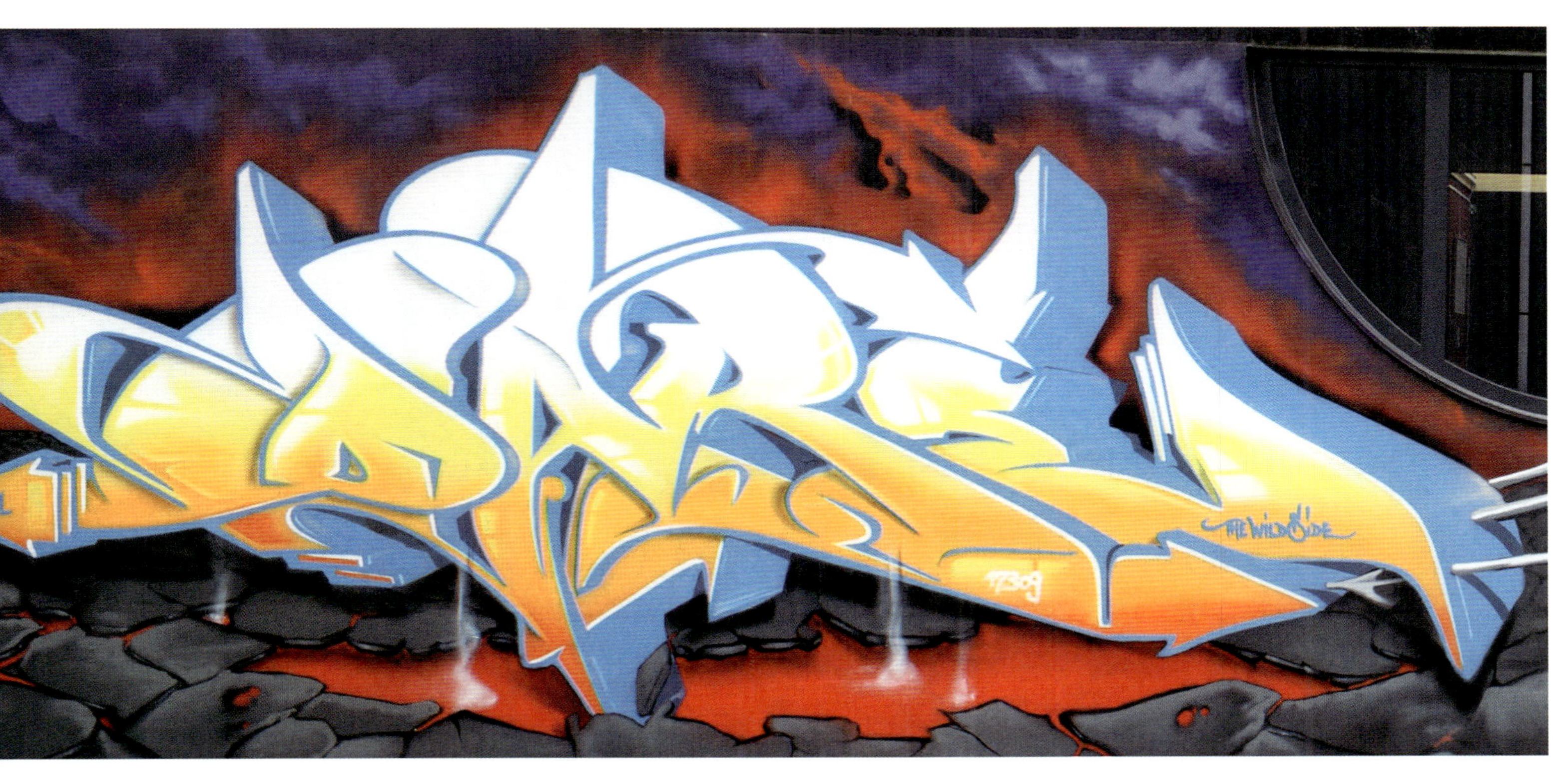
THE WILD SIDE

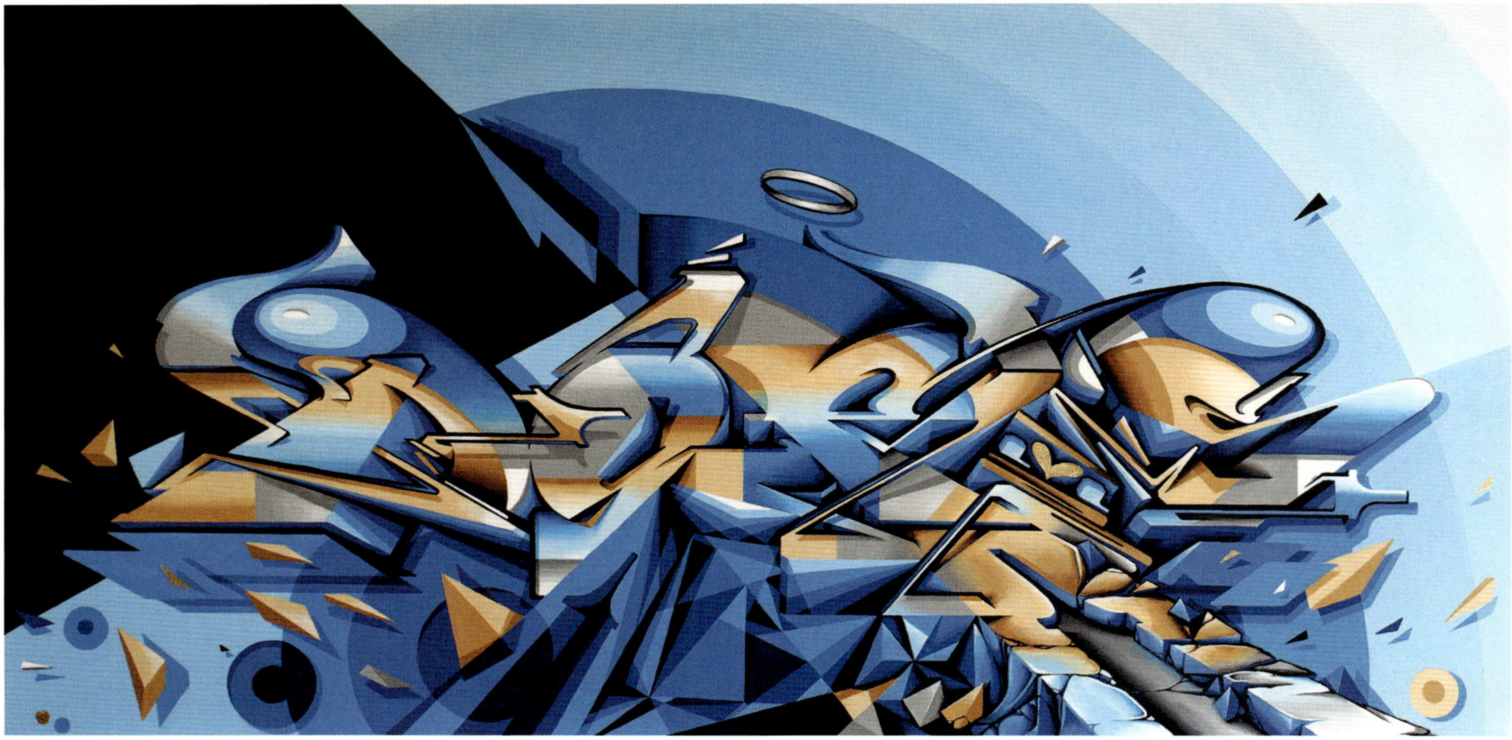

199
DOES, *Aftershock 6.4*, 50 × 100 cm, 2011

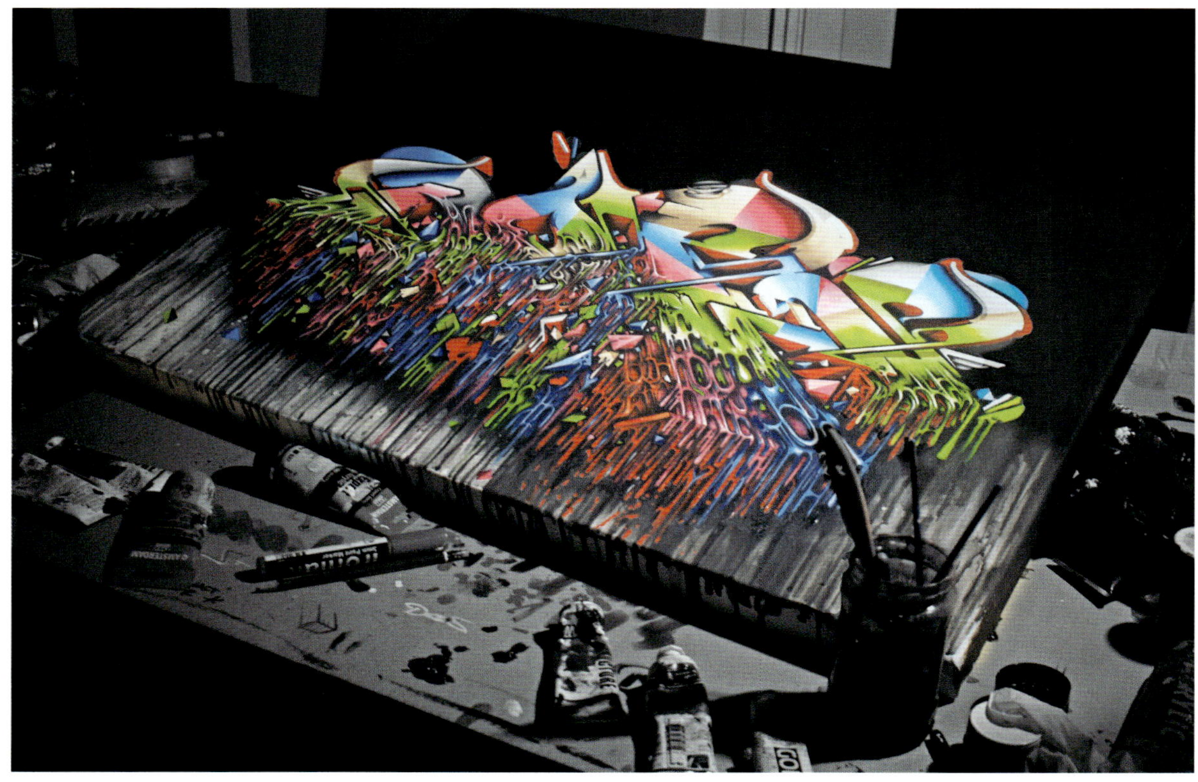
200
DOES, *Nothing lasts forever*,
70 × 90 cm, 2011

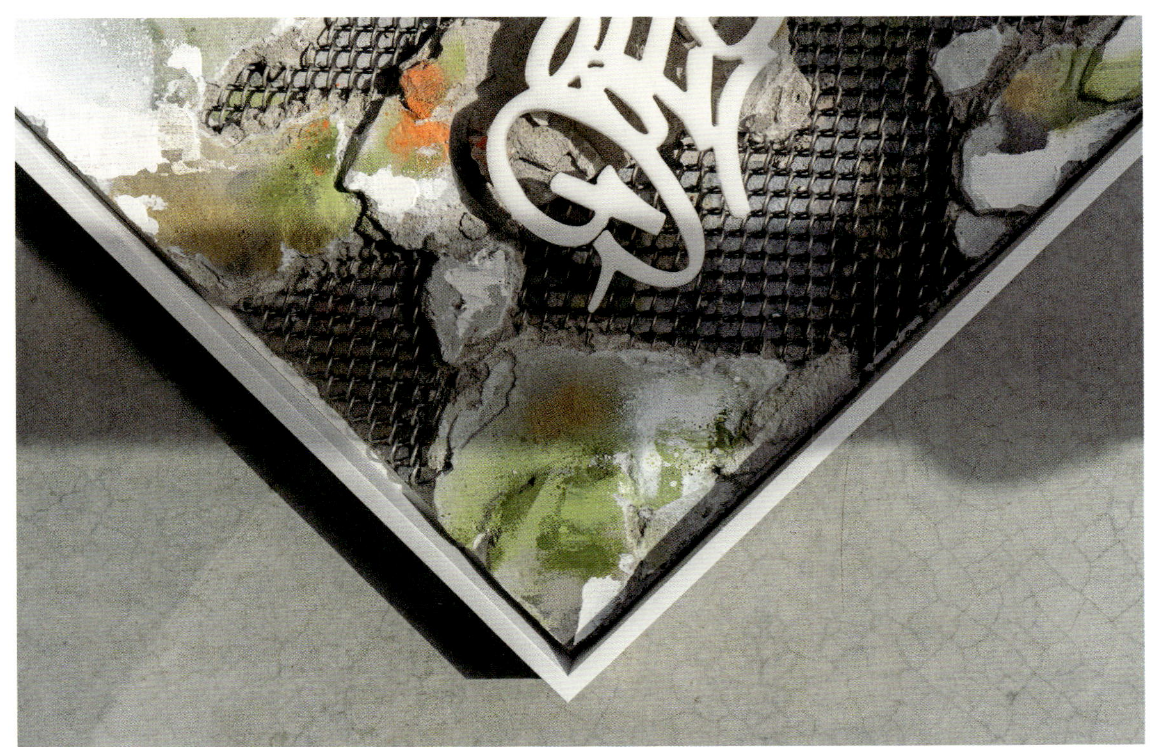

201
Mixed media mit | with 3D-Effekt: DOES,
Tag Nr. 6 (Detail | detail), 50 × 50 cm,
2020

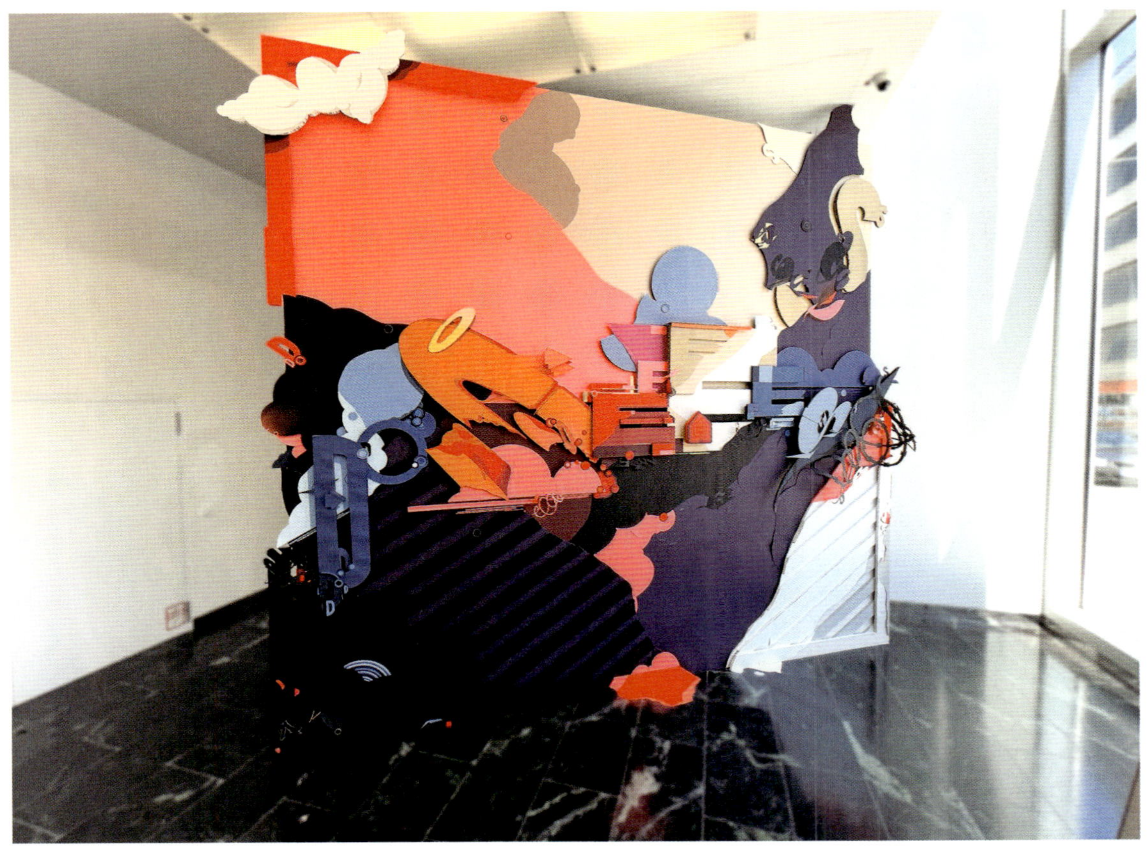

202
Collage aus Papier und Karton von |
Collage of paper and cardboard by
DOES, *Voilà*, 400 × 400 cm, München
2021

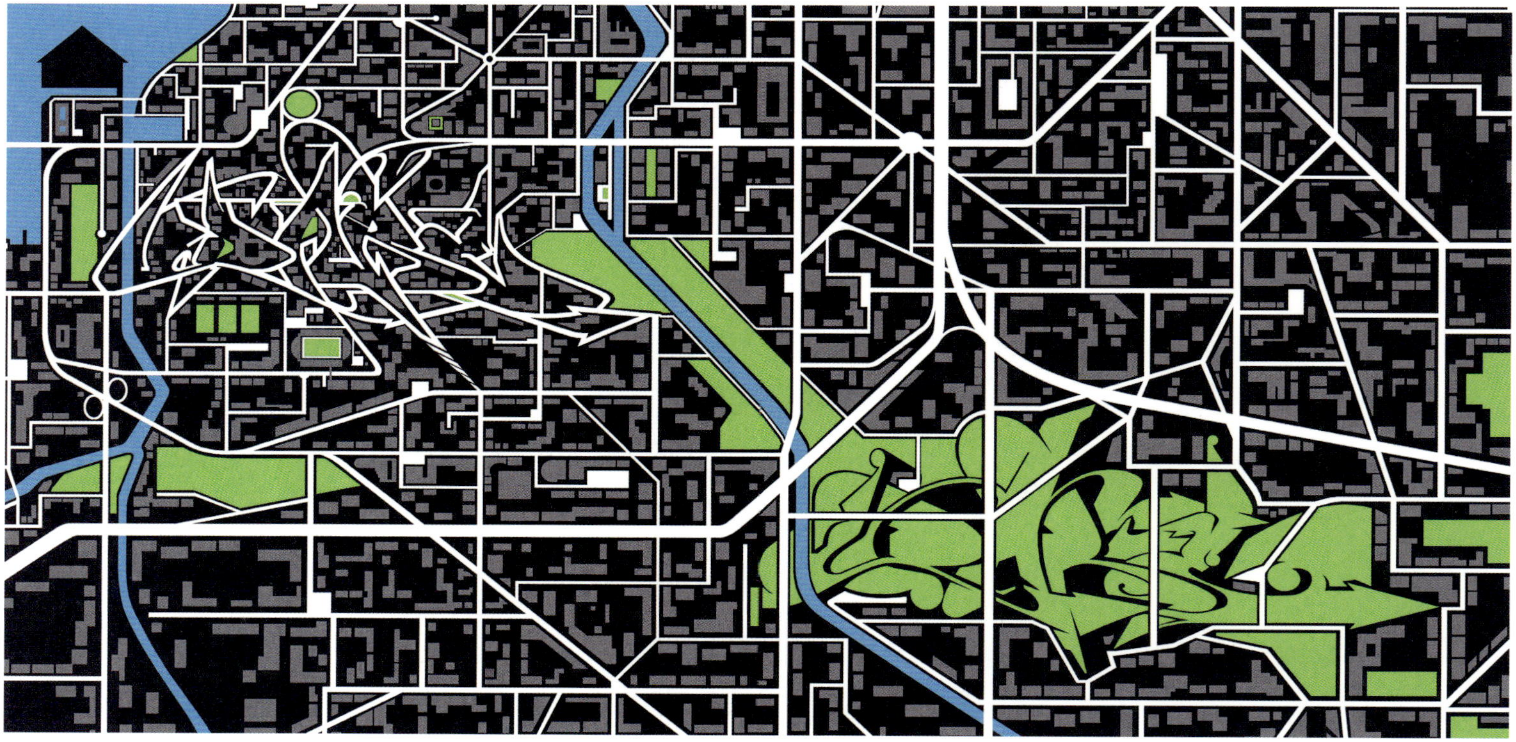

203
Plan D als Alu-Serigrafie | as serigraph on aluminum (Ausschnitt | detail), 2009

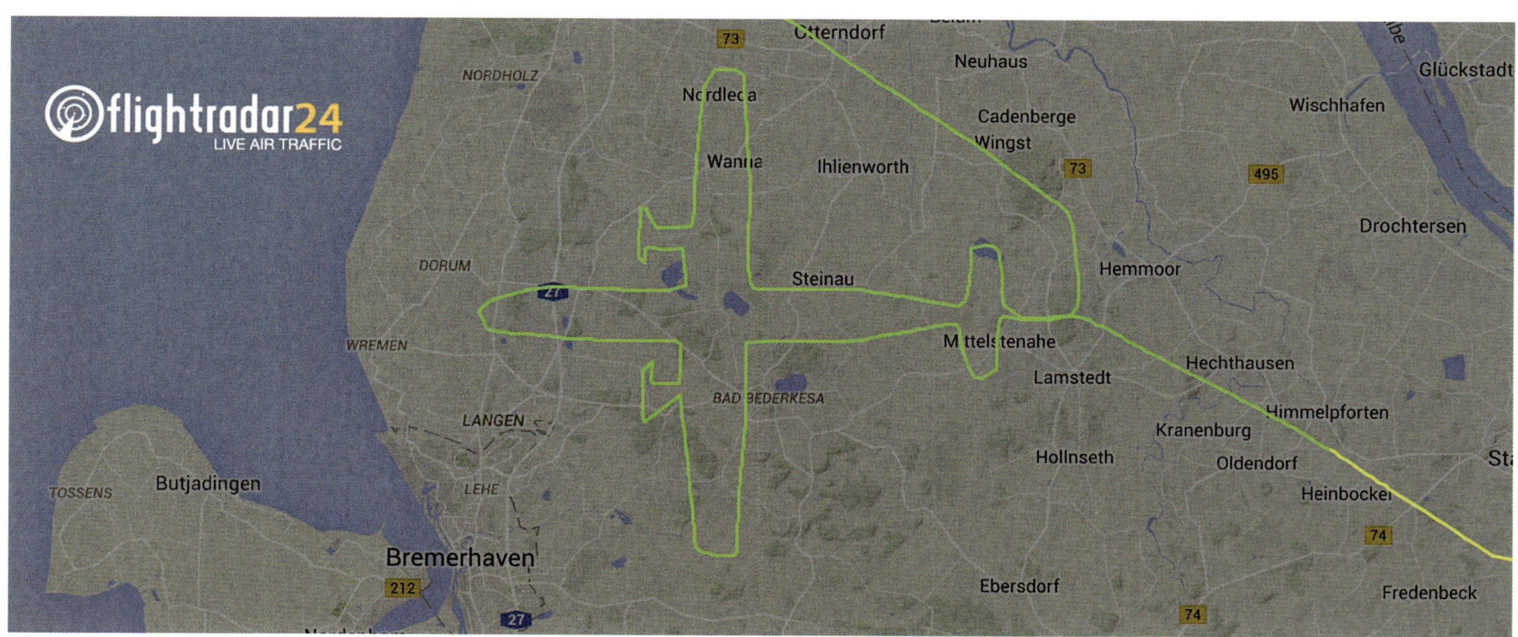

204
Flightradar24, Web-Aufnahme | web screenshot, 12.3.2016, 15:44

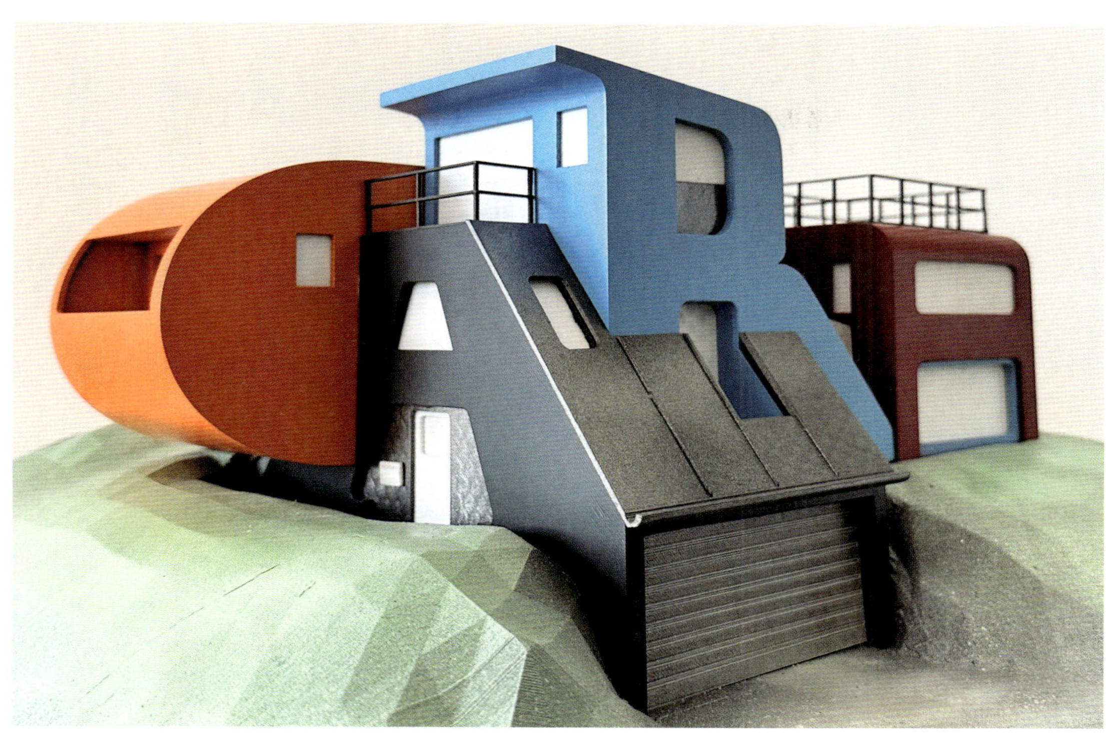

205
House of DARE,
M. | scale 1:50, 2021

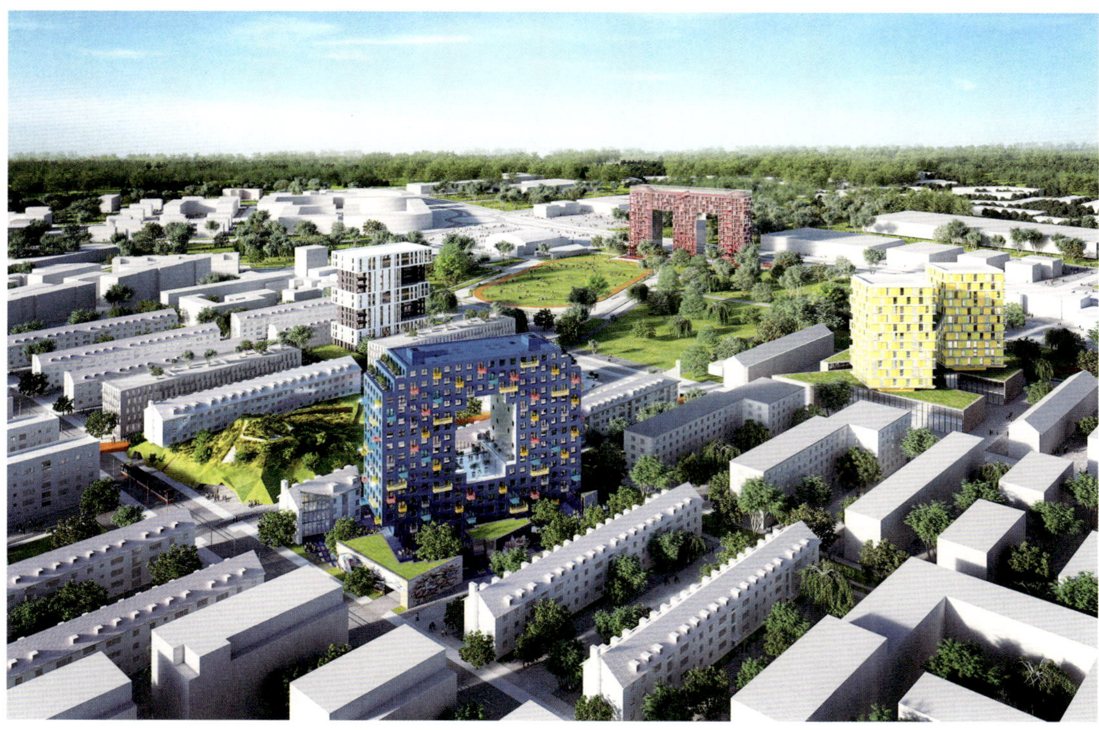

206
H-O-M-E: Buchstaben-
Hochhäuser in Mannheim |
Letters on high-rises in
Mannheim (architects:
MVRDV)

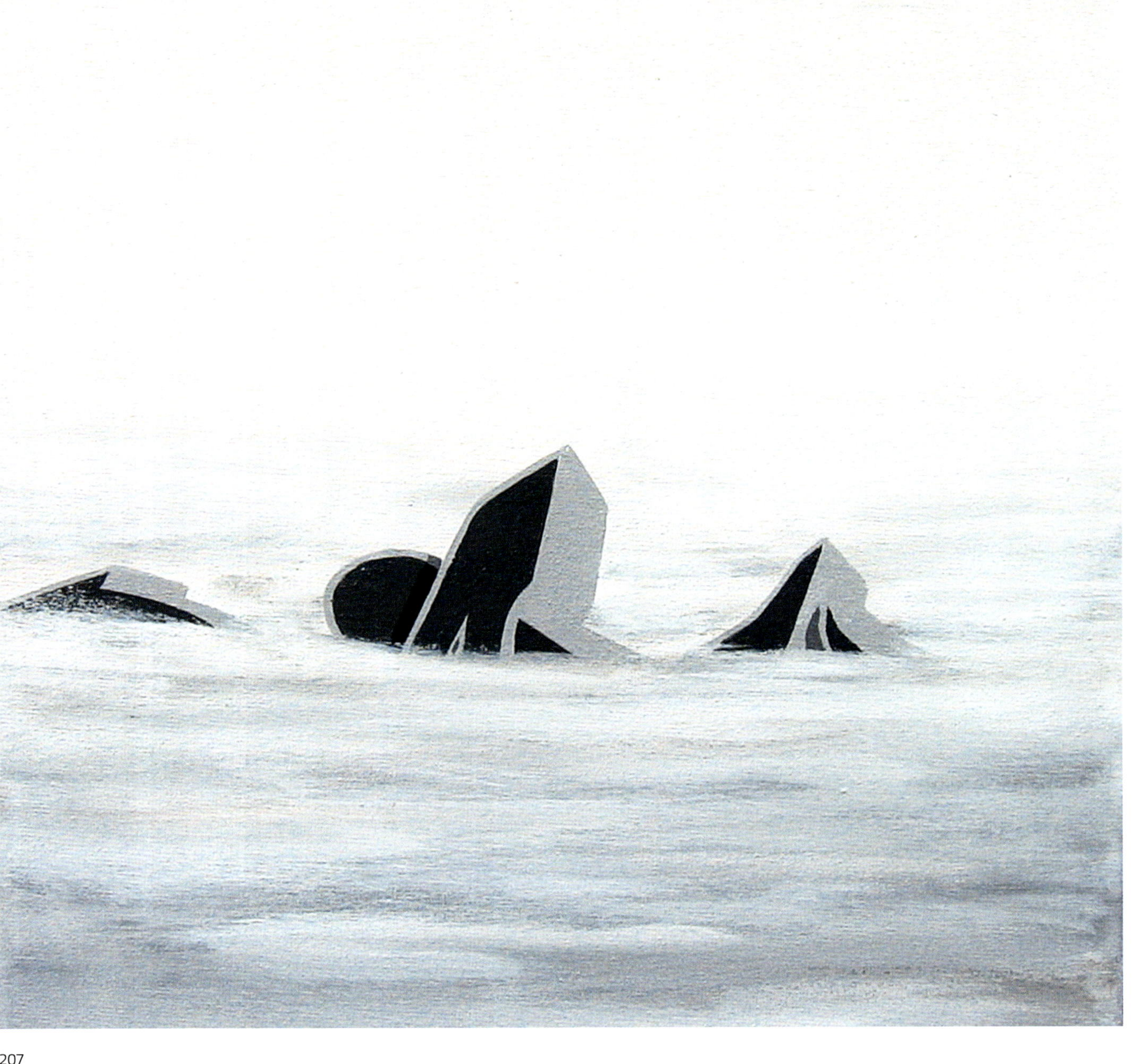

207
Greytones Nr. 8, 30 × 30 cm, 2006

208
Skyline Basel im Nebel | Skyline of Basel in the fog, 2023

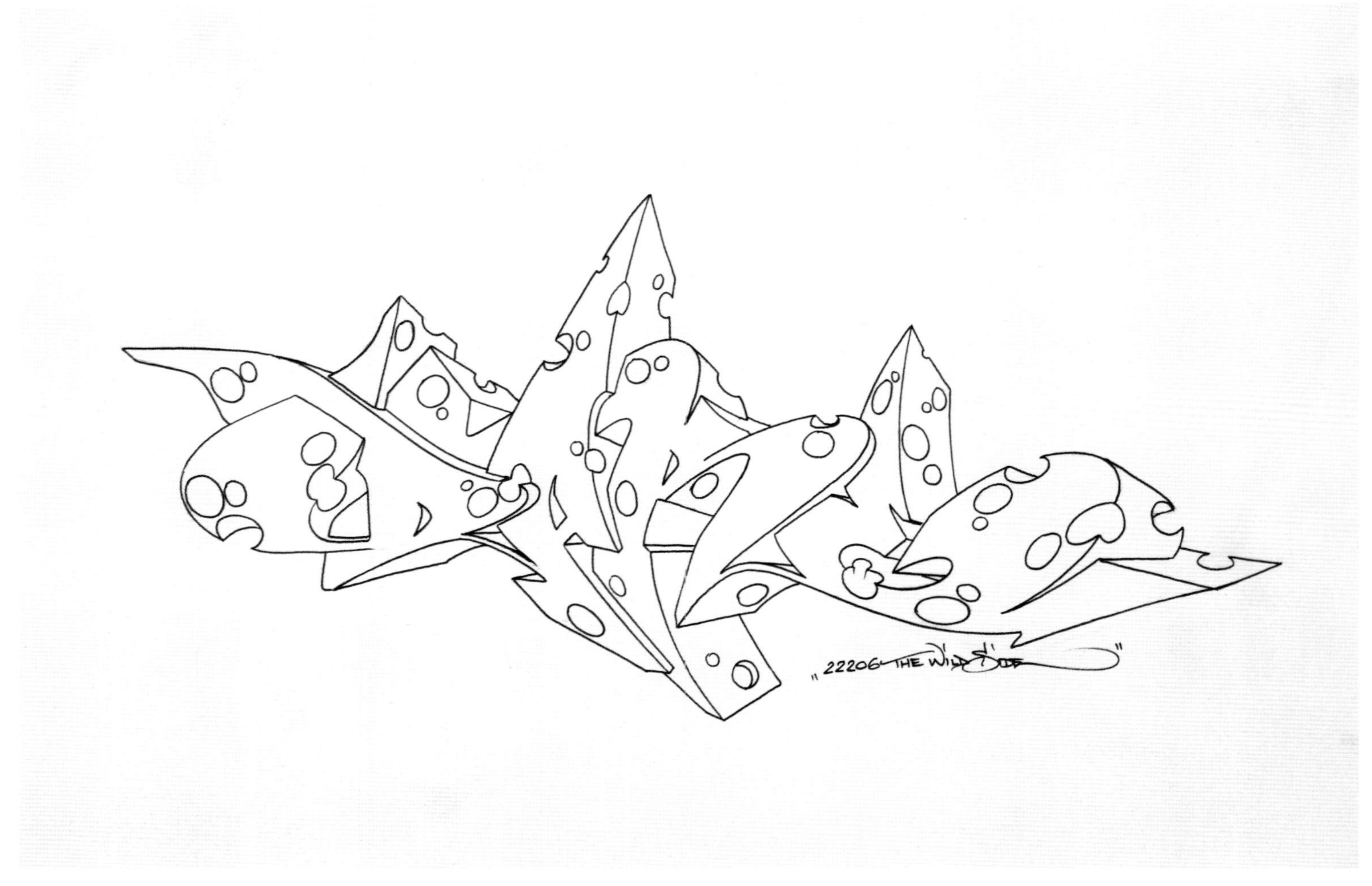

209
Skizze | Sketch *Swiss 22206*, 30 × 41 cm, 2006

Koedings aus der *Greytones*-Serie von 2006, wenn frühmorgens lediglich die beiden Turmspitzen aus dem Nebel ragen.

Zumindest die Erfindung der Löcher im Schweizer Käse hätte der für seinen feinen Humor bekannte Sigi von Koeding heutzutage sicherlich mit breitem Grinsen weit von sich gewiesen, verbunden mit dem Hinweis, dass auf diese bahnbrechende Idee garantiert nicht er, sondern schon vor sehr langer Zeit ein ganz anderer schlauer Mensch gekommen sei.

Damit endet die Spurensuche nach einem *Graffiti Expressionism* als womöglich neue Stilrichtung der bildenden Kunst wieder genau da, wo sie angefangen hat. Dort, in der Kulturmetropole Basel, hat man inzwischen die kunsthistorische Relevanz des seinerzeit ersten professionell aktiven Graffiti-Sprayers erkannt und dahingehend gewürdigt, dass man nunmehr behördlicherseits ebenfalls als Pionier voranschreiten wollte: mit der zumindest europaweit bislang wohl erstmaligen Vergabe eines offiziellen Straßenschildes zu Ehren einer Graffiti-Legende.[31]

Würde Sigi von Koeding noch unter uns weilen, hätte ihm diese Widmung eines städtischen Platzes unweit der Basel-Line sicherlich gefallen. Den schwarzen Anzug zur Einweihungszeremonie hätte er jedoch nach der Festansprache schnell wieder gewechselt und zur Spraydose gegriffen. Seine innere Zufriedenheit über diese besondere Anerkennung seiner Kunstform hätte er umgehend mit einem entsprechenden Name-Writing gleich nebenan zum Ausdruck gebracht: nicht als Vandalismus, nicht nur geduldet, sondern zur Freude aller anwesenden Gratulanten wagemutig – wie eben DARE –, ganz legal und absolut expressionistisch.

Surely the suggestion that he had invented the holes in Swiss cheese would have caused Sigi von Koeding, who was known for his refined sense of humor, to grin broadly, and to remark that he most certainly had not come up with this pioneering idea but rather some other very clever person had a long time ago.

Our search for clues of a *Graffiti Expressionism* as a potentially new stylistic movement in the fine arts thus ends precisely where it began. There, in the cultural metropolis of Basel, the art historical relevance of the first professional graffiti writer has since been recognized and appropriately appreciated, so that the municipal authorities also wanted to become pioneers: by dedicating what is, at least in Europe, surely the first official street sign to honor a graffiti legend.[31]

If Sigi von Koeding were still with us, he would certainly have been pleased that an urban square not from the Basel Line was being dedicated to him. And he would have immediately expressed his profound satisfaction with this special recognition of his art form with appropriate name writing: in a way that was not vandalism, not just tolerated, but, to the joy of all of the well-wishers present, bold—like DARE himself—entirely legal, and absolutely expressionistic.

Sigi von Koeding-Anlage

210
Straßenschild | Street sign *Sigi von Koeding-Anlage* vor der Einweihung | before its inauguration in 2024

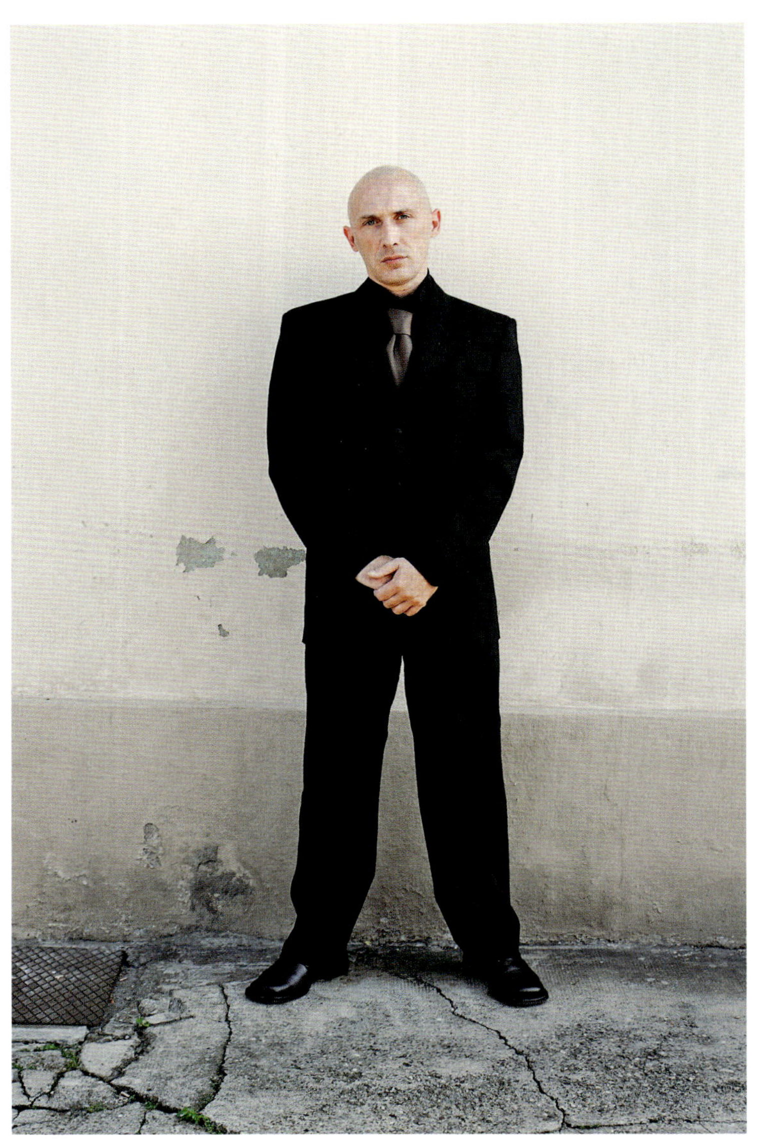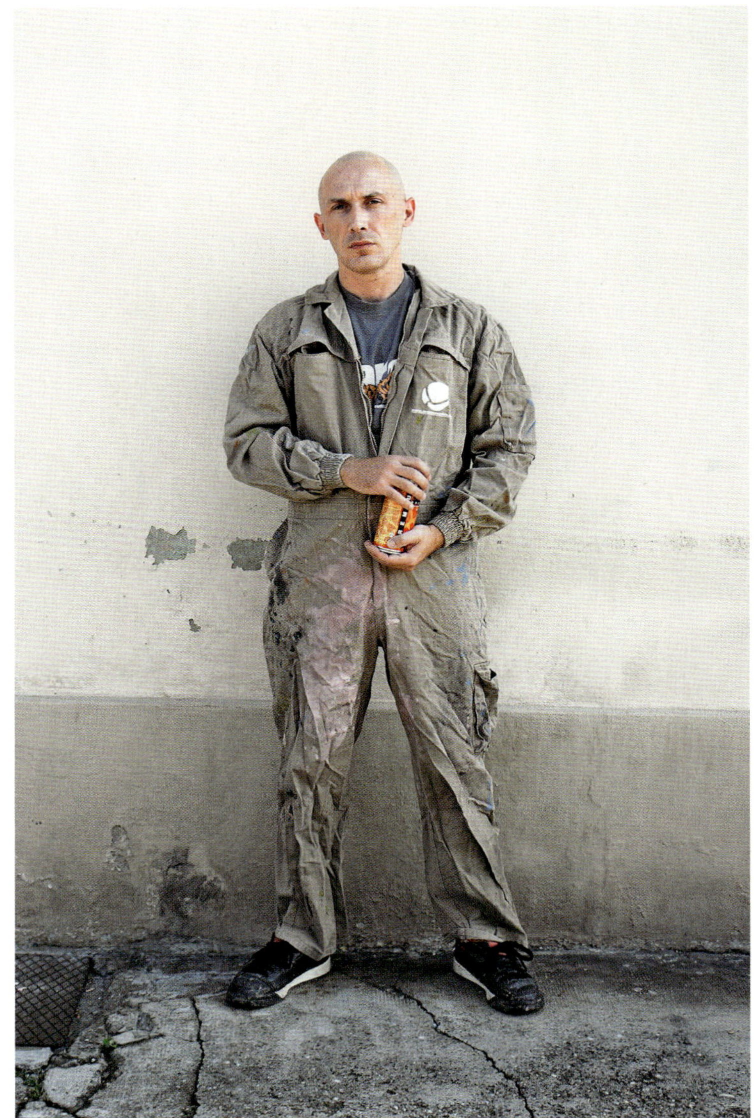

211+212
Flyer 20 Years DARE, Einladung zur Vernissage am | Invitation to the vernissage on 30.9.2006 in Fribourg/CH

ANMERKUNGEN

1 Thierry Furger: Graffiti an der Line in Basel, Basel (Eigenverlag) 2020, S. 148f.
2 Pressemitteilung zur Vernissage „Sigi von Koeding/DARE 1986–2006" in der V-Gallery Basel am 14.10.2008.
3 Interview-Dokumentation vom 28.1.2007, DARE-Archiv Bottmingen (CH)
4 Susan Farell: „Outro", in: *Urban Discipline 2000: Graffiti-Art*, hrsg. von Gerrit Peters, Mirko Reisser und Heiko Zahlmann, Hamburg (Eigenverlag) 2000, S. 83.
5 David Kammerer: „Graffiti auf Leinwand", in: ebd., S. 6.
6 www.urbandiscipline.de (3.1.2024).
7 Mr. London: „Graffiti in der Schweizer Diplomaten-Garage", in: *Neue Zürcher Zeitung (NZZ)*, 2.6.2008.
8 Pressemeldung Swiss Embassy London, Januar 2001.
9 Kai Hendrik Schlusche: „Als der Basler Dare auf Banksy traf", in: *Basler Zeitung (BZ)*, 26.10.2021.
10 Pressemeldung, Operational Note von Swiss Embassy London, 3.9.2001.
11 Interview-Dokumentation, 28.1.2007, DARE-Archiv Bottmingen.
12 Sigi von Koeding, in: „Dare on canvas", S. 7, Eigenverlag, 2002.
13 Yvette Amann/Dieter Buchhart: *DARE to be different. Sigi von Koeding 1968–2010*, Mainaschaff 2016, S. 105.
14 Interview-Dokumentation, 28.1.2007, DARE-Archiv Bottmingen.
15 Sigi von Koeding, in: *Urban Discipline 2001: Graffiti-Art*, hrsg. von Gerrit Peters, Mirko Reisser und Heiko Zahlmann, Hamburg (Eigenverlag) 2001, S. 78.
16 Kai Hendrik Schlusche: *Streetart Basel & Region – Die Hot-Spots im Dreiländereck*, Hamburg 2015.
17 Dieter Buchhart: „Geschriebene Selbstportraits", in: Amann/Buchhart 2016 (wie Anm. 13), S. 218.
18 „Die Sprayboys", in: *Architectural Digest*, 9/2007, S. 152–161.
19 Erni Vales, zit. nach Victoria Maw: „Off the wall", in: *The Financial Times*, 15.7.2011.
20 Unter gleichem Namen entstand 2009 eine Leinwand sowie eine Alu-Serigrafie mit neun Exemplaren.
21 Sigi von Koeding, in: Schlusche 2015 (wie Anm. 16), S. 85.
22 Lene ter Haar: „Temporäres für die Ewigkeit – Graffiti in öffentlichen Kunstmuseen und Sammlungen", in: Friederike Häuser: *Graffiti – interdisziplinäre und kontemporäre Perspektiven*, Weinheim 2021, S. 82.
23 Ebd.; ter Haar bezieht sich hier auf die Definition des International Council of Museums (ICOM) zu deren Aufgaben und Klärung des musealen Sammelbegriffs.
24 Interview-Dokumentation, 2.2.2006, DARE-Archiv Bottmingen (CH).
25 Simon Armstrong: *Street Art*, Zürich 2022, S. 13.
26 Ebd., S. 12.
27 Die *offizielle* Nummerierung der Holzboxen wurde nach dem Start mit den Exemplaren Nr. 1 bis Nr. 9 (diese beiden jeweils 40 × 20 cm) bei den anschließenden Ausstellungen im Jahr 2009 ständig geändert, wobei die Mehrzahl der insgesamt 24 Exemplare mit 30 × 20 cm deutlich schmaler ausfiel.
28 Der Künstler erlebte das Erdbeben am 22.2.2011 in Christchurch (Neuseeland) vor Ort.
29 So zuletzt auch in Venedig (Biennale 21) oder Dubai (EXPO 2021/22)
30 Stadt Mannheim auf ihrem Web-Portal *Mannheim²* (13.10.2023).
31 Vgl. Medienmitteilung des Justiz- und Sicherheitsdepartements des Kantons Basel-Stadt, 16.11.2023.

NOTES

1 Thierry Furger, *Graffiti an der Line in Basel* (Basel: self-published, 2020), pp. 148–49.
2 Press release for the opening of the exhibition *Sigi von Koeding/DARE, 1986–2006* at the V-Gallery in Basel on October 14, 2008.
3 Interview, January 28, 2007, DARE-Archiv, Bottmingen, Switzerland.
4 Susan Farell, "Outro," in *Urban Discipline 2000: Graffiti-Art*, ed. Gerrit Peters, Mirko Reisser, and Heiko Zahlmann (Hamburg: getting-up, 2000), p. 83.
5 David Kammerer, "Graffiti on Canvas," in ibid., p. 7.
6 www.urbandiscipline.de (accessed January 3, 2024).
7 Mr. London, "Graffiti in der Schweizer Diplomaten-Garage," *Neue Zürcher Zeitung (NZZ)*, June 2, 2008.
8 Press release, Swiss Embassy, London, January 2001.
9 Kai Hendrik Schlusche, "Als der Basler Dare auf Banksy traf," *Basler Zeitung (BZ)*, October 26, 2021.
10 Press release, operational note, from the Swiss Embassy in London, September 3, 2001.
11 Interview, January 28, 2007, DARE-Archiv, Bottmingen, Switzerland.
12 Sigi von Koeding in *Dare on Canvas* (Basel: self-published, 2002), p. 7.
13 Yvette Amann and Dieter Buchhart, *DARE to Be Different: Sigi von Koeding, 1968–2010* (Mainaschaff: Publikat, 2016), p. 105.
14 Interview, January 28, 2007, DARE-Archiv, Bottmingen, Switzerland.
15 Sigi von Koeding in *Urban Discipline 2001: Graffiti-Art*, ed. Gerrit Peters, Mirko Reisser, and Heiko Zahlmann (Hamburg: getting-up, 2001), p. 78.
16 Kai Hendrik Schlusche, *Streetart Basel & Region: Die Hot-Spots im Dreiländereck* (Hamburg: Gudberg Nerger, 2015).
17 Dieter Buchhart, "Written Self-Portraits," in Amann and Buchhart, *DARE to Be Different* (see note 13), p. 221.
18 "Die Sprayboys," interview with Gunter Sachs by Rolf Eibl, *Architectural Digest*, German ed. (September 2007) pp. 152–61.
19 Erni Vales, quoted in Victoria Maw, "Off the Wall," *The Financial Times*, July 15, 2011.
20 In 2009, he produced one work on canvas and an edition of eight serigraphs on aluminum under the same title.
21 Sigi von Koeding, in Schlusche, *Streetart Basel* (see note 16), p. 85.
22 Lene ter Haar, "Temporäres für die Ewigkeit: Graffiti in öffentlichen Kunstmuseen und Sammlungen," in *Graffiti: Interdisziplinäre und kontemporäre Perspektiven*, ed. Friederike Häuser (Weinheim: Beltz Juventa, 2021), p. 82.
23 Ibid. Ter Haar refers to the International Council of Museums (ICOM) and its clarification of the concept of museum collecting and its definition of its tasks.
24 Interview, February 2, 2006, DARE-Archiv, Bottmingen, Switzerland.
25 Simon Armstrong, *Street Art* (London: Thames & Hudson, 2022), p. 13.
26 Ibid., p. 12.
27 The *official* numbering of the wooden boxes, after starting with numbers 1 to 9 (each 40 × 20 cm), was constantly changed for the exhibitions that followed in 2009, but the majority of the twenty-four examples were narrower at 30 × 20 cm.
28 The artist experienced firsthand the earthquake in Christchurch, New Zealand, on February 22, 2011.
29 Most recently in Venice (Biennale 2021) and Dubai (EXPO 2021/22).
30 The City of Mannheim on its web portal *Mannheim²* (accessed October 13, 2023).
31 Cf. media release of the Department of Justice and Security of the Canton of Basel-Stadt, November 16, 2023.

DANK

Der Abdruck des Bildmaterials aus dem Künstlerarchiv von Sigi DARE von Koeding erfolgt mit freundlicher Genehmigung von seiner Mutter Yvette Amann, Bottmingen (CH).

Merci dafür, Yvette!

Für die Zurverfügungstellung von Fotos und sonstigen Abbildungen, die nicht aus diesem Archiv oder vom Autor selbst stammen, bedankt sich dieser bei:
Pietro del Sonno, © Abb. 13
Mirko Reisser (DAIM), © Abb. 38, 39, 40, 41, 194, 195 und 197
Naomi Petcher, © Abb. 92, 133, 211 und 212
Christoph Geisel, © Abb. 136 und 137
Valentin Kremer/unsplash, © Abb. 159
Hendrik ECB Beikirch, © Abb. 179
Joos DOES van Barnefeld, © Abb. 199, 200, 201 und 202
MVRDV Architects/VG-Bild-Kunst, Bonn, 2024, © Abb. 206

Darüber hinaus geht ein Dankeschön an die Mitglieder der Ateliergemeinschaft getting-up für die Vorbereitung und Durchführung der wegweisenden *Urban-Discipline*-Ausstellungen I–III vor nunmehr rund einem Vierteljahrhundert in Hamburg: Neben Mirko Reisser waren das Gerrit Peters (TASEK), Heiko Zahlmann (Daddy Cool/RKT One) und Christoph Hässler (STOHEAD).

Dass etwa zeitgleich in der Garage und der Lecture Hall der Schweizer Botschaft in London ebenso vorausschauend Graffiti-Kunst zum Mittelpunkt eines ganzen Aktionsjahres für die adressierte Young Generation gemacht wurde, verdient rückblickend ebenso Respekt – wesentlich mitverantwortlich dafür war der damalige Botschaftsrat und Kulturattaché Wolfgang Amadeus Brülhart.

ACKNOWLEDGMENTS

The visual materials from the archive of artist Sigi DARE von Koeding have been reproduced with the kind permission of his mother, Yvette Amann, Bottmingen, Switzerland.

Thanks for that, Yvette!

For providing photographs and other illustrations not from that archive or the author himself, the author wishes to thank:
Pietro del Sonno, © fig. 13
Mirko Reisser (DAIM), © figs. 38, 39, 40, 41, 194, 195 and 197
Naomi Petcher, © figs. 92, 133, 211 and 212
Christoph Geisel, © figs. 136 and 137
Valentin Kremer/unsplash, © fig. 159
Hendrik ECB Beikirch, © fig. 179
Joos DOES van Barnefeld, © figs. 199, 200, 201 and 202
MVRDV Architects/VG-Bild-Kunst, Bonn © fig. 206

Beyond that, a *thank you* goes to the members of the studio community getting-up for organizing and implementing the pioneering exhibitions *Urban-Discipline I–III* in Hamburg around a quarter century ago: In addition to Mirko Reisser, they were Gerrit Peters (TASEK), Heiko Zahlmann (Daddy Cool/RKT One), and Christoph Hässler (STOHEAD).

With equal farsightedness around the same time, the Swiss Embassy in London made its parking garage and lecture hall the focus of a year-long action addressed to the *young generation*, which deserves respect as well—for which the embassy counsellor and cultural attaché at the time, Wolfgang Amadeus Brülhart, can take much of the credit.